불교의례 낙화법(落火法)의 기원과 형성과정

불교의례 낙화법(落火法)의 기원과 형성과정

이선이·강향숙 공저

경인문화사

저 자

이선이(태경)

대한불교조계종 봉녕사승가대학 졸업
동국대학교 대학원 불교학과 석·박사 학위취득(철학박사, 한국화엄 전공)
동국대학교 대학원 미술학과 박사수료
(현) 대한불교조계종 총무원 의제위원회 의제실무위원, 교육원 교육아사리, 의례실무위원회 의례실무위원, 세종특별자치시 무형문화재위원
저서
『초기화엄사상사』(불교시대사, 2006),『조상경』-불복장의 절차와 그 속에 담긴 사상(운주사, 2007), 고려 옹기와 청자에 음식을 담다(양사재, 2020, 세종도서 학술부문 선정(2020)) 등

강향숙

동국대학교 대학원 인도철학과 석·박사 학위취득(철학박사, 후기밀교 전공)
(현) 동국대학교 연구교수
논문
후기밀교에 나타난 만뜨라의 기능과 역할(2006), 헤바즈라 딴뜨라의 관정에 관한 고찰(2008),『불모대공작명왕경』에 나타난 주력수행에 대한 고찰(2013),『헤와즈라 딴뜨라』만다라의 관상(觀想)수행 연구(2011, 박사학위 논문), 독성각의 나반존자와 빈두로존자의 관계 재고(2014), 인도 후기밀교 만다라의 특징과 의미(2015), 후기밀교 분노존 아촉여래에 대한 고찰『금강정경』「항삼세품」을 중심으로(2015),『중화경』의 상수심법(相授心法)과『대일경』의 보리심관법(菩提心觀法)에 관한 비교고찰의 시론(2016), 인도불교 문수신앙의 특징 검토(2017), 밀교 분노존 우추슈마(Ucchuṣma)의 한국 내 수용과 신앙에 대한 고찰(2019) 등

불교의례 낙화법(落火法)의 기원과 형성과정

초판 인쇄 2021년 2월 2일 초판 발행 2021년 2월 9일

지 은 이 이선이·강향숙 공저
발 행 인 한정희
발 행 처 경인문화사
출판번호 406-1973-000003호
주   소 파주시 회동길 445-1 경인빌딩 B동 4층
전   화 031-955-9300 팩 스 031-955-9310
홈페이지 www.kyunginp.co.kr / kyungin@kyunginp.co.kr

ISBN 978-89-499-4944-4 93220
값 28,000원

· 본 연구는 사찰에 전해오는 '낙화법'을 종합적으로 규명한 연구성과물이다.
· 기초자료를 분석하여 연구한 주제는 다음과 같다.

· 주제
　낙화법의 기원과 형성과정
　낙화법의 수구다라니 신앙과 그 의미
　'낙화법'이 수기(手記)되어 있는 『오대진언집』의 판본 분석
　대수구대명왕대다라니 번역
　낙화법의 의례절차
　낙화법 사료 조사

* 기초자료 : 영평사 소장본 『오대진언집』

일 러 두 기

이 저술은 사찰에 전해오는 낙화법을 주제로 기원과 형성과정, 의례절차, 진언의
내용, 문헌과 사료, 낙화법과 『오대진언집』의 관계 등을 연구하여 종합한 결과물
이다. 그러므로 낙화법의 내용과 의례절차를 이해하기 위해서는 큰 항목의 분류에
따라 목차를 선택하여 읽는 순서를 정하면 좋다.

- 총론 : 소의경전이 있는 낙화법/ 낙화법의 정의 및 불교의례 위치
- 기원 : 불교의례 낙화법의 기원과 형성과정
- 의례 : 낙화법의 수구다라니 신앙과 의례 구성/ 대수구대명왕대다라니의 뜻
- 절차 : 낙화법의 의례절차
- 사료 : 낙화법 관련 사료
- 자료 : 사진 자료 및 도판/ 참고문헌
- 판본 : 수기(手記) 낙화법과 『오대진언집』/ 영평사 소장본 『오대진언집』(영인본)

차 례

Ⅰ. 소의경전이 있는 낙화법(落火法)

불교의례라 함은 일반적으로 불교의례집에 절차가 있고, 그 절차대로 불교의 교리를 담아 진행하는 것을 말한다. 불교의례는 의식(儀式)의 목적이 있고, 각 의례에 해당하는 절차를 법식(法式)에 따라 행함으로써 구하는 바를 성취하고 깨달음에 이르기 위한 수행이다. 그런데 때로는 불교의례라고 말하는 것조차 매우 불편하게 들리는 자료들이 있다. 불교가 오랫동안 불교의 신앙과 함께 한국의 전통문화와 어우러져 서로 영향을 주고받으며 변천해 왔기 때문이다. 불교는 적어도 1,700여년 이상 한국전통문화를 형성하는 바탕이 되었고, 전통문화에 깊이 스며 있어서 그 속에서 불교의 요소를 명확히 찾기는 쉽지 않다. 영평사 소장본『오대진언집』에 묵서로 기록된 '낙화법'의 의례절차도 그 한 예라 할 수 있다.

　본 연구는 영평사 소장본『오대진언집』에 묵서로 수기된 '낙화법'에 대한 기록을 불교 의례적 측면에서 그 기원과 형성과정, 의례의 구성과 절차를 분석하여 낙화법이 지닌 가치와 그 의미가 무엇인지를 고찰한 것이다. 가장 주목한 점은 낙화법의 기원은 존재하는지, 불교 의례라면 소의경전에 의거한 의식의 절차를 갖추고 있는지의 여부이다. 아울러 불교사상은 무엇이고, 실제 의식은 어떠한 구성이며, 경전의 내용이 낙화법과 어느 정도 부합하는지를 되짚어 보는데 있다.

　현재 한국의 전통놀이 가운데 '낙화(落火)'라는 용어를 사용하는 민속놀이는 약 20여 가지가 된다. 낙화놀이의 종류는 불덩이를 위에서 아래로 던지는 투화놀이, 오름 불을 놓아 태우는 들불놀이, 물 위에서 행하는 줄불놀이 등과 같이 그 방법과 명칭도 다양하다. 하지만 정작 '낙화'라는 용어에 대하여 명확한 정의를 하지 않고 있다. 대략 정월대보름날이나 사월초파일 밤 또는 전날 밤에 숯 봉지를 만들어 공중에 매달아 놓고 불을 붙여 숯불이 떨어지는 것을 보고 즐기는 불놀이를 말하고 있을 뿐이다. 다시 말하면, 현재의 불놀이는 지역놀이에 마을의 무병과 풍년을 비는 동제(洞祭) 성격을 더하여 발전한 불꽃놀이다. 기존의 연구에서는 '낙화놀이'를 불교에서 시작한 것으로 보고 있지만, 이에 대한 명확한 근거를 제시하지는 않고 있다.

불[火]에 대한 신앙은 인류의 역사와 함께해 왔다. 지역과 종교에 따라 의미의 차이는 있으나 불이나 불빛은 태양과 같은 존재로 인식한다. 특히 고대사회에서 불은 절대적인 힘의 상징이며, 인간의 세계와 하늘의 세계를 이어주는 매개체이다. 중국에 전래된 인도불교도 예외는 아니었으며, 중국인들의 인식도 이와 유사했다. 인도불교의 요소와 중국의 제사 개념은 서로 습합하기 쉬운 요소들이었다. 고대사회에서 태양은 통치 권력이나 새해를 시작한다는 의미가 있고, 달은 상원일(上元日, 음력 1월 15일)에 작용이 가장 크게 일어난다고 생각했다. 그래서 정월에 달의 신변(神變)과 중국 세시풍습의 연등(燃燈), 폭죽(爆竹)은 소재(消災)의 한 형태였다. 초기부터 소박하게 제례(祭禮)와 연희(演戱)의 성격이 공존하던 연등·폭죽·화(火) 등은 세시풍습과 결합하고 왕권의 권력이 개입하면서 민중의 염원을 담은 거대한 연회로 발전한다. 이러한 중국의 세시풍습을 받아들인 신라는 이를 고려에 전해주고, 고려 말에 이르러서 연등회(燃燈會)와 화산대(火山臺)를 통해서 더욱 극대화된다.

고려 초기의 연등(燃燈)과 화산(火山)은 연등회의 연장선상에서 시작과 마지막의 의례(儀禮)로 설행한다. 상원일, 고려의 왕은 봉은사로 가서 태조의 진영을 배알한다. 이때 길은 연등으로 장식하고, 궁정(宮庭)에서는 연등의 장식과 화산의 불놀이가 연행되었다. 연등과 화산은 왕실과 백성의 안녕을 기원하는 의례였다. 연등은 왕실 조상에 대한 제사의식이며, 화산은 국가의 안녕과 백성의 풍요로움을 바라며 악귀를 쫓는 소재의식 이었다. 세시풍속이었던 폭죽도 악귀를 몰아내는 놀이형태로 함께 성행했다.

연등과 폭죽놀이의 모습은 인도에서부터 보이지만, 고려 이전부터 연등과 폭죽은 중국에서도 이미 세시풍습으로 정착되어 있었다. 『대송승사략(大宋僧史略)』에서 설명하는 상원방등(上元放燈)은 고대의 제사의식, 연등과 폭죽의 세시풍습 등이 결합한 연등회가 연희의 성격을 드러내는 국가적 행사임을 알려주는 증거이다. 이 행사는 고려 건국 이후에 상원연등회라는 이름으로 국가가 행해야 할 가례(嘉禮)로 이해되었다. 왕은 대신들과 함께 봉은사에 가서 태조의 진영을 배알하는 일을 가장 중요한 행사로 여겼다. 이날이 되면, 왕과 신하는 최고의 격식과 음악을 갖추고 봉은사(奉恩寺)로 간다. 성 안과 밖의 사람들은 궁궐에서 봉은사까지의 거리를 연등·등산(燈山)·채붕(綵棚)·화수(火樹)·깃발 등으로 화려하게 장식하고 행렬을 환영한다.

환궁할 때는 환궁악을 곁들이며 돌아오는데, 궁 안의 모든 이들이 나와 행렬을 맞이한다. 저녁에는 궁의 문을 모두 열고, 궁정(宮庭)에서는 국가와 왕실, 백성의 풍요로움을 기원하는 연등회를 개최한다. 거리와 같이 연등·화산(火山)·등(燈)·채붕·화수·등롱(燈籠)을 설치하고, 폭죽놀이와 백희잡기[百戱雜技, 곡예놀이, 그림자놀이 등]도 함께 연행한다. 이때 가장 큰 규모는 화산과 폭약을 쏘아 올리는 폭죽놀이이다. 화산과 폭죽놀이는 국가의 권위와 왕실의 힘을 보여주며 왕실의 재난과 재앙을 물리치고 악귀를 퇴치하는 길상(吉祥)을 의미했다. 왕은 높은 곳에 올라 밝게 빛나는 도성을 바라보는데, 이를 등석(燈夕)이라고 한다. 여기까지의 모습을 봉은행향(奉恩行香) 또는 상원연등회라고 하였다.

『고려사』에서는 이 연등회에서 등(燈)을 보는 것을 관등(觀燈)이라고 하고, 불[火]을 보는 것을 관화산(觀火山) 또는 관화(觀火)라고 적고 있다. 고대사회에서 제례와 놀이적인 성격이 가미된 연회를 고려에서는 불교 수행의 특징을 나타내는 '관(觀)'으로 표현하였다. 불교의례에서 등(燈)과 화(火)는 수행의 매개체로 인식하였기에 별다른 거부감 없이 사용할 수 있었다. 등과 화는 불빛을 이용한다는 점에서 상징성은 동일하다. 불교에서 등은 수행자의 수행을 돕기 위해 밝히는 도구이며, 화는 악귀를 몰아내거나 삿된 기운을 물리치는 역할을 한다. 본래 이 뜻을 살려 불빛이나 화염(火焰)을 보는 행위를 관등 또는 관화라고 자연스럽게 사용한 것이다. 불교 신앙이 강했던 고려사회는 연등회를 통해서 조상에 대한 예(禮)를 올리고, 백성의 염원을 이루어 국태민안을 보증 받으려 하였던 것이다.

이후, 연등회의 주체가 왕실에서 사찰로 옮겨지며 부처의 지혜를 밝혀 중생을 구제한다는 뜻이 좀 더 강화된다. 고려 연등회의 등(燈)·관등(觀燈) 개념은 현재 연등회를 통해서 잘 보존되어 전승되고 있으며, 이에 관한 연구도 상당하다. 그러나 화(火)·관화(觀火)의 쓰임은 양상을 달리한다. 고려 말이 되면 불[火]은 화산(火山)이나 화산대(火山臺)를 설치하여 화산희(火山戲)를 설행했다는 기록으로 나타나기 시작한다. 아마도 연등화산(燃燈火山)과 같이 불[火]의 모양을 크고 화려하게 보이도록 산 모양의 화산을 만들었던 것 같다. 그런데 관련 기록에서 화산은 화약을 땅속에 묻어서 폭약을 터트리는 매화법(埋火法)으로 설명하고, 이 역시 화희(火戲)라고 부른다. 폭죽보다 큰 규모의 폭발을 만들어 화산과 같이 화려하게 보이도록 한 것이다. 낙화법을 규명하기 위해서는 이 점에 주목해야 한다. 폭죽놀이가 삿된 기운을 물리치고 새해를 맞이하는 행사였듯이, 화산대도 소재도량의 설행으로 인식하였던 것이다. 이와 같이 '화희(火戲)'는 화(火)가 지닌 소재의 뜻을 살리기도 하고, 희(戲)라는 놀이의 성격도 함께 드러내고 있다.

화산대와 폭죽은 공중에서 화약을 터트려 불빛을 만들고, 그 불빛의 광명으로 재앙과 재난을 물리치고자 하는 본래의 뜻을 포함하고 있다. 그러나 화약을 이용하는 화산대와 폭죽은 경제적 사정과 군사적인 면이 뒷받침되어야 한다. 화약제조에 필요한 재료와 기술은 군수물자이기 때문에 국가의 통제 하에 놓여 있으므로, 권력이 있어야 사용할 수 있었다. 재료와 기술에 접근이 어려운 민가에서는 자기만의 방식대로 복을 구하여 빌고 재앙을 멀리하고자 하는 염원이 연희의 요소와 더욱 밀착하였다. 이제까지 연구는 이러한 점을 간과하고 있었다. 불교 내부에 있었던 의례적인 면과 연희적인 면을 구분하지 않았으며, 사료(史料)에 나타나는 용어들도 구분하지 않았다. 그래서 용어의 혼용과 일반적인 연등(燃燈)의 개념을 적용한 연구로는 '낙화법'을 규명하기가 매우 어려웠다.

　조선에 들어서며 건국의 이데올로기로 인하여, 연등회·화산·화산대에 내재되어 있던 의례적인 면과 연희적인 면이 분리하기 시작한다. 중요한 요인은 주체가 국가나 왕실에서 사찰이나 민가로 옮겨진 점이다. 조선 초 왕실에서는 연등회와 화산대를 길례(吉禮)의 성격으로 계속 유지하려는 움직임이 보이지만, 특히 화산대 설치에 필요했던 화약 재료의 수급에는 제한이 많았다. 이러한 이유로『조선왕조실록』에서 명종 16년(1561) 이후에는 화산대를 관화(觀火)했다는 기록은 볼 수 없게 된다. 화약의 기본 재료인 염초(焰硝)·황·숯 중에 염초와 황의 부족 현상은 숯만을 이용한 불놀이를 창안하는 계기를 만들었다. 또 행사 주체가 사찰이나 민간으로 옮겨지자, 주체자와 대상의 특성을 감안한 재료와 내용 그리고 방법을 변화시키기 용이하게 되었다. 특히 숯은 사찰의 공역물 이었으므로 사찰에서는 어디서나 쉽게 구할 수 있는 재료였다. 그리고 등(燈)과 화(火)가 상징하는 소재의 요소인 불빛 또는 화염(火焰)을 그대로 유지할 수도 있었다. 다만 화산대는 위로 쏘아 올리는 불꽃놀이지만 숯불은 아래로 떨어지는 것이 다를 뿐이었다. 숯불놀이의 주체가 사찰이나 민간으로 바뀌었을 때, 주의해야 할 점이 있다. 연등회와 화산대에 본래 있었던 의례와 연희의 요소를 변화시키는 양상이다.

　민가에서는 반드시 의례적인 요소가 필요하지 않았다. 연희적인 면을 드러내며, 모두 함께 즐기는 동제(洞祭) 성격의 숯불놀이로 변화한다. 이 불놀이를 위해 자연스럽게 새로운 재료를 첨가하기도 하며, 소나무로 대신하기도 하며, 숯 뭉치를 연에 매달아 날리기도 한다. 이와 같이 다양한 재료와 방법을 이용하여 여러 가지 모양으로 만들었다. 이것이 지역과 마을의 특성을 살린 세시풍습으로 정착한다. 그리고 상원일인 정월 대보름이나 사월초파일이나 즐겁게 뜻을 기리는 날이면 소박하게 불빛을 보며 소원과 복을 비는 것이다.

반면에 사찰 즉 불교의 입장은 달랐을 것이다. 종교는 의례를 중요하게 여기는데, 불교도 이를 벗어나지 않는다. 의례에서 보면 연등회·화산·화산대에 존재했던 의례 요소와 관화의 본래 의미를 의례로 구체화하고자 했을 것이다. 조선시대에는 화(火)·등(燈)·화염(火焰)·빛·광명 등을 비추며 복을 빌고 삿된 것을 물리친다고 하는 수구즉득다라니 신앙이 널리 유포되어 있었다. 수구다라니 신앙은 신라시대에 이미 수구다라니를 지송(持誦)하거나 탑 안에 다라니를 봉안하는데서 그 흔적을 찾을 수 있고, 고려시대부터 개설된 무능승도량은 등(燈)과 화염(火焰)을 통해서 소재도량을 설행하는 의궤로 알려져 있었다. 또 조선 초기에 인수대비(1437~1504)는 수구즉득다라니를 염송할 수 있는 『오대진언집』을 판각하여 보급했다. 오대진언 중에 화(火)의 불빛과 광명을 직접 언급하고 있는 진언이 수구즉득다라니이다. 실담자를 한글로 표기하고 있어 누구나 쉽게 진언을 읽을 수 있고, 의궤도 갖추어져 있었다. 이러한 의례 형식은 화산대의 의례적인 요소와 결합할 수 있고 화(火)의 본래 의미를 되살리기에 적합하다고 생각했을 것이다. 숯은 빛을 나타내는 재료로 사용하고, 독송법은 태우는 법으로 대치하면 커다란 변경 없이 그대로 의례의 법식이 갖추어진다. 화(火)의 소재(消災) 성격은 수구다라니 신앙을 만나며 소의경전을 갖춘 불교의례로 되살아나고, 본래 의례 성격은 삿된 것을 물리치고 발보리심으로 발원하는 수행으로 강화된다.

조선에서는 화산대를 이용한 불놀이를 관화(觀火) 또는 화희(火戲)라 부르고, 모든 불놀이를 관등(觀燈), 관화(觀火) 또는 등석(燈夕)으로도 불렀다. 조선 중기를 지나며 다라니 독송법에 재료를 첨가하여 방법을 변화시키고, 재료인 공양물을 태우는 일종의 호마법(護摩法)으로 전환하자 호칭에도 변화가 생겼다. 불놀이와 관련된 불타는 실제 모습을 묘사한 '낙화'라는 표현을 사용하기 시작한 것이다. 숯을 이용한 숯불놀이가 민가에서는 연희적인 면을 강조하여 '낙화놀이'로 불리고, 사찰에서는 의례로 발전하여 '낙화법'으로 불리게 된 것이다.

이와 같이 사찰에서는 수구다라니를 설하는 수구계경전에 의거하여 수구즉득다라니 독송법에 기반한 낙화법의 의식(儀式)체계를 성립시켰다. 의례는 전행(前行)과 본(本)의식에 해당하는 의궤(儀軌)를 필요로 한다. 전행이란 의식에 필요한 재료와 도구를 마련하는 일이다. 의식이 행해지는 곳을 정하고 장엄한다. 재료와 장소를 청정하게 하는 예비의식을 말한다. 먼저 의례를 진행할 곳을 결계하고 주관하는 자의 청정성을 위한 정화(淨化)를 마치면 본의식에 들어갈 수 있다. 비로소 소의경전에 따라 정해진 의궤를 행한다. 이 모든 과정은 단(壇)을 만든다고 하여 건립(建立)이라고 하지만, 한국불교에서는 일반적으로 예비의식으로 단을 갖추는 것을 설단(設壇)이라고 하고, 의궤를 행하는 것을 설행(設行)이라고 말한다. 종종 의궤는 설단과 설행을 모두를 포함하는 말로 쓰이기도 한다. 낙화법의 설단은 경전에서 설명되지 않는다. 밀교의식에서 생각한다면, 의식재료인 숯·소금·향은 공양물이며, 실담자는 호마의식을 위한 가지(加持)의 진언으로 이해할 수 있다. 실제 낙화법의 기록에 밀교의식과 같이 단을 건립하는 과정을 설명하고 있지는 않지만, 공양물[숯·소금·향]과 실담자를 적은 종이를 모두 봉지에 넣어 태우는 과정을 단(壇)을 건립하는 예비의식 단계로 볼 수 있다. 그러므로 낙화법의 설단에서 숯을 이용하여 봉지를 만드는 전행은 한국불교에서 독립적으로 발전하였다고 할 수 있다.

설행은 의궤를 진행하는 것이다. 낙화법의 설행은 청문에서 밝힐 수 있다. 오대진언 중에 하나인 수구즉득다라니계청문과 대수구대명왕대다라니문 그리고 『오대진언집』에 합철되어 있는 『영험약초』의 내용이다. 모두 무능승대명왕(無能勝大明王)이 수구즉득다라니를 설하는 『불설금강정유가최승비밀성불수구즉득신변가지성취다라니의궤』와 『보변광명청정치성여의보인심무능승대명왕대수구다라니경』의 내용과 관련되어 있다. 이것이 낙화법의 소의경전을 정할 수 있는 근거가 된다. 낙화법의 의식에도 주인공이 되는 불(佛)·보살을 청하는 청문(請文)이 있고, 주인공이 설하는 법문의 내용을 압축하여 불보살을 찬탄하는 게송문(偈頌文)이 있으며, 의례를 목적에 맞도록 염송하는 진언문(眞言文)이 배열의 순서에 따라 관상(觀想)하는 순서로 이루어져 있다. 청문, 게송문, 진언문의 배열 등은 임의대로 구성하지 않았으며 소의경전을 따른다.

영평사 소장본 『오대진언집』에 쓰여 있는 '낙화법'은 소의경전을 갖추고 낙화에 필요한 재료, 재료를 태우는 법, 진언 등의 요소를 잘 갖추고 있다. 의식(儀式)의 체계가 있고 부처를 예경하고 의칙(儀則)을 따르는 낙화법이다. 낙화법은 낙화놀이와 같이 동일한 재료인 숯을 사용하고 또 방법도 유사한 듯하지만, 불교의례 형식을 갖추고 진언(眞

言) 중심의 절차가 전개되고 있어 이제까지 낙화놀이의 흐름과는 다르다는 것을 알 수 있다. '낙화(落火)'의 시작을 연등회 의식의 일부인 관화(觀火)에서 시작해야 할 것이다. 그리고 관화는 화산(火山)과 화산대(火山臺)로 이어지며 화희(火戱)가 아닌 관법(觀法)으로 보는 것이 타당할 것이다. 낙화법을 낙화놀이의 범주가 아닌 관등과 관화의 개념에서 출발해야 하며, 넓은 연등회의 범주에 속하는 새로운 형식의 불교의례로 판단하는 것이 적절하다.

불교의례를 설행할 때 반드시 지켜야 할 의무가 있다. 낙화법의 의례를 진행하는 자의 청정성을 유지하는 정화행위는 무엇보다 중요하다. 뿐 만 아니라 의례에 참여하는 모든 이들의 청정성도 요구한다. 의례를 시작하기 전에 자신을 정화하는 것이다. 우리나라 불교는 선종(禪宗)의 영향과 진언을 독송하는 수행 경향이 강하다. 그러나 어떤 형태의 불교라도 불교적인 청정성은 나를 돌아보고 살펴보는 '참회(懺悔)'에서 출발한다. '참(懺)'은 범어 kṣama를 소리나는 대로 적은 '참마(懺摩)'의 약칭이며, 지난 과거의 행동을 뒤돌아보면서 뉘우치며 따져본다는 뜻이다. '회(悔)'는 범어 ātatti-pratideśana를 의역한 것이며, 스스로 잘못의 모양을 낱낱이 펼쳐 보이는 것을 말한다. 그래서 참(懺)은 스스로 감내해야 한다는 뜻으로 인(忍)이며, 회(悔)는 자신에게 엄격해야 한다는 뜻으로 엄중(嚴重)으로 이해하기도 한다. 이 참회의 행위가 올바르게 이루어졌을 때, 비로소 의례문의 청문에서 청한 불(佛)·보살의 가르침을 따라서 지혜를 받아들일 수 있고 또 그렇게 수행할 수 있게 된다. 즐기는 놀이가 아니라 법식으로 불리는 이유이다.

이제까지 낙화 연구는 위와 같은 내용을 담은 것이 아니라, 낙화놀이를 대상으로 하였으며, 단지 그 기원을 사월초파일 연등회와 관련지어 언급하고 있을 뿐이다. 또 낙화놀이의 기원과 역사 그리고 사상은 깊게 다루지 않고, 단순한 세시풍습의 놀이로 근대 이후에 머물러 있다. 그 결과 구전으로 재현한 낙화놀이가 2008년과 2016년에 함안과 무주에서 무형문화재로 지정되고, 지자체가 홍보한 안동의 줄불놀이도 숯을 이용한 민속놀이로 잘 알려져 있다. 연등회는 2012년에 국가무형문화재로 지정되고, 2020년 세계유네스코 무형유산위원회 산하 평가기구에서 '등재(inscribe) 권고' 판정을 받았다. 그리고 12월 본 회의에서 인류무형문화유산으로 등재가 확정되었다. 이것은 세계가 연등회를 보존하고 추구해야 할 가치가 있는 무형문화로 인정한 것이다. 이를 기념하기 위해 국립무형유산원에서는 '천 갈래의 빛, 연등회' (2020)라는 제목으로 특별전을 개최하고 있지만, 등(燈)과 화(火)의 개념을 구분하고 연등회의 범위를 확장하지는 않은 것 같다.

불[火]을 이용한 우리나라의 연등회와 낙화놀이는 연원을 불교에 두며 공동체가 참여하는 공통점이 있다. 연등회와 낙화놀이는 지역을 중심으로 발전하고 지역민의 화합과 단결을 도모해왔다. 여기에 새로운 낙화법이 더해진다면 우리의 전통문화는 더욱 풍요로워질 것으로 생각한다. '낙화법'은 불교의례 속에서 발전하였다. 화(火)의 불빛과 광명을 바라보는 관화(觀火)를 통해서 수구다라니 신앙에 의한 의례를 다시 해석하여 되살려내었다. 불교의례의 법식을 갖추면서 발전했기 때문에, 불교수행방편으로 활용할 가치가 충분하리라 여겨진다. 이것이 본 연구에서 밝혀진 성과라 하겠다.

II. 불교의례 낙화법의 기원과 역사 그리고 활용

[1] 낙화법의 정의 및 불교의례 위치

'낙화법(落火法)'은 우선 '떨어지는 불[火]을 보는 법(法)'이라고 해석할 수 있는데, 여기에는 많은 의미를 함축하고 있다. 역사적인 사료에서는 불[火]을 보는 것을 '관화산(觀火山)' 또는 '관화산희(觀火山戱)'라고 불렀다. 어느 경우에나 불[火]을 바라보는 태도에 대한 용어이다. '희(戱)'를 사용했을 때는 놀이라는 뜻이 강하고, 반면에 '관(觀)'을 해석할 때는 '구경하다'라는 뜻으로 해석하는 것에는 많은 주의가 필요하다. 특히 불교의 사상과 의례를 설명하는 상황이나 용어일 경우는 더욱 그렇다. 기록된 낙화법에 의식의 절차가 있고 '법(法)'으로 정의하고 있는 만큼 '낙화(落火)'는 의례가 가지는 수행의미를 부여하여 이해해야 바른 뜻이 될 것이다.

낙화법의 기원과 형성과정, 낙화법과 관련이 있는 수구다라니 신앙에서는 불[火]을 본다는 용례가 다양하게 나타난다. 그 중에서도 등(燈)과 화(火), 관등(觀燈)과 관화(觀火)는 매우 밀접한 관련성이 있다. 이러한 의미에서 상원연등회는 연등을 보는 관등에서 시작하여 불[火]을 보는 관화에서 끝을 맺는 것이 일련의 의례였다. 여기에는 국가와 왕실 그리고 백성을 위해 복을 빌고 재난과 재앙을 물리치기를 염원하는 내용을 담고 있다. 낙화법의 원형으로 생각되는 화(火)는 화산(火山), 화산대(火山臺) 등으로 변화하며 '관화(觀火)'라고 불렀다.

그런데 화(火)·화산(火山)·화산대(火山臺)가 숯을 이용한 낙화법으로 변용하기 쉬웠던 이유는 신라와 고려시대에 유포된 수구다라니 신앙과 조선 초기의 정치와 사회면에서 찾을 수 있다. 전자는『고려사』에 무능승(無能勝)도량을 1130년·1217년·1227년에 설행하였다고 적은 사실이다.『고려사』에는 총 83종류 1,038회 이상의 도량개설을 적고 있지만, 도량개설의 절차와 전모는 밝혀지지 않았다. 다만 무능승도량의 개설에서 무능승대명왕(無能勝大明王)이 수구즉득다라니를 설하는『불설금강정유가최승비밀성불수구즉득신변가지성취다라니의궤』와『보편광명청정치성여의보인심무능승대명왕대수구다라니경』이 고려에 유통되었고 의례가 있었음을 알 수 있다. 경전의 내용은 별자리들로 인해서 일어나는 재난과 재앙, 물과 불의 재난, 특히 군진(軍陳)에서 몸을 상하는 재난을 막아준다고 강조한다. 밀교도량의 개설이 재난을 막아주고 악귀를 몰아내어 안녕을 가져올 수 있다는 식재(息災)의 기능은 모든 고려인들에게 희망을 주었을 것이다. 이와같은 사실은 몽고침입으로 혼란한 상황에서 만들어진 대장경 판각사업을 염두에 둘 필요가 있다. 고려 왕실은 몽고 침입으로 타버린 대장경을 강화도에서 새롭게 완성하고(1251), 충숙왕(忠肅王, 재위 1313~1330, 복위 1332~1339)은 이 재조대장경에 입장되지 않은 밀교계 경전만을 모아 동아시아 최초로『금서밀교대장경(金書密敎大藏經)』130권을 만든다(1328). 고려사회 전반에 다양한 종류의 밀교계 경전들이 유포되어 유통되고 있었기 때문에, 여러 종류의 도량을 개설하여 국가의 재난을 타개하고자 하는 의식이 널리 퍼져 있었던 점이다.

후자인 고려불교의 밀교적 성격은 조선에서 유학이 정치권력의 중앙에 등장하자 불교 내부의 변화를 요구하였다. 국가보다는 개인의 성향에 따라 불교를 바라보게 되었다. 『오대진언집』(1485)에 실려있는 5종의 다라니 편집 형식도 이와 같은 변화를 보여주고 있다. 인수대비는 실담·한글·한자를 병기하여 누구나 쉽게 다라니를 읽을 수 있도록 편집하여 간행하였다. 독송을 위한 진언집류의 간행은 고려의 도량개설과는 다른 방향으로 전개되었음을 짐작하게 한다. 조선의 사대부와 민중은 소재도량의 개념을 충분히 알고 있었기 때문이다. 특히 민중은 행사에 참여하여 자신의 복을 스스로 빌어 재난과 재앙을 퇴치하고 싶은 욕구를 일으켰다. 불교가 대중화하기 시작했다는 뜻이다. 이 현상은 조선 중·후기를 지나며 다른 나라에서는 찾을 수 없는 한국불교의 특징과 형식들이 등장하는 것과 맥락을 같이한다. 『천수경』과 『조상경』의 탄생, 감로탱과 삼장탱의 등장, 찬요(纂要) 및 촬요(撮要)와 같은 의례집의 간소화, 다비법(茶毘法)과 같은 새로운 의례의 탄생 등이다. 만일염불회(萬日念佛會)도 이와 유사하다고 할 수 있다.

　이러한 변화는 사회와 경제적인 면에서도 자극을 주었다. 『고려사』에는 왕실에서 준비하고 주관하는 여러 종류의 소재도량에 대한 기록이 있다. 이때 왕실의 권위를 위해서 많은 공양물·장엄물·반승(飯僧)등을 준비한다. 조선사회에서 이러한 것들은 그대로 유지하기가 매우 힘들었을 것이다. 조선시대에 등장하는 다양한 계(契)조직은 불교의례를 주관하는 주체가 변화하고 있음을 보여준다. 특히 동참계(同參契)의 조직은 유학(儒學)에서는 제자들이 서원(書院)을 유지하기 위해서 만들어졌고, 불교에서는 불사(佛事)를 위해서 만들어졌다. 어떤 종류의 행사든지 십시일반(十匙一飯)으로 누구나 참여할 수 있었으며, 선행의 공덕으로 복을 구하고 재난을 물리치고자 하였다. 불사에 같이 동참하고 참여하는 방법이 다라니의 독송이었다. 의례집에서도 '중화(衆和)' 또는 '동음(同音)'라고 하여 참가한 모든 이들이 함께하도록 하고, 때로는 다라니를 모두 함께 독송한 것에서도 확인할 수 있다.

고려의 수구다라니 신앙 유포와 조선의 사회현상 이 외에도 낙화의 기원이라 할 수 있는 화산의 변화에 주목해야 한다. 연등과 화산은 고려 상원연등회 또는 봉은행향(奉恩行香)을 할 때 시작과 끝을 알리는 상징이었다. 고려왕이 봉은행향 할 때 지나는 길은 온갖 연등·채붕·비단 등으로 장식하여 밝히고 흰 모래도 깔았다. 이때 연등은 부처를 상징하는 것으로 연등회의 의미를 나타낸다. 궁정(宮庭)도 화산(火山)과 연등(燃燈)으로 장식하여 밝히는데 거리보다도 더 화려했다. 궁정에서는 교방(敎坊)의 음악을 연주하고 백희잡기와 화산·등롱·채산(彩山) 등도 설치했기 때문이다. 이때 삿된 것을 물리친다는 소재(消災)의 의미를 지닌 화(火)와 폭죽(爆竹)은 매우 중요하였다. 왕이 환궁하여 등과 폭죽의 불빛과 광명으로 왕실과 백성들의 풍요를 빌며 삿된 재난과 재앙을 막아 물리치기를 기원했기 때문이다. 중국에서 세시풍습과 습합한 의례가 신라로 유입되어 고려로 전해진 연등회지만, 고려의 상원연등회에서 연등 및 화(火)와 폭죽은 연등회라는 같은 범주에서 동등하게 설행되던 국가의례였다. 궁극적인 목적은 왕실과 백성을 위한 염원의 의례인 것이다. 그리고 사료(史料)에서는 연등(燃燈)을 관등(觀燈)이라 하고, 화(火)나 화산(火山)을 관화(觀火)라고 하며 불교적인 용어로 기록하였던 것이다.

화산은 고려 말에 이르러서 국가가 아닌 사찰 행사에 화산희(火山

戲) 또는 화산대(火山臺)라는 용례로 나타나기 시작한다. 연희적인 요소가 결합하기 시작한 것이다. 사실 당시 화산희나 화산대가 어떻게 설치되고 어떤 절차로 이루어지는지는 명확하게 설명할 수는 없다. 조선시대의 사료나 그림을 통해서 보면, 궁중에서 화산대란 폭죽놀이를 통해서 왕실의 악귀를 쫓아내는 행사로 설명하고, 또 외국 사신을 맞이하며 보여주는 큰 볼거리였으므로 재료나 인식에 변화가 있었음은 짐작할 수 있다. 그래도 화산에 있었던 소재의 의미는 계속 이어지고 있었다. 이때 폭죽놀이를 위한 화산희 또는 화산대는 군수품인 화약을 사용하기 때문에, 많은 제약과 비용문제가 따랐다. 화약은 염초·황·숯을 적당한 비율로 섞어 만드는데, 염초와 황의 수급이 원활하지 않게 되자, 숯을 이용한 불빛이나 화염을 만들고자 하는 계기가 되었다.

조선 중기를 지나며 폭약 재료의 수급문제는 더욱 악화되어 궁중에서조차 군기감(軍器監)에서 화산대나 화희를 설치했다는 기록은 사라져 보이지 않게 된다. 성현(成俔, 1439~1504)의 『용재총화(慵齋叢話)』(1525)에서 화희(火戲)는 포통(砲筒)을 땅에 묻고 약선(藥線, 도화선)을 연결하여 터트리는 매화법(埋火法)의 폭죽놀이로 설명하고 있다. 이것은 화산의 설치가 화약을 이용한 화산대로 옮겨가고 있음을 말해준다. 즉 화산과 폭죽의 방식을 혼용하여 화산대를 만들어 내고, 폭죽의 화염으로 재앙과 재난을 물리치고자 하였던 것이다. 화약을 조그만 포대에 넣어서 간두(竿頭)에 올려놓고 약선을 연결하여 쏘아 올리는 화시(火矢)도 보인다. 조선왕실에는 화약을 이용한 놀이가 매우 다양했던 것 같다. 그러나 소재(消災)의 개념을 가진 관화(觀火)라는 표현은 명종(재위 1545~1567) 16년(1561) 기록 이후에 정조(재위 1776~1800)의 화성행행도를 그린 득중정어사도(得中亭御射圖, 1795)에 비로소 나타난다. 화약의 역사를 연구한 민병만은 이 기간에 화약을 대신하는 어떤 재료가 화약의 화염을 대치하였을 것으로 추측한다. 화약 재료 중에 남아 있는 숯을 이용하여 불을 밝히는 낙화(落火)의 등장이다.

낙화와 유사한 방법으로 수구다라니주를 베껴 쓴 후, 이 주(呪)를 깃발의 꼭대기에 걸어두어 재앙이나 재난이 물러나기를 바라는 신앙이 수구계통의 경전에 보인다. 『불설수구즉득대자재다라니신주경』에서 수구다라니주를 봉안한 곳에는 '큰 광명'이나 '큰 불덩어리'의 모습이 나타나는 것으로 묘사된다. 광명과 불덩어리를 보는 것은 수구다라니주가 지닌 불가사의한 힘으로 장애와 공포를 없애고 구하는 바를 성취하게 한다. 이 경에서 다라니의 효험과 관련된 2가지 이야기를 예로 들 수 있다.

첫째는 신심이 적고 죄를 지은 비구가 병에 걸렸을 때, 수구다라니신주를 목 밑에 두어서 병고를 소멸하였으며, 죽었을 때는 시체가 안치된 탑묘에 봉안된 수구다라니신주의 불가사의한 힘으로 지옥에서 벗어나 33천에 태어나게 되었다고 한다. 주력(呪力)의 위력은 죽을 때부터 죽은 후에도 영향력을 미친다고 하여 다라니의 효험을 극대화한다.

둘째는 비람파(毘藍婆)장자가 다라니 소재(消災)의 힘으로 바다에서 만난 액난을 벗어나게 된다는 현세 이익적인 이야기이다. 장자와 상인들이 바다에서 환상의 고기와 용왕이 비바람을 일으키는 액난을 만났다. 그러자 수구즉득대자재다라니신주를 베껴 쓰고, 그 주를 깃발의 꼭대기에 걸어두자 마치 큰 광명의 불덩어리가 깃발에 있는 것처럼 보이게 된다. 불빛은 고기와 용왕이 일으킨 비바람과 폭풍을 잠재웠고, 상인들은 보배가 있는 곳에 도착할 수 있어 본래의 목적을 성취하였다고 한다. 이 비람파장자의 이야기에서는 수구즉득대자재다라니신주를 통하여 원하는 바를 성취하기 위한 작법(作法) 의식의 방법을 제시하고 있다.

수구다라니 성취 의식은 베껴 쓴 주문을 배의 깃발 꼭대기에 높게 매달고 거기에서 비치는 광명의 모습을 바라보는 것이다. 이는 마치 낙화법이나 낙화놀이에서 낙화봉지를 높이 매달아 놓고 불을 붙여 타오르는 불꽃을 보는 것과 비슷하다. 민간의 낙화놀이는 수구다라니 의식(儀式) 중에서 주문을 적는 것이 제외된 불꽃놀이의 형태인 것을 알 수 있다. 그리고 사찰에서는 불[火]을 바라보는 관화의 의미가 수구다라니 신앙과 함께 영평사 소장 『오대진언집』에 직접 묵서로 수기한 '낙화법'의 기록으로 남아서 의식의 구성과 절차가 전해졌다고 할 수 있다.

영평사가 소장한 『오대진언집』에 수기된 '낙화법'의 절차는 다음과 같다. 낙화법에 사용되는 재료, 실담자, 태우는 법[소하는 법], 의식에서 암송되는 진언 등 의식 차제(次第)의 주요 목록만을 열거하고 있지만, 낙화법과 관련된 중요한 정보를 제공한다. 이 낙화법의 소의경전은 무능승대명왕(無能勝大明王)이 수구즉득다라니를 설하는 『불설금강정유가최승비밀성불수구즉득신변가지성취다라니의궤』와 『보변광명청정치성여의보인심무능승대명왕대수구다라니경』이다. 그리고 등(燈)과 화(火), 화산과 연등화산(燃燈火山), 관등과 관화, 폭죽과 폭약, 화산과 화산대 등의 연구결과를 종합하면 낙화법의 의례절차와 의미를 설명할 수 있다.

묵서의 절차 내용은 다음과 같다(부록 102쪽 사진 참조).

낙화법 탄•소금•향
[실담자]
소하는 법•정구업진언•오방진언
개경게•정법계진언•계수연화태장교
수구대명왕진언•육자진언•소재진언云云

‘낙화법’은 의례의 이름이다.

‘탄·소금·향’은 숯과 소금 그리고 향이며, 의식에서 태우는 재료이
자 공양물이다.

다음은 실담자이다. 실담자는 공양물 숯·소금·향에 가지(加持)하는
진언이다. 재료의 목록을 기재한 후, 실담자가 있고, 그 다음에 ‘소(燒)
하는 법’을 둔 것으로 볼 때 재료에 진언을 가지하여 태우는 것이라고
짐작할 수 있다.

‘소하는 법’은 태우는 법이고, 공양물에 진언을 가지하여 태우는 것
을 말한다. 여기까지가 의식의 전행(前行)에 해당하는 예비의식이다.
다음은 본(本)의식과 소재(消災)의식이다. 본의식과 소재의식은 진언
의 염송이 주가 된다. 절차는 ‘정구업진언, 오방진언, 개경게, 정법계진
언, 계수연화태장교[계청문], 수구대명왕진언, 육자진언, 소재진언云
云’의 순서로 진언을 염송한다. 즉 의식의 절차는 ①예비의식, ②본의
식, ③소재의식 등 크게 세 부분으로 구성되며 간략히 설명하면 다음

과 같다.

① 예비의식

예비의식은 의식을 준비하는 단계로 불·보살·명왕을 소청하기 전에 공양물을 올려 맞이할 준비를 하는 것이다. 낙화법에서는 공양물로 숯·소금·향을 사용하며, 묵서되어 있는 12실담진언(4자+8자)을 염송하고 태우면서, 본의식 진언으로 들어간다.

4+8자 총 12자의 실담자가 있다. 의식의 방법을 기술하고 있지 않아서 명확하지 않지만, 앞의 4실담, 'phaṭ(?) mṛtam(?)'을 암송하여 진언으로 가지(加持)한 재료를 태우는 의미로 읽을 수 있다. 'phaṭ'는 분노존의 진언으로 악귀를 항복시키고 마장(魔障)을 사라지게 하는 힘이 있고, 'mṛtam'은 이미 죽은 자들을 의미한다. 의식의 장소를 정화하고 의식을 방해하는 모든 귀신과 악귀를 제거하여 결계를 행하는 역할을 한다. 뒤의 8실담자 중에 읽을 수 있는 6자는 oṃ과 진심종자(眞心種子)인 vaṃ(중존, 비로자나), trāḥ(남쪽, 보생불), hriḥ(서쪽, 아미타불), aḥ(북쪽, 불공성취불), hūṃ(동쪽, 아촉불)이다. 마지막 훔(hūṃ)은 분노존 아촉불뿐 아니라 금강부의 종자진언으로 이 종자진언이 변화하여 무능승대명왕으로 나타나는 것이다. 안과 바깥의 장애를 부수며 마군을 부수고 흩어지게 하는 효과가 있다.

② 본(本)의식

본의식 진언은 정구업진언, 오방진언, 개경게, 정법계진언, 계수연화태장교[계청문], 수구대명왕진언이다. 정구업진언부터 개경게까지는

정화와 예경, 서원을 하는 단계이며, 정법계진언은 법계를 상징하는
진언인 람(ram)자를 관상하여 수행의 장소를 청정한 법계로 바꾸는 것
이다. 그리고 계청문은 무능승주대명왕을 소청하는 단계이며, 지송자
(持誦者)는 무능승주대명왕과 유가(瑜伽)하여 수구대명왕진언을 염송
한다. 이때 지송자의 신체는 무능승주대명왕이며, 지송자가 입으로 염
송하는 진언은 무능승주대명왕의 진언이며, 대수구대명왕과 권속들의
목적과 기능을 관하면서 염송한다.

　수구대명왕진언의 염송은 근본다라니와 소진언으로 나뉜다. 근본
다라니는 일체여래를 비롯하여 불·보살과 불·법·승에게 귀의하는 예
경을 하고, 일체여래를 찬탄하는 다라니의 염송이다. 근본다라니의 내
용은 재앙과 재난을 소멸하고 일체여래불로부터 관정을 받아 성취를
완성하는 것이다. 또한 원수와 적을 조복하는 진언, 원적을 정지(停止)
하는 진언, 번영과 부유함을 성취하는 진언의 염송도 포함한다.

　소진언은 총 7개이다. 이 소진언은 위의 낙화법의 의식 순서에서
빠져있지만, 『오대진언집』 수구즉득다라니편 마지막 부분에 실려 있
다. 7개 진언 중 앞의 일체여래심진언(一切如來心眞言), 일체여래심인
진언(一切如來心印眞言), 일체여래관정진언(一切如來灌頂眞言) 3종이
중심이 된다. 지송자는 일체여래심진언으로 모든 죄업으로부터 안락
함을 얻고, 일체여래심인진언으로 금강과 같이 견고한 일체여래의 몸
이 되며, 일체여래관정진언으로 일체여래삼매야만다라에 들어 일체여
래의 법을 증득한다. 또 지송자는 일체여래관정진언으로 모든 장애와
업장을 청정하게 하여 일체여래로부터 관정을 받는 것이다. 이로써 모
든 원하는 바를 성취하게 된다. 나머지 4개 일체여래관정인진언(一切

如來灌頂印眞言), 일체여래결계진언(一切如來結界眞言), 일체여래심중심진언(一切如來心·中心眞言), 일체여래수심진언(一切如來隨心·眞言)은 일체여래를 찬탄하는 의미의 진언이다.

③ 소재(消災)의식

소재의식 진언은 육자진언(六字眞言)과 소재길상다라니(消災吉祥陀羅尼)이다. 육자진언은 모든 죄장을 소멸시키고 공덕을 얻게 하며, 모든 진리를 포섭한 지혜의 모체로 여겨진다. 이 진언을 염송하면 과거불이 법계를 관조하고, 현세불이 중생을 이롭게 하며, 미래불이 일체중생의 이익을 호념 한다고 한다. 마지막으로 소재길상다라니는 보변불(普遍佛)에게 예경하여 장애를 없애는 진언이자 길상을 성취하게 하는 진언이다.

이와 같이 영평사 소장본 『오대진언집』에 수기된 낙화법의 절차와 대강의 의미를 설명할 수 있다. 여기에 높이 매달린 불빛의 낙화를 보는 수구계경전의 내용과 같이 낙화법의식에 참여한 모든 이들을 위한 축원과 회향을 더한다면, 현재 행해지고 있는 다른 의례와 같이 독립된 의례로서 손색이 없게 된다.

고려시대 연등회 의례의 관등과 관화는 처음부터 소재의 의미를 포함하고 있는 것으로 인식되었다. 그리고 화산·화산대를 통해서 보는 불꽃화염은 그 자체가 불(佛)의 광명이며, 소재의식 또는 소재도량의 설행으로 모든 장애와 고난을 제거하는 길상의 성취로 이어졌다. 불교에서 등(燈)과 화(火)는 광명을 상징하는 공통 요소를 갖지만, 특히 화는 재난과 액난을 물리친다는 다른 의미도 포함하고 있다. 화가 지닌 식재(息災)의 뜻은 무능승주다라니의 공능(功能)과 접목하기에 용이한 접점이 되었다. 이미 『오대진언집』 수구즉득다라니에는 경전의 내용을 축약한 계청문과 경전의 의례절차가 제시되어 있다. 또 의례를 행한 후 수행의 공덕도 설명되어 있고, 묘명등(妙明燈)을 바치는 금강수(金剛手)보살은 진언을 전하여 수행자의 수행을 도와주며 이루고자 하는 것을 성취하게 해준다는 내용도 있기 때문이다. 이렇게 현실적인 면을 강조하고 있는 점이 누구에게나 받아들여지기 쉬운 점이었을 것이다. 현실과 법식을 아우르는 의례가 영평사 소장본 『오대진언집』에 묵서로 수기된 낙화법이며, 수구다라니 신앙의 실천에 의거한 의례라고 할 수 있다.

그리고 사회와 경제적인 환경의 변화는 의식(儀式)의 재료를 폭약에서 숯 등으로 바뀌게 하고, 무능승주다라니를 신앙하는 의식(儀式)의 방법을 변화시켰다. 그래서 '낙화(落火)'란 단순히 보고 즐기는 놀이가 아니라 경전에 근거한 '관법(觀法)'으로 이해해야 한다. 관법은 부처[佛]나 법(法) 등을 마음속에 떠올리는 관상(觀想)이다. 의례가 정한 의칙(儀則)에 따라 관상의 대상을 마음에 떠올려야 한다. 궁극적으로 불교 수행의 목표는 공(空)을 알아서 공성(空性)을 체득하고, 보살행의 실천으로 나아가 깨달음을 증득하는 것이다. 불(佛)은 보살로 화현하고 보살은 무능승주대명왕(無能勝主大明王)을 통하여 진언 수구즉득다라니를 설하도록 한다. 한편 불[火]은 수행자의 몸에 삿되고 악한 기운이 들어오지 못하게 막고 몰아내어 외부와 내부의 마장으로부터 수행자를 보호한다. 그래서 낙화법에서 떨어지는 불빛은 불빛 그 자체가 불(佛)의 광명이자 위신력이 있기 때문에 의식에 참여하여 그 불빛을 바라보고 수구다라니를 독송하는 것만으로도 고통과 재난을 없애 길상과 지혜를 성취하도록 도와준다.

결국 소의경전과 의례형식이 갖추어진 낙화법의 목적은 낙화하는 불[火]의 관상과 수구다라니의 염송을 통해서 모든 길상(吉祥)을 성취하고 불(佛)의 지혜 광명으로 세상을 밝게 비추는 자비를 실현하는 데 있다. 이것이 한국불교의례에서 차지하는 낙화법의 의의와 위치라 하겠다.

낙화법을 규명하기 위한 연구에서 밝혀진 의의를 아래와 같이 정리할 수 있다.

첫째, 낙화법은 소의경전을 가지고 있다.

둘째, 낙화법은 절차가 갖추어져 있는 불교수행법의 하나이다.

셋째, 낙화법은 불[火]을 이용한 관법이다.

넷째, 낙화법은 연등회의 화산에 기원하여 화산대의 폭죽놀이를 변용시킨 불교의례이다.

다섯째, 낙화법은 『오대진언집』의 대수구대명왕대다라니를 염송한다.

여섯째, 낙화법은 조선시대 군사제도와 화약의 역사를 담고 있다.

일곱째, 낙화법은 한국의 대중문화를 기반으로 발전하였다.

여덟째, 낙화법이 묵서되어 있는 『오대진언집』은 유일본이다.

아홉째, 낙화법은 한국에만 있는 불교의례이다.

열 번째, 낙화법은 보존하고 계승하여 후대에 전해야 할 무형문화의 재산이다.

[2] 불교의례 낙화법의 기원과 형성과정*

이 선이 | 동국대학교 불교학과 박사, 한국화엄 전공

---

* 본 장은 순천대학교 남도문화연구소 『남도문화연구』 제41집(2020)에 제목 「불교의례 낙화법(落火法)의 기원과 형성과정 연구」로 실려 있는 내용을 수정 보완하였음.

1. 시작하는 말

행정도시로 출범한 세종시는 새로운 유무형 문화유산을 발굴하기 위한 노력의 일환으로, 「낙화 역사 고증 학술연구용역」(2018년 10월)을 발주하여 관내에 전해오는 '낙화(落火)놀이'를 조사하였다. 이 보고서에 의하면 세종시에는 영평사의 사찰 낙화법과 등곡리 동제의 낙화놀이가 있다고 한다. 그러나 낙화법과 낙화놀이에 대한 의미와 절차 등을 자세하게 설명하지 않고 있으며, 기존의 연구 범위를 크게 넘지 않는다.

현재까지 낙화와 관련하여 무형문화재로 지정된 곳은 경남 함안낙화놀이(2008년 지정, 경남 무형문화재 제33호, 관리단체)와 전북 무주 안성낙화놀이(2016년 지정, 전북 무형문화재 제56호, 관리단체) 2건이다. 그리고 선비들의 뱃놀이와 시회(詩會)가 결합한 안동 하회마을의 줄불놀이 외에 약 20여 곳의 다양한 낙화놀이가 알려져 있다.[1] 이들 행사의 특징은 지역 마을의 구성원 모두가 참석하여 운영하는 놀이 성격을 갖는 점이다. 등곡리 낙화놀이도 이미 지정된 문화재의 성격을 크게 벗어나지 않으며, 구전되어 온 동제 성격으로 '낙화내리기'라고 부른다. 그러나 사찰의 낙화법은 현재 보고된 사례는 없다.

보고서에 소개된 사찰의 낙화법은 불교의례의 형식을 갖추고 있어 주목된다. 그런데 의례의 기원과 성격, 특징, 형성과정, 설행과정, 그리고 낙화법의 기록 연대 등에 대한 설명이 매우 소략하다. 또 영평사 소장본 『오대진언집』 공란에 수기된 낙화법의 의례 성격과 방법을 '釋迦如來慶祝會'라는 깃발을 세우고 있는 사진으로 제시한다. 그러나 이제까지 낙화법의 연구가 전무한 만큼 이를 근거로 낙화법의 전통성을 말하기는 쉽지 않다. 만약 수기된 낙화법이 불교의례의 조건을 갖추었다면, 이는 한국전통문화의 목록에 한 가지를 더할 수 있는 조건이 된다. 그 가능성을 제시해보려는 것이 본 논문의 목적이다.

본 논에서는 다음과 같은 순서로 전개하고자 한다. 수기된 낙화법의 구성이 불교의궤를 갖추어 의례로서 적합한 것인가를 판단하고, 사진의 출처를 밝혀 그 내용을 분석한다. 이제까지 연구에서는 낙화(落火)를 연등(燃燈)의 범주에서 다루었으나, 불교사상에서는 두 가지가 다른 범주에 속하는 개념이 존재한다. 이를 근거로 각기 다른 개념의 연원을 찾는다. 즉 등(燈)과 화(火)의 개념을 구별하여 사용하며, 개념 혼용에서 발생하는 문제점을 보완하고, 낙화의 기원을 새로이 밝힌다. 등을 중심으로 하는 고려의 연등과 화약을 중심으로 하는 조선의 불꽃놀이에서 낙화법의 발생 배경과 형성과정을 설명한다. 이 과정은 화약의 재료가 염초에서 숯으로 옮아가는 변화과정과 일치한다. 그리고 여기에 불교의 수행법을 담아낸다. 이것이 낙화법의 의의가 될 것이다. 이미 연등에 관한 많은 연구가 있으므로 중복을 피하며,[2] 조선시대 낙화법의 형성과정을 중심으로 서술하기로 한다.

2. 낙화법(落火法) 소의경전과 관등(觀燈)의 종류

1) 영평사 소장본 『오대진언집』의 수기(手記) 낙화법
영평사 소장본 『오대진언집』의 공란에는 수기로 '낙화법'이라고 하여 낙화법에 필요한 재료와 태우는 법을 적고 있다. 『오대진언집(五大眞言集)』은 인수대비(仁粹大妃, 1437~1504)의 명으로 진언을 쉽고 바르게 읽을 수 있도록 편집한 진언집이다. 사십이수진언(四十二手眞言), 신묘장구대다라니(神妙章句大陀羅尼), 수구즉득다라니(隨求卽得陀羅尼), 대불정다라니(大佛頂陀羅尼), 불정존승다라니(佛頂尊勝陀羅尼)로 구성되며, 뒤에 영험약초(靈驗略抄)가 합철된 경우가 종종 있다. 5종류의 진언으로 구성되어 있어 『오대진언집』이라 부른다. 이 진언집은 실담3)·한글·한자 3종류의 언어를 병행 표기하며, 이러한 형식은 이후 간행하는 모든 진언집의 모본으로 자리를 잡는다. 『영험약초』는 맨 처음 두 진언을 묶어 대비심다라니(大悲心陀羅尼)로 제목을 달았으며, 나머지 3종류 다라니 제목과 함께 각 다라니의 영험을 기록하고 있다. 영험이라고 하지만, 진언의 출전 경전을 축약하여 염송(念誦)의4) 효험을 적고 있는 것에 지나지 않는다.

영평사 소장본 『오대진언집』은 표지·서문·발문이 낙장되어 있어 판본을 확정하기가 쉽지 않다. 첫 장의 빈 곳에 '忠淸左道, 壬寅四月十七日, 道弘謹書'라는 별도의 묵서 수기를 참고하여 판단해보면, 인출의 하한선은 임인(壬寅) 1842년으로 정할 수 있다. 16세기 전후에 집중적으로 『오대진언집』이 간행되었던 상황을 고려한다면, 임인년은 1782년, 1722년, 1662년의 상정도 가능하다. 지질과 인출의 상태, 흑어미와 3엽화문어미가 섞여 있는 점으로 보아 17세기 이전으로 올라갈 수 없을 것 같으며, 17세기 후반이나 그 이후에 간행되었을 것으로 추정된다. 다만 10여종의 왕실본 계통의 판본에 속하는 기존의 판본들과는 다른 것으로 추측할 수 있을 뿐이다. 또 진언집의 사십이수진언에는

'여의쥬슈진언'과 같은 한글 표기가 있는데, 1900년대 전후의 표기법으로 보인다. 낙화법의 묵서 수기는 불정존승다라니가 끝나는 여백에 사진1)과 같이 쓰여 있고, 한글 표기는 사십이수진언의 표기보다 다소 늦은 시기로 판단된다.

낙화법 탄•소금•향
[실담자]

소하는 법•정구업진언•오방진언
개경게•정법계진언•계수연화태장교
수구대명왕진언•육자진언•소재진언云云

사진1) 낙화법 : 『오대진언집』
　　　　부록 102쪽

　　수기된 낙화법은 크게 재료, 실담자, 소하는 법[태우는 법]으로 나뉘어져 있다.

　　재료로는 숯·소금·향을 사용한다. 숯과 소금은 민가의 낙화놀이에서도 자주 사용하는 재료이며, 향(香, gandha)은 불교의식에서 큰 의미를 지닌다. 사찰에서 향은 하루 일과나 행사를 시작하는 점향(拈香)에5) 필요한 것이므로 사찰의례에 반드시 필요하다.

　　실담자(悉曇字)는 정확한 뜻을 읽어내기가 쉽지 않다. 중국, 일본, 티베트의 실담에도 보이지 않는다. 다만, 문장이 끊어지는 '•'의 앞부분은 '정화'라는 의미 정도로 해석이 가능하고, 후반부는 oṃ-hūṃ으로 읽을 수 있고 또 글자 오른쪽에 ':(ḥ)'를 사용하고 있어 종자진언의 형식을 갖추고 있는 정도로 이해할 수 있다.

소하는 법[태우는 법]은 경전 독송의 절차를 따르고 있는 의궤형식이다.[6] 정구업진언, 오방진언, 개경게, 정법계진언의 순서는 현재 일반적인 경전독송 절차와 동일하다. 정구업진언은 먼저 의례를 주관하는 사람의 구업을 정화시키는 역할을 한다. 그리고 오방진언으로 단을 만들고 결계(結界)의 의미를 더한다. 지금 경전을 독송하려고 하니 도량을 정화한다는 뜻이다. 개경게는 단을 만들고 단의 성격에 맞는 경전을 독송하기 위해 해당 경전을 편다는 뜻이다. 정법계진언은 경전을 펴니 비로자나의 빛으로 온 법계를 밝힌다는 뜻이다. 그리고 '계수연화태장교'는 『오대진언집』 안에 있는 수구즉득다라니 계청문(啓請文) 게송의 첫 구이다. 이 계청문의 게송은 경전에서 어떤 가르침을 얻고자 하는 설법의 주체를 청하고 찬탄하는 기능을 한다. 내용과 구성은 경전의 중송(重頌) 형식을 따르며, 경전의 내용을 요약하여 귀경게, 설법의 내용, 찬탄의 순서로 구성한다. 수구대명왕진언은 설법의 내용인 수구즉득다라니로서 계청문(啓請文)에서 설법해 주기를 청한 경전의 다라니이다. 계청문과 진언이 하나의 짝을 이루고 있어, 경전과 의궤라는 밀교의궤의 성격을 잘 보여주는 특징이라 할 수 있다.

진언을 염송한 후에 놓인 육자대명왕진언은 관세음보살의 자비를 나타내는 '옴 마니 반메 훔(oṃ maṇi padme hūṃ)'의 6자이다. 진언을 모두 독송했으니, 관세음보살의 자비로 번뇌와 죄악을 소멸시키고 지혜와 공덕을 갖추게 되었다는 뜻이다. 한국불교에서 널리 지송되는 관음신앙의 대표적인 다라니이다. 소재길상다라니는 하늘과 별과 땅의 재해와 고난을 그치게 하여 좋은 징조를 나타내는 다라니이다. 소재(消災)는 śantika로 적정식재(寂靜息災)의 뜻이다. 고려에는 다양한 목적의 소재도량을 설행한 반면에 조선에는 주로 성변(星變)과 천변(天變)을 소재하는 목적으로 설행하는 경향이 있다. 도량을 건립하여 수구즉득다라니의 독송으로 소재하여 공덕을 얻었으나, 다시 소재길상다라니를 독송하는 것은 회향의 성격이 있다고 하겠다.

　　낙화법의 구체적인 모습은『오대진언집』의 수구즉득다라니 계청문과 '계수연화태장교' 이하 게송, 그리고 '大陀羅尼 曰'(이하 다라니문) 문과 이하 진언을 모두 보여줄 때, 밀교의례 성격이 잘 드러난다. 계청문과 게송의 처음과 마지막 각 1개, 그리고 도량건립의 뜻을 알 수 있는 내용, 다라니문을 인용하면 다음과 같다.

> 佛説金剛頂瑜伽最勝秘密成佛隨求即得神變加持成就陀羅尼 啓請
> 稽首蓮華胎藏敎　無邊清淨總持門
> 普遍光明照十方　焰鬘應化三千界
> 如意寶印從心現　無能勝主大明王
> … (중략) …
> 毘盧遮那尊演説　金剛手捧妙明燈
> … (중략) …
> 諦想觀心月輪際　凝然不動觀本尊
> … (중략) …
> 陀羅尼力功無量　故我發心常誦詩
> 願廻勝力施含靈　同得無爲超悉地
> 佛説一切如來普遍光明焰鬘清淨熾盛思惟如意寶印心無能勝總持大隨求大明王大陀羅尼 曰

... (진언)... 7)

『오대진언집』의 구성 특징은 계청문과 다라니문이 항상 짝을 이루는 점이다. 다라니문에서 수구즉득다라니를 불공(不空, Amoghavajra, 705~774)의 번역이라 함으로,8) 이를 근거로 판단하면 관련 경전 2종을 들 수 있다. 계청문은 『佛說金剛頂瑜伽最勝秘密成佛隨求卽得神變加持成就陀羅尼儀軌』의 경명에서 '儀軌'를 뺀 이름으로 이루어졌다. 이 의궤경은 멸악취보살(滅惡趣菩薩)이 비로자나불대집회(毘盧遮那佛大集會)에서 설법하기를 청하고, 설법하는 진언의 이름은 '普遍焰滿清淨熾盛思惟寶印心無能勝總持大隨求陀羅尼'이다. 그러나 이 진언명은 '佛說一切如來, 光明, 如意, 大明王'을 추가한 긴 이름의 다라니문으로 나타난다. 게송의 내용은 경전의 설법내용을 중송(重頌)의 형식으로 적고 있다. 다라니문은 『普遍光明清淨熾盛如意寶印心無能勝大明王大隨求陀羅尼經』의 경명으로 보면, '經'이 빠지고 '佛說一切如來, 焰鬘, 思惟, 總持'가 추가된 이름이다. 이 경은 부처님께서 대금강수미로봉누각(大金剛須彌盧峯樓閣)에 계실 때 대금강사마지(大金剛三摩地, 금강삼매)에 들어 설하고, 금강수보살(金剛手菩薩)이 수지하는 구성이다. 그런데 다라니문의 진언 절차는 의궤경을 따른다. 의궤는 경을 참조하고, 경은 의궤를 참조하고 있는 것이다.

밀교계 경전은 경에는 설법의 내용을 싣고 의궤에는 도량 건립의 절차를 싣는 경우가 일반적이다. 수구즉득다라니의 계청문과 다라니문은 경전과 의궤경을 혼용하여 재구성하고 있다. 두 경전을 혼용하는 경향은 계청의 시문(詩文)인 게송을 분석하면, 그 이유가 더욱 분명해진다. 첫 번째 게송의 '胎藏敎·總持門'은 비로자나불과 수구즉득다라니를 가리키며, 도량을 건립하는 목적이기도 하다. 이 또한 '總持'를 다라니문에 추가함으로서 비로자나불의 집회가 되고, 다라니를 설하는 것이 명확하게 된다. 그리고 '金剛手' 즉 금강수보살이 다라니를 수지하고, '無能勝主大明王'이 설법하는 구성으로 변화하여, 불(佛)·보살·명왕의 밀교 삼륜신(三輪身)이 갖추게 된다. 불보살이 화현하여 무능승주대명왕이 다라니 염송 또는 독송하여 중생을 구제하는 모습이다

'如意'는 여의보인(如意寶印)을 가리키는데 모든 부처님이 수행하던 가장 수승한 대정진(大精進)의 인계(印契)를 의미한다.[9] '大明王'은 다라니를 말하는 명왕이며, '焰鬘'은 광명과 같이 불이 활활 타오르는 '치성(熾盛)'의 모습이다.

'悉地(실지)'는 범어 siddhi의 음사로 '성취'의 뜻이다. 삼밀(三密)의 행업에 상응하는 묘과를 성취함을 말한다. 수구즉득다라니를 잘 송(誦, 외우고)하고 잘 들으면, 무능승주대명왕의 다라니 설법이 모든 악을 소멸시키고 모두를 묘과에 이르게 한다는 내용이다.

염만(焰鬘)의 빛은 중생과 지옥의 중생에게도 미친다. 빛은 지옥 중생도 바로 구제할 수 있고, 모든 중생은 바로 불지(佛地)를 이루게 한다. 불(佛)의 광명으로 불신(佛身)의 성취가 이루어지게 된다. 신구의 (身口意) 삼밀(三密)이 갖추어졌다. 마지막 1게송에는 수구즉득다라니의 힘과 공덕은 무량하여 모두 함께 초실지(超悉地)를 얻는다고 하는 회향을 담고 있다.

이렇게 의궤와 경전에서 의미있는 용어들을 교차하여 부가한 수구즉득다라니의 청문과 다라니문은 도량 건립의 목적과 행법을 잘 드러

낸다. 또 밀교의례가 갖추어야 할 삼륜신과 삼밀(三密)을 갖춘 의궤로
나타난다. 발원과 서원과 회향을 갖춘 대승불교의 수행법이라 할 수
있다.

　이와같이 낙화법은 숯이라는 불의 재료를 이용하여 재난을 극복하
기 위해 소재도량을 건립하는 의궤이다. 그리고 불신(佛身)의 성취를
이루는 수행법이다. 여기에서 유의해야 할 점은 도량을 건립하고 다라
니를 염송하기 위해서 반드시 소의경전이 있어야 한다는 점이다. 위
계청문의 내용과 다라니문의 진언명을 분석한 결과에 의하면 소의경
전을 다음과 같이 정할 수 있다. 『오대진언집』 수구즉득다라니의 계청
문과 다라니문은 불공이 번역한 '佛說金剛頂瑜伽最勝秘密成佛隨求卽得
神變加持成就陀羅尼儀軌'와 '普遍光明淸淨熾盛如意寶印心無能勝大明王
大隨求陀羅尼經'의 내용과 절차를 축약하며, 도량 건립의 절차와 소재
의 의미를 드러냈다. 『염험약초』 수구즉득다라니(隨求卽得陀羅尼)에서
도 역시 의궤와 경의 경문을 축약하고 있다.[10) 그러므로 이 2종을 소
의경전으로 할 수 있으나, 그 중심은 『佛說金剛頂瑜伽最勝秘密成佛隨
求卽得神變加持成就陀羅尼儀軌』이다. 의궤 경전류가 소의경전이 될 수
있는 것은 아마도 고려와 조선을 지나며 구밀(口密) 중심의 한국불교
의례가 유행하며 성립되지 않았나 생각한다. 의례가 한국화를 거치는
과정에서 구밀이 중시되고, 의궤가 소의경전처럼 정착된 현상이다. 낙
화법은 숯으로 낙화하는 기구를 만들어 절차에 따라 태우며, 진언을
염송하며 삿된 기운을 사라지게 하고, 원하는 것을 이루고자 하는 염
원을 담은 법식이다. 또 소의경전과 절차를 갖춘 온전한 의궤로 손색
이 없다고 하겠다.

2) 1920~1930년대 개성의 관등

보고서에 제시된 사진은 1920년대 개성에서 찍은 사진으로『朝鮮 の習俗』에 실려 있다.『朝鮮の習俗』은 1925년 조선총독부가 주관하고, 일본이 조선의 풍속을 소개하기 위해 발간한 책이다. 정두식의 해제에 의하면 조선과 일본이 일위대수(一葦帶水), 동종동근(同種同根)이라는 주장의 근거로 삼는 내용이다. 즉 지정학적으로 두 나라는 인접해 있어 동종동근의 민족으로 유사한 풍습이 많다는 점을 강조하며, 강제 점령이 자연스럽다는 점을 알리기 위한 목적으로 조사되고 만들어졌다고 한다.[11] 사진의 제목을 관등(觀燈)이라 하고, 연중행사 중 '사월(四月)'이란 제목으로 다음과 같은 설명이 있다(사진2) 참조).[12]

사진2) 영인본『朝鮮の習俗』, 조선총독부
(1925), 68쪽

사월(四月)

4월 8일은 석가탄신일로 이를 '욕불일(浴佛日)'이라고 칭하고 있다. 이날에는 남녀 모두 의상(衣裳)을 갈아입지만, 특히 아녀자는 '팔일장(八日粧)'이라고 하여 공들여 치장하고 논다. 또 이날 밤을 '등석(燈夕)'이라고 하여 저녁 무렵이 되면 집집이 종이로 만든 등롱(燈籠)으로 불을 밝힌다. 그리고 남녀가 경쟁하듯 높은 곳으로 올라가 이를 구경한다. '관등(觀燈)'은 이를 가리키는 말로 원래 개성(開城)이 본고장이었지만, 지금은 경성(京城)에서도 자주 행해지고 있다.

이 내용에서 알 수 있는 것은 관등은 사월초파일의 연등을 가리킨다. 석가탄신일은 욕불일이라 하여 부처님을 향탕수로 목욕시키며 탄생을 기리는 행사이다. 여인들이 곱게 단장하는 날이며, 집집마다 등롱 등의 연등을 달았다. 밤을 등석이라고 부르고, 높은 곳에 올라 등불을 구경하는 것을 관등이라 한다. 고려의 수도인 개경에서 시작하여 성행하였고, 조선의 수도인 경성(한양)에까지 이어져, 남녀노소가 사월초파일의 낮과 밤을 이어 즐기는 행사이다.

일본의 노무라 신이치(野村 伸一)는 1916년부터 1941년까지 한국에 머물며 조사하며 찍은 무라야마 지준(村山 智順, 1891~1968)의 사진첩에 이 사진이 있으므로『朝鮮の習俗』도 무라야마 지준의 저술로 판단하고 있다.13) 노무라 신이치의 소장 사진첩은 여러 경로를 거쳐 한국 학자 고운기에게 이르게 된다. 고운기는 사진첩에 들어 있는 사진을 분류하고 노무라 신이치의 논문을 번역하여,『한국 1930년대의 눈동자-무라야마가 본 조선민족』이란 제목으로 출간한다.14) 이러한 작업에 감명을 받은 노무라 신이치는 자료가 조선과 관련이 있다고 하여, 2019년 2월 한국무형유산원에서 '노무라 신이치교수 소장자료'라는 전시명으로 한국에 소개한다. 그리고 무라야마 지준이 촬영한 542점의 사진과 자료가 한국무형유산원에 기증됐다. 필자는 2회에 걸쳐 기증 자료를 실견하고 조사한 결과,『朝鮮の習俗』에 실려 있던 관등(觀燈) 사진은 물론 다른 1건의 자료를 더 확인했다. 사진 뒷면에는 촬영 날짜와 간단한 사진에 관한 내용을 적어놓아 당시 연등회와 관련된 용어들을 확인하는 수확이 있었다.

앞 	뒤 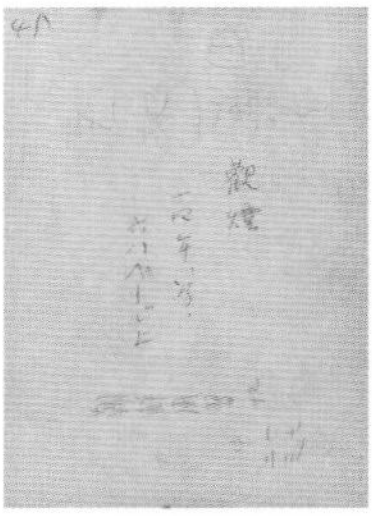

사진3) 觀燈 十四年/六八八-上/朝鮮の習俗 四十二/中 十七/二十三

앞	뒤

사진4) 四月八日 燈夕 開城

　　사진3)의 '十四年'은 1925년이며 행사명은 관등이다. 사진4)는 개성 거리의 등석이다. 2장의 사진은 1920~30년대 한국의 연등과 등석을 알 수 있는 좋은 자료이며, 특히 사진3) '觀燈'은 연등과 낙화를 이해 하는데 중요한 단서를 제공한다. 우측 상단에서 낙화놀이에 쓰였던 낙화봉지의 실물을 확인할 수 있다. 이 부분을 확대한 사진5)을 보면, 아래쪽에는 두 기둥에 줄을 매고 중간중간 묶은 봉지 모양을 가지런히 매달아 놓았으며, 위쪽에도 줄을 높이 매고 듬성듬성 묶은 봉지를 매

달아 놓은 것을 확인할 수 있다. 현재 지정된 낙화놀이나 줄불놀이에서 볼 수 있는 낙화봉지이다(사진6) 참조).

사진5) 원본 우측 상단의 낙화봉지   사진6) 사진 속의 낙화봉지

1941년에 발간한 무라야마 지준의 『朝鮮の鄕土娛樂』에 이와 유사한 연날리기가 있어 주목된다. 1936년 조선의 지역 놀이를 조사하며, 그림으로 그려놓은 연날리기 낙화놀이다. 북청지역에는 정월 보름이나 초여름 밤에 남자아이들은 종이연에 폭발물을 매달아 공중에서 폭발하게 하여 즐기는 놀이가 있고, 산에서 돌아올 때는 제등행렬을 한다고 적고 있다(사진7) 참조).[15] 소나무 껍질과 인을 사용한 낙화형태가 연날리기에도 활용되고 있다. 불이 ┃(도화선)을 타고 올라가 ●(가루를 넣은 주머니)에 불을 붙이면서 공중에서 주머니가 터져 크게 퍼지는 효과를 만들어 낸다. 도화선의 길이에 따라 폭발할 때까지 걸리는 시간을 조절할 수 있다. 연등이라고 적고 있지만, 낙화놀이와 유사한 놀이들이 1900년대 전반까지 전국적으로 다양한 형태로 유행했던 것을 알 수 있다.

연등, 정월보름 초여름, 남자

놀이법 :

1. 소나무 껍질에 붉은 인 등의 가루를 묶
   고, 그림의 형태로 하여, 종이연에 매달
   아 공중에 날려 폭발하게 하여 즐긴다.
   ● : 도화선, │: 가루를 집어넣은 주머니
   (*그림 설명은 바뀌어 있음, 본문에서
   바로잡아 설명)
2. 마을의 남자들이 산에서 놀다가 밤에 돌
   아올 때, 제등행렬(提燈行列)을 한다.(4월
   8일경)

사진7) 무라야마 지준(村山 智順), 『朝鮮の鄕
土娛樂』, 1941, 345쪽

또 1910~1930년대 신문기사에는 평양에서 개최하는 낙화행사의 모
습을 전한다. 매일신보 1918년 5월 19일 기사에는 '落火의 盛行-平壤의
八日 : 관중 십여만 명이 대동강에 모였다, 봄물이 새로 덧친 대동강에
서'라고 하였다. 또 동아일보 1921년 3월 16일 기사는 보다 구체적이
다. 사월초파일의 낙화놀이[落火戱]를 복원하고, 이 놀이를 관화대회
(觀火大會)라 불렀던 것을 확인할 수 있다(사진8) 참조). 그동안 볼 수
없었던 불꽃놀이를 다시 복원하였다는 것이다.

주요 내용

平壤觀火大會復舊

近來自然히 廢止된 陰四月八日의
落火戱를 復活하는 觀火大會開催케
商議에서 決定(平壤)

사진8) 東亞日報 1921년 03월 16일 기사

1920~30년대 무라야마 지준이 조선의 풍습을 조사한 자료에 의하면, 연등은 물론 불을 이용한 낙화 형태의 놀이가 개성을 중심으로 큰 인기가 있었음을 알 수 있었다. 1910~30년대까지 개경의 민가에는 낙화희(落火戱)도 재현된다. 이 자료들은 사월초파일 행사와 민가의 놀이 명칭이 연등·관등·관화·등석·낙화·낙화희 등으로 불리며 특별히 재료의 형태나 행사의 목적을 구분하지 않고 사용하고 있음을 알 수 있다. 이때 복원한 낙화희는 근대식 다이나마이트를 이용한 불꽃놀이일 가능성이 높다(후술 참조).

김익두는 「'낙화놀이'의 지역적 분포와 유형에 관한 민족지적 고찰」에서 『朝鮮の鄕土娛樂』의 연등(燃燈)종류를 간략하게 정리하고 있어 참고할 만하다.[16] 이를 참고하여 빠진 내용을 보충해보자. 우선 연등으로 표기한 내용을 제외하면, 落火·觀燈·燈夕·觀燭·八日遊 등으로 표현한 세시풍습들은 모두 연등과 관련이 있다. 또 이들은 다양한 나무의 숯, 소금, 소량의 폭발물질들을 약간 첨가하고 봉지에 넣고, 대나무

를 이용하여 공중에 매달아 불을 붙여 즐기는 놀이들이다. '落火'는 '洛花'로 통용되기도 하며, 觀燈遊び·落火遊び·燈のり 등과 같이 일본식 표현도 있다. 놀이를 준비하는 주체는 사찰, 농민, 불교신도, 유림(儒林), 일반, 부인, 여자 어린이, 어린이 등으로 다양한 계층들이 존재하고, 사월초파일이나 정월보름에 행해진다.[17]

이와같이 1920·30년대 연등이나 낙화는 지역 특색이 있는 세시풍습이었다. 행사의 주체도 다양하며, 주체가 사찰을 벗어나는 경향도 보인다. 주체가 다르다는 것은 목적을 달리한다는 의미이다. 목적이 달라지면 절차에도 유연성이 생기며, 당연히 상징성도 달라질 것이다. 불을 밝힌다는 공통점은 있지만, 재료의 구성과 설치법은 매우 다르다. 이렇게 연등과 낙화는 동일한 의미로 혼용되기도 하며, 반면에 각기 다르게 이해되기도 한다. 낙화놀이가 처음 무형문화재로 지정된 것은 2008년 함안의 낙화놀이로 구전에 의한 것을 재현하였다고 하며, 연등회는 2012년에 무형문화재(국가 122호)로 지정되었다. 등(燈)과 화(火)의 개념을 새로이 정립할 필요가 있어 보인다.

3. 등(燈)과 화(火)의 상징 의미

1) 수행을 도와주는 기름과 심지 공양의 등(燈)

동아시아 세시기의 모범은 종름(宗懍)의 『형초세시기(荊楚歲時記)』에서 출발한다. 그 내용에 주목할 필요가 있다. 정월에는 폭죽(爆竹)으로 사악한 악귀를 쫓고, 2월 8일 석가탄신일이나 석가성도일에는 신도의 집에 칠변팔회(七變八會)의 등(燈)을 단다고 한다.[18] 또 12월 8일을 납일(臘日) 또는 납제일(臘祭日)에는 나인(儺人, 역귀를 쫓는 사람)이 여귀(厲鬼, 전염병에 죽은 귀신)를 쫓는 축제를 벌인다.[19] 종름의 생몰 연대를 약 560년으로 추정함으로, 중국의 남북조시기에 이미 석가탄신일에 등을 다는 세시풍습이 정착되었음을 알 수 있다. 그런데 연등회는 중국 세시풍속인 폭죽 또는 정월 대보름의 원석(元夕)·원야(元夜)의 등절(燈節) 등이 중국의 토착 종교인 도교가 불교와의 각축과정에서 발전하였다고 주장한다.[20]

『형초세시기』의 저술시기는 불교를 불교로 이해하려는 중국불교의 흐름과 맞물려 있다. 도세(道世, ?~683)의 『법원주림(法苑珠林)』이 대표적인 예이다. 『법원주림』은 고려의 초조대장경(1087),[21] 대각국사 의천(義天, 1055~1101)의 『신편제종교장총록』,[22] 재조대장경(1251)에[23] 입장되어 있어, 고려의 유통과 영향을 짐작할 수 있게 한다. 특히 『법원주림』의 연등편(然燈篇)은 도세의 『제경요집(諸經要集)』 향등부(香燈部)의 술의연(述意緣), 연등연(然燈緣)에 동일하게 실려 있다.[24] 그리고 향등부에는 화향록(華香緣), 현번록(懸幡緣)을 더하고 있어, 향(香)과 등(燈)은 물론 꽃[華]과 번(幡)까지 동일한 등(燈)의 범주에 넣고 있음을 알 수 있다.

연등과 관련된 연구는 연등회보존위원회의 연구성과로 미루기로 하고(각주2) 참조) 이제까지 다루어지지 않은 내용을 중심으로 분석해보기로 한다. 『법원주림』 연등편에서 등공양은 아미타불의 수기를 받는 공덕이라고 정의하고 있어, 이제까지의 이해와 크게 다르지 않다. 그러나 등에 대한 근본 개념은 전혀 다르게 서술한다. 『보살본행

경』에서 부처님은 내 몸[身]을 깊게 깎아 큰 동전과 같이 깎고 기름[蘇油, 소유]을 붓고 심지[炷, 주]를 박아 천 개의 등을 만들도록 하고, 스스로 타면서 부스럼이 나아서 성불한다. 즉 기름과 심지를 태우는 것은 부처님의 몸 그 자체가 세상을 비추는 등불이 되는 것이다. 등불[燈明, 등명], 기름(蘇油, 소유), 등불 심지 또는 횃불[燈炷, 燈炬]을 켠 인연공덕으로 수기를 받는다. 『관정경』에서는 구탈(救脫)보살이 한 층에 7개의 등불인 있는 7층의 등불과 오색으로 장식한 49척의 속명신번(續命神幡, 생명을 늘리는 신비한 깃발)을 달아 병·액난·악귀를 물리친다고 한다.25)

뒤를 이어, 등의 설명과 다른 내용이 율장을 중심으로 서술되고 있다. 『마하승기율』부터는 등을 켜는 법과 끄는 법 그리고 등불을 관리하는 법을 서술한다. 상원의 연등회에서 보이는 성격과는 다른 해석으로 불교적인 해석이라 할 수 있다. 요지를 인용해보자.26)

마하승기율(摩訶僧祇律) : 『법원주림』에서는 생략되고 있지만, 『마하승기율』에서 승가에서 등불을 밝히게 된 인연담은 수행하는 곳[禪坊, 선방]에 들어갈 때 넘어지는 사건에서 비롯되었다는 것으로 시작한다.27) 그리고 의미를 벗어나지 않도록 마하승기율을 축약하여 인용한다. 시작은 다음과 같다. 오늘부터 등(燈)켜는 것을 허락한다. 한 곳에 두었다가 먼저 금찰(金剎)이나 불형상(佛形像, 승기율 : 사리나 형상(形像)) 앞에 등을 켜고 먼저 예배한다. 그리고 다른 곳을 켠다. 갑자기 끄지 말고, 입으로 불어 끄지 말아야 한다[뜻 : 불을 먹는 벌래가 사람의 입 기운에 죽을까 하여].

삼천위의(三千威儀) : 불을 켤 때[然燈] 다섯 가지 일. 수건으로 안과 밖을 닦고, 깨끗한 심지를 쓰고[淨炷], 기름[麻油]을 스스로 짜고, 기름을 넣을 때는 넘치지도 적지도 않아야 하며, 보호해야 하며 사람이 다니는 길을 방해하도록 걸면 안 된다.

오백문사(五百問事) : 광명을 계속하기 위해 낮에도 켠다.

대당삼장 파사사(波頗師)**의 게송** :

藕樹交無極 연뿌리 줄기의 사귐은 끝이 없고
華雲衣數重 꽃구름의 옷은 여러 겹이며,
織竹能為象 대나무를 엮으니 코끼리가 되고
縛荻巧成龍 갈대를 묶으니 용이 교묘하게 되네.
落灰然蘂盛 떨어지는 재는 풍성한 꽃술을 태우고
垂油濕畫峯 부은 기름은 그리는 봉우리를 적시니,
天宮儻若見 천궁(天宮)을 혹시 볼 수 있다면
燈王願可逢 등왕(燈王)의 원을 만날 수 있으리.

『마하승기율』은 등(燈)의 기원을 승원에 불을 켜게 되는 실제 상황에서 시작한다. 등을 켜는 것을 허락하는 인연담, 불탑이나 불상 앞에 불을 켜는 순서, 손이나 부채 등으로 끄며 입으로 꺼서는 안 되는 이야기들이다. 기름은 향유(香油)·청유(淸油)·생유(生油)·호마유(胡麻油) 등으로 불리는 마유(麻油)를 사용하되 스스로 준비한 것이라야 한다. 고대사회에서 기름으로 불을 켜는 것은 아주 귀하였고, 심지도 귀한 물건이었다. 그러나 부처님의 몸은 낮과 밤을 가리지 않고 수행하기 때문에 항상 등불은 켜놓아야 한다는 것이다.

파사사의 계송은 도선(道宣, 596~667)이 저술한 『광홍명집(廣弘明集)』에서 양나라 황태자(梁皇太子)가 지은 팔관재야부사성문(八關齋夜賦四城門)의 시(詩) 가운데 북쪽 성문의 사문에 관한 이야기만을 가져온 글이다.[28] 팔관재에 이미 코끼리와 용과 같은 동물 모양의 등을 만들어 켰고, 국가적인 큰 행사로 정착되었음을 알 수 있다. 심지와 기름을 공양하고, 등불로 밝히는 모습에서 등왕(燈王)의 서원을 수기받아 정토에 태어난다는 내용이다. 그래서 중국학자들은 연등회의 기원을 여기에서 찾기도 한다.

이와같이 등을 켜는 것은 처음에 수행을 돕는 도구로 출발하였다. 부처님께서 승방에 불을 켜는 것을 허락하고, 법회의 형식으로 발전한 것이 연등의 시작이다. 등의 인연은 부처님이 과거 자신의 몸에 기름과 심지를 담을 수 있도록 구멍을 파고, 스스로 몸을 태워 수행하는 것에서 시작하였다. 그래서 심지와 기름의 공양은 등왕의 원을 이루는 것과 같은 공덕이며, 밝힌 곳에서 수행하는 수행자는 꽃술을 태워 재가 되듯이 수행해야 한다는 것이다. 이것이 등의 의미이며 불을 켜는 이유이다.

2) 악귀를 퇴치하는 화(火)

『형초세시기』에서 12월 8일에 행하는 납제로 돌아와 보자. 이날이 되면 마을 사람들은 세요고(細腰鼓, 일종의 북)를 치고 호공두(胡公頭)를 쓰고, 금강역사를 만들어 역(疫, 돌림병)을 쫓고, 목욕하여 죄의 업장을 씻는다. 섣달이 되면 방상(方相, 역병을 쫓는 귀신)은 도끼를 들고, 무격(巫覡, 여자 남자 무당)은 갈비대를 잡고, 진자(侲子, 귀신을 쫓

아가는 아이)들은 붉은 두건과 흑색 겉옷을 입고 복숭아나무로 만든
활에 가시나무로 만든 화살을 쏘는데 과녁을 맞히지 않는 놀이를 한
다. 특히 아이들은 붉은 두건인 단수(丹首)라는 축제복장을 갖추어야
한다.[29] 이 세시풍습은 원시사회의 치병과 소재 방법을 시사해준다.
나인(儺人)들이 새해를 맞이하기 위해 역병을 쫓는 이 축제를 조선왕
조실록에는 나례(儺禮)로 기록하고 있다. 조선시대 나례는 화산대의
관화와 함께 악귀를 물리치는 기능의 놀이였다.

성종 21년 경술(1490) 12월 24일(신미)
홍문관 부제학(弘文館副提學) 이집(李諿) 등이 차자(箚子)를 올리기
를, "삼가 보건대, 전하께서 요즈음 성문(星文)의 변이(變異)로 인
하여 허물을 반성하고 몸을 닦으며, 감선(減膳)하고 구언(求言)하
셨으니, 하늘의 경계를 두려워하심이 지극하십니다. 그러나 화산
대(火山臺)를 설치함은 유희(遊戲)에서 나온 것이고, 나례(儺禮)는
비록 옛 제도이기는 합니다만, 역시 유희에 가까운 것이므로, 옛
날에는 방상씨(方相氏)가 담당하여 역귀(役鬼)를 쫓는 것뿐이었고,
임금이 나례로 인하여 잡희(雜戲)를 구경하였다는 것을 예전에 듣
지 못하였습니다. (...중략...)나례와 불꽃놀이를 구경하는 것[觀儺
觀火]과 회례연(會禮宴) 등의 일은 모두 중지하시고 재앙을 만나
하늘의 경계에 대응하는 실재의 뜻을 다해 주시면 더 없는 다행
이겠습니다."하였다.
전교하기를, "화산대를 설치한 것은 비록 유희에 가깝다. 그러나
역시 군대와 나라의 중대한 일이며, 나례를 구경하고 역귀를 쫓
는 것이 비록 유희의 일이라고 하나 모두 재앙을 없애고 사귀(邪
鬼)를 물리치기 위한 것들인데, 비록 성변(星變)이나 천둥 번개가

있었다고 한들 어찌 그로 말미암은 것이겠는가? 회례연(會禮宴)은 나 한 몸을 즐기기 위한 것이 아니다. 위로 두 대비(大妃)가 계시기 때문에 축수(祝壽)하는 술잔을 올리고자 함이다."하였다. (...중략...)

전교하기를, "그대들이 말한 것은 매우 의리(義理)가 있다. 그러나 나례와 불꽃놀이를 구경하는 것[觀儺觀火]은 즐거운 놀이를 하기 위한 것이 아니고 다만 양전(兩殿)을 위해서 사귀(邪鬼)를 쫓기 위함이다. 회례연은 원일(元日)에 양궁(兩宮)에 축수를 드리고 이어 군신(群臣)과 경사스럽게 모이는 것이므로, 두 가지 뜻이 다 갖추어졌다고 할 수 있는데, 무슨 잘못이 있겠는가?"하였다.[30]

하늘에서 유성이 떨어지는 변고가 일어나자, 유희의 하나로 인식되었던 나례와 화산대 설치를 금하기를 임금에게 간청하는 기사이다. 나인이 역병을 퇴치하는 납제는 고려 정종(1040년)부터 나례로 불렀다.[31] 그리고 이 놀이를 보는 것을 관나(觀儺)라고 하고, 화산대를 설치하고 즐기는 것을 관화(觀火)라 했다. 그런데 조선 태종 7년(1407) 12월 기사를 보면 화산대는 군기감에서 관장하며 화약장들이 대궐 내에 설치하는 큰 행사였다.[32] 많은 행사경비의 지출로 왕과 대신들 간에 시비가 자주 일어났고, 그래도 외국 사신들을 위한 불꽃놀이 연회는 지속되었다.

관나와 관화는 『고려사』의 기록으로 보아 고려와 조선 왕조의 중요한 행사였음을 알 수 있다. 공민왕은 신돈의 집에 연등과 화산대를 즐기기 위해 행차한다(1371).[33] 고려에는 이미 세시풍습이나 사월초파일이 아니더라도 궁궐이나 권력가의 집에서는 커다란 행사에 화산대를 설치하고 즐기는 관화가 어느 정도 보편화 되었음을 짐작케 한다. 『고려사』에는 83종의 법회가 있었으며 도량개설이 총 1,038회나 된다. 이 가운데 연등회가 157회로 가장 많고, 소재도량이 147회, 그리고 팔관회가 115회 순으로 설행되었다.[34] 이들은 모두 불 또는 연등과 관련이 있으며, 불꽃놀이가 사악함과 역병을 좇기 위한 것이라고 함은 소재도량의 성격이 있음을 의미한다. 이와같은 사실은 고려 궁궐의 소재도량이 조선궁궐의 화산대로 그대로 이어지고, 민가에서는 화산대를 대신할 수 있는 유사한 놀이가 등장하였을 것이라는 짐작을 가능하게 한다.

소재도량은 불을 매개로 공양물을 태워 사악한 기운을 없애는 밀교수법이다. 때문에 화산대는 밀교수법 중에 하나인 식재를 대신할 수 있다. 불을 비추는 밝음이나 불에 곡식을 넣을 때 나는 소리로 악귀들을 물리친다. 인도 불의 신(Agni)이 불교에 들어와 밀교의 행법으로 발전한 것이다. 화(火)는 재난을 막아주는 식재(息災)의 의미 때문에, 『형초세시기』에 보이는 폭죽과 같은 세시기 풍습과 자연스럽게 결합하였을 가능성이 높다. 이 내용은 다음 장에서 자세하게 다루어 그 성격을 명확하게 드러낼 것이다. 다만 여기에서는 조선시대의 불꽃놀이에서 화(火)는 고려시대에 성행하던 밀교수법의 형식인 소재와 식재의 기능으로 이해하고 있다는 점을 강조하고 싶다. 식재에 사용하는 불은 치병, 해와 달 그리고 별의 변이와 액난 퇴치, 삿된 기운 등을 몰아내어 왕실의 안녕과 번영을 기원하는 놀이였다는 점이다.

화(火)는 의례를 통해서 외적인 재난의 악귀를 퇴치할 뿐만 아니라 밀교의례인 경우는 내적인 변화도 일으키는 뜻이 강화된다. 수구즉득다라니 계청문에서 비로자나불을 청하면, 그 광명(光明)으로 모든 곳을 비추게 되고, 광명이 닿는 모든 이들은 다라니 독송과 함께 불신(佛身)의 성취를 이루게 된다고 한 내용이다. 숯의 빛도 이와같이 의례에 참여한 모든 이들을 비추고 관화(觀火)와 다라니독송을 통해서 모든 이들이 수행을 완성하게 된다. 낙화법이 불교의례의 절차를 온전히 갖추어 독송하는 수행법으로 불릴 수 있는 이유이다.

4. 연등회의 변화와 낙화법의 등장

1) 고려 연등회의 시작과 변화

당(唐) 중기 이후 중국불교는 밀교를 받아들이며 큰 변화가 일어난다. 도량을 개설하는 의례불교인 밀교는 민중에게도 크게 영향을 주게 된다. 송(宋, 960~1279)의 개국 초기에 밀교계 경전 번역은 이를 잘 반영한다. 또 찬영(贊寧 : 930~1001)은 송 황제의 칙령으로 불교 교단의 제도와 의례·계율·참법(懺法) 등의 교단사를 총망라하는『대송승사략(大宋僧史略)』(978~999)을 저술한다. 상원방등(上元放燈)의 항목은 연등(然燈)의 유래와 변화 과정을 알려 주고 있다.

상원방등(上元放燈)
『안한법본내전(案漢法本內傳)』에서 말하기를, 불교가 전래된 초기에는 도사(道士)가 경전과 불상을 태워서 손(損)이 없으면 빛이 난다고 하였다. 인도에서 12월 30일은 중국에서는 정월 15일로, 대신변(大神變)의 달[月]이라 불렀다. 한나라 명제는 칙령에 의해 소등(燒燈)이라하고, 불법의 큰 밝음[大明]을 표한다고 하였다. 다른 하나는 한나라 무제는 신사(神祠)에서 제사지낼 때, 밤새도록 화톳불을 켜도록 하였다. 주례(周禮)에서 사관씨(司爟氏)는[35] 화톳불을 켜고 제사를 비추는 것을 취한 것이다. 그러나 본래 사관(司爟)이라 부르는데 불[火]을 들어 제사의 직분을 다하는데, 불법의 큰 밝음[大明]을 표한다고 사용했다. 선천 2년(713)에는 서역승 사타(沙陀)가 정월 15일을 연등(然燈)이라 하기를 청하고, 개원 28년(740)에는 항상 15일을 소등(燒燈)이라 하고, 천보 6년(747) 6월에는 중문(重門)을 열도록 하였다.......이후로부터 정월 17일 19일 밤에 방시(坊市)를 개방하는 것이 시작되고, 15일 밤에 방등(放燈)하는 것이 중요하게 되었고, 덕종(德宗) 정원 3년(787)의 칙령으로 정월 15일을 연등(然燈)이라고 하였다. 한나라 명제는 불법 초기에 칙령으로 촉등(燭燈)이라 하고, 어두움[昏闇]을 파한다고 했다.[36]

중국에서 묵은 해가 가고 새해를 맞이 하는 정월 15일은 인도에서는 섣달 그믐에 해당한다. 고대부터 인도나 중국에서는 이날을 모두 신성하게 생각했다. 일년 중 가장 큰 둥근 달이 뜨는 이 15일은 신(神)의 변화가 가장 크게 일어나는 날이기 때문이다. 그래서 도량을 개설하면 신통력이 크게 일어난다고 믿게 되었다. 인도에서는 이 달[月]을 대신변월(大神變月)이라 불렀다. 신변(神變, vikurvaṇa)은 중생을 교화한다는 뜻으로 불보살의 불가사의한 힘인 신통력을 의미한다. 이를 근거로 서역승(西域僧) 사타(沙陀)는 현종이 즉위하자마자(先天 2年, 713년) 정월 15일을 연등이라 부르기를 청하여 불교 내에서 연등회가 생기게 되었다. 그리고 칙령으로 연등일을 정하며 성문을 열어 큰 거리의 연등축제로 발전시킨다. 이는 인도 힌두교 의례와 습합한 밀교는

중국의 고대 제사의 사관(司爟)제도와[37] 유사했기 때문에 가능했을 것
이다. 인용문에 나타난 사건 기록은 모두 당 현종의 재위기간(712~
756)에 일어난 일로 밀교가 적극적으로 소개되던 시기와 일치하며, 연
등회 성립의 기원으로 주장할 수 있다.

왕권의 권위와 놀이가 동일시 된 연등회가 한국문헌에 처음 등장하
는 것은 신라가 삼국을 통일한 이후이다. 신라 경문왕 6년(866년) 정월
15일과 진성여왕 4년(890년) 정월 15일에 황룡사로 행차해 간등(看燈)
했다는 내용이 있다.[38] 간등은 사찰에서 등을 켜고 그것을 보며 즐기
는 것이다. 고려 건국과 함께 태조 원년(918)에는 신라의 중동팔관회
(仲冬八關會)를 받아들인다.[39] 신라의 팔관회는 고려 왕실이 반드시
지켜야 할 규범인 훈요십조(訓要十條)로 규정된다. 그리고 이 규범은
『고려사』 가례잡의(嘉禮雜儀)의 상원연등회의(上元燃燈會儀)와 중동팔
관회의(仲冬八關會儀)에 실려 있어 행사의 절차와 규모를 확인할 수
있다.[40] 상원연등회는 상원일에 왕이 강안전(康安殿)에서 출발하여 봉
원사 진전(眞殿)에 봉안된 태조의 진영을 배알하고 돌아오는 행사이
다. 나아갈 때는 백희잡기와 교방(敎坊)의 음악을 앞세우고 악차(幄次,
휘장)·편차(便車, 가마)·등롱·채산(彩山) 등을 설치하며, 돌아올 때는
궁성 안과 밖에 등(燈)을 달고 등불[蓋]을 밝혔다. 현재 매년 사월초파
일에 열리는 연등회는 이를 재현한 것이다.

고려 초기부터 연등회는 지금과 같이 사월초파일로 반드시 정해져
있지 않았다. 상원일인 정월 보름에 왕은 봉원사로 행하여 태조 진영
을 배알하는 내용이 중심이었다. 국가의 큰 행사나 흉사가 있을 때는
날짜를 취소하거나 옮기기도 하였다.[41] 이러한 변화는 무신정권기를

지나며 사찰의 사월초파일 연등행사로 등장하기 시작한다. 최이(崔怡, ?~1249)는 1244년 4월 8일에 채붕(彩棚)을 설치하고 기악(伎樂)과 각종 놀이를 벌이는 연등회를 개최한다.[42] 공민왕 4년(1371) 여름 4월에는 신돈(辛旽, ?~1371)을 위해 베푼 연회에 화산대(火山臺)를 설치하자 왕이 이를 구경하러 간다.[43] 우왕(禑王, 재위 1374~1388)은 석가탄신일에 개경 시내의 연등회에 구경[觀燈]을 갔다 말굽에 치이는 사건도 일어난다.[44] 이와같은 사실은 고려 건국의 국가이념이었던 상원연등회가 봉원사 태조 진영의 배알이라는 상징에서 벗어나 사찰과 민가에서 불이나 등을 이용한 놀이로 변화하고 있음을 보여주고 있다.

2) 조선 불꽃놀이[火戱]의 종류와 낙화법의 등장

고려말 연등회의 인식 변화는 조선의 정치 변혁으로 인하여 더욱 급격하게 변한다. 이규경(李圭景, 1788~1856)의 『오주연문장전산고(五洲衍文長箋散稿)』를 참조하면 연등과 불꽃놀이의 풍속은 조선 말기까지 이어지고 있음을 알 수 있다. 이 책은 성리학의 실사구시 입장에서 1,417여 항목을 변증설의 형식을 취하여 고증하는 특징이 있다.

우리나라에 당시 유행하던 여러 가지 연등과 관련된 놀이는 경사편(經史篇) 논사류(論史類) 풍속(風俗)에 설명해 놓았다. '上元藥飯秋夕嘉會辨證說'에서는 상원일에 생긴 약밥의 기원과 추석의 차례에 대한 의미를 설명한다.[45] '燈夕燃燈辨證說'은 등석과 연등의 기원에 대하여, 당 현종(唐 玄宗) 때 파타(婆陀)의 건의로 정월 15일에 상원연등회로 만들어지는 이야기를 적었다.[46] 『대송승사략』에서 713년 사타(沙陀)의 건의로 정월 15일을 연등이라 부르게 되었다는 내용이다. '煙戱辨

證說'에서는 중국의 놀이에는 불[火]놀이, 물[水]놀이 연기[烟]놀이가 있다는 이야기로 시작한다. 연희(煙戲)는 담바고[淡巴菰]의 연기(煙氣)를 말하는데, 담배를 피울 때 입에서 나오는 연기를 이용하여 여러 가지 모양을 만드는 놀이다.47)

'華東火戲辨證說'에는 중국과 우리나라의 불꽃놀이에 대하여 자세하게 비교 설명한다. 중국 불꽃놀이의 기원을 화폭(火爆)이라 불렀던 화수은화(火樹銀花)에서 찾으며, 상원의 연등행사에서 불꽃놀이[火戲]가 시작되었을 것으로 추측한다. 중국의 화희(火戲)인 화화(花火, 화포(火砲))놀이는 화이화(火梨花) 외에 약 20여 가지의 다른 이름으로 불린다고 한다. 이름에 따라 꽃모양을 만들 수 있는 약재(藥材, 원문은 樂料)가 달랐고, 꽃모양 이외에도 제결연법(製結煙法)이 있었다. 연법(煙法)은 폭발했을 때 일어나는 연기를 청(靑)·백(白)·홍(紅)·자(紫)색으로 정하는 약(藥)을 사용하는 법이다. 이때 꽃 모양을 정하는 것을 화화(花火)라 하여 락(樂)이라 불렀고, 연기의 색을 정하는 것을 연염(煙焰)이라 하여 약(藥)이라 불렀다.48) 이는 불꽃의 형태를 정하는 주재료와 연기의 색을 정하는 부재료를 달리하며 다양한 불꽃놀이를 만들어 내는 방법을 조선인들이 자세히 알았다는 증거이다. 그리고 놀이 방법의 하나로 땅에 묻는 매화법(埋火法)을 사용한다.

우리의 불꽃놀이는 중종 34년(1539)에 시작했다고 한다. 포통설치법부터는 성현(成俔, 1439~1504)의 『용재총화(慵齋叢話)』(1525)에서 본문을 인용하였다.49)

"또 연화법(煙火法)이 있었는데, 곧 매화법(埋火法)이다. 역시 약선을 연결해 놓고 전(殿) 위에서 불을 붙이면 불길이 마치 유성(流

星)처럼 타들어 가다가 잠시 후에는 화염(火焰)이 하늘을 가리고 벽력(霹靂)이 지축(地軸)을 울리면서 흔적도 없어졌으니, 그 신교 (神巧)함은 사람으로서는 상상할 수가 없었다"고 하였다.......

우리나라 동쪽도 불꽃놀이[火戲]가 있다. 중종 34년 기해(己亥, 1539) ......

① 설치하는 법은 다음과 같다. 두꺼운 종이로 포통(砲筒)을 단단히 싸고 포통 속에 유황(硫黃)·염초(焰硝)·반묘(班猫)·유탄(柳炭) 등의 재료를 단단히 봉한 다음 그 끝에 불을 붙이면 잠깐 사이에 연기가 나면서 불이 번져 포통과 종이가 모두 폭파되고 그 굉음이 천지를 진동시킨다.

② 그리고 이보다 먼저 땅 속에 화시(火矢)를 묻어 놓는데, 그 불빛이 먼 산(山)까지 비추어서 천만 개의 화시처럼 보인다. 즉 화시에 불을 붙이면 화시가 수없이 뽑혀 공중을 향해 날면서 폭파되는 대로 굉음이 나는데, 그 모양이 허공에 가득 찬 유성(流星)과도 같다.

③ 또 긴 간대[竿] 수십 개를 원중(苑中)에 세우고 간대 머리[竿頭] 에는 조그만 포대(包袋)를 설치한다. 그리고 어전(御前)에 채롱 (綵籠)을 달고 채롱 밑 부분에 긴 밧줄을 달아 여러 간대와 연결하여 가로 세로 연관시킨 다음, 밧줄 머리마다 화시(火矢)를 설치하고 군기시 정(軍器寺正)이 부싯깃에 불을 붙여 채롱 속에 넣으면 잠깐 사이에 불이 일어나 밧줄에 붙고 밧줄에서 곧 간대로 번지면서 간대 머리에 설치된 포대가 폭파되고, 불길은 마치 구르는 수레바퀴처럼 회전하면서 다시 밧줄을 타고 다른 간대로 번져간다. 불길은 이런 차서와 속도로 잇달아 번져 끊임이 없다.

④ 또 엎드린 거북이 모양을 만들어 놓고 그 거북이 입에서 불길

이 뿜어나오게 하는데, 연기와 불꽃이 마치 흐르는 물처럼 마구 발산되는 가운데 거북이 입에 꽂아 놓은 만수패(萬壽牌)가 불길에 비쳐 만수패 세 글자가 환히 보인다.

⑤ 또 간대 머리에 그림 족자[畫簇]를 걸어 놓고 밧줄을 부착시킨 다음, 밧줄에 불을 붙여 위로 번져가게 하면, 밧줄이 다 타서 끊어질 때까지 족자에 쓰인 글자가 환히 보인다.

⑥ 또 길다란 모양의 숲[林]을 만들고 꽃·잎과 포도(葡萄)송이를 조각하여 숲에 부착시킨 다음, 한쪽에서 불을 붙이면 잠깐 사이에 온 숲이 다 타다가 불이 꺼지고 연기가 없어진 뒤에는 붉은 꽃봉오리와 파란 잎, 그리고 아래로 드리워진 포도송이만 보기 좋게 남아 있다.

⑦ 또 가면을 쓴 광대[俳優]가 등에 널빤지를 짊어지고 널빤지 위에는 포대(包袋)를 설치한 다음, 불을 붙여 포대가 폭파되고 불길이 거세어도 그대로 소리를 지르고 춤을 추면서 전혀 두려워하지 않으니, 이 또한 구경할 만하다. 이것이 우리나라 불놀이의 대충이다.[50]

우리나라 불꽃놀이의 종류가 매우 다양하다. 1539년에 처음 시작되었다고 하는 포통의 설치법은 매화법이다. 땅에 폭약을 묻고 약선(藥線, 도화선)을 전각까지 이어 놓고서, 전각 위에서 불을 붙이면 불이 줄을 타고 땅속에 들어가 폭파시키는 불꽃놀이이다.

①은 폭약 재료를 이용하여 포통(砲筒)을 만드는 법이다. 화약은 유황(硫黃)·염초(焰硝)·반묘(班猫)·유탄(柳炭) 등을 적당한 비율로 섞어 만든다. 주재료는 염초이며 성분은 질산칼륨이다. 유황은 황이며, 유탄은 탄소이며, 반묘는 곤충을 말려 만든 가루로 아주 미량을 사용한다.

앞에 놓인 3가지 재료는 근대까지 주로 사용한 흑색화약(黑色火藥)의 주재료이다. 이 재료의 화합비율은 낙화법을 논증하는데 중요한 자료가 된다.(후술 참조)

② 화시(火矢)는 화살처럼 쏘아 올려 폭약을 터트리는 방법이다. 두꺼운 종이로 대나무를 싸고, 그 속에 화약 재료를 비율에 맞게 꼭꼭 밀어 넣고 봉하여 포통을 만든다. 그리고 포통에 약선을 매달고, 미리 설치한 화산대에서 화살처럼 쏘아 올려 터트린다. ③ 간두(竿頭)는 대나무 장대의 맨 위를 가르고, 그 위에 화약을 담은 주머니[包袋, 포대]를 설치하는 것이다. 그리고 간대와 간대를 공중에서 약선으로 연결하여 터트린다. 어느 한 약선에 불을 붙이면 얼기설기 이어진 약선을 통해서 옮겨 다니는 불은 간대 위에 설치한 포대의 화시를 차례로 날려서 공중에서 폭파하기도 한다. 때로는 약선을 아래로 늘어트려 설치하기도 한다. 간두에 포대를 설치하는 방법은 북송(北宋, 960~1127)의 세시풍속인 우란분(盂蘭盆)놀이와 유사하여 연구해 볼 가치가 있다.[51] ④⑤⑥⑦은 불을 이용한 다양한 놀이들이다. 화약을 터트려 밝게 하여 만수패·족자를 높이 걸리게 하여 펼쳐 보이고, 숲을 만들어 태워보이기도 하고, 사람의 등에 널빤지를 설치하고 그 위에서 포대를 터트리기도 한다. 폭약을 이용하고, 또 그 불빛을 비추는 모양을 만들어내는 매우 다양한 불놀이가 있었던 것을 알 수 있다.

불꽃의 성능과 기능을 알아보기 위해 중국과 우리나라의 화약합제 비율을 비교해보자. 먼저 송(宋) 증공량(曾公亮)의 『무경총요』(1044)에서 화약재료의 90% 이상은 염초(48.6%), 황(26.7% : 유황 17.0%, 와황 8.5%, 비황 1.2%), 송지(松脂, 송진 17.0%)가 차지한다.[52] 우리나라 화약도 염초(질산칼륨, KNO₃), 황(S), 숯(송진, 탄소, C)이 주요 재료인 것은 동일하다. 조선시대 문헌에 나타난 화약합제 조성은 표1)과 같이 현대 추진제용 화약과 도화선용 화약의 비율과 크게 다르지 않다. 화약은 추진제용에 가깝고, 화전(火箭)을 사용할 때는 도화선용에 가깝도록 제조한다는 뜻이다. 추진제에 가깝다는 것은 높이 올라 터져 많이 흩어지도록 하기 위함이며, 도화선에 가깝다는 것은 불이 잘 붙고 잘 타서 멀리 보내기 위함이라 할 수 있다. 이 사실은 화약 만드는 사람이 화약재료의 특성을 잘 인지하고 있다는 뜻이다. 동서양의 화약제조는, 다이나마이트가 발명되기 전까지, 고대부터 크게 변함없이 이 흑색화약을 사용한다.

표 1) 현대 화약과 조선 화약의 조성비교[53]

(단위 : 100%)

성분	현대 화약		신기비결 (6-8장)	화포식언해 제약식(齊藥式)			신전자초방
	추진제용	도화선용		火藥	石流火箭藥	噴筒藥	
염초(KNO₂)	74.0	60.0	72.7	76.1	66.0	73.4	78.0
유황(S)	10.4	25.0	4.6	4.7	33.5	21.6	15.0
숯(C)	15.6	15.0	22.7	19.2	0.5	5.0	7.0

　　포통이나 포대의 작동은 화약에 불이 붙는 순간 연소하면서 시작한다. 연소과정에서 발생하는 가스의 압력은 물체를 발사하는 발사약(發射藥, propellant)이 된다. 질산칼륨(KNO₃)은 산소를 제공하고, 탄소(C)는 연소물을 제공하며, 황(S)은 가연성이 있어 연소반응을 증폭시킨다. 질산칼륨의 온도가 올라가면 열분해를 통해 산소를 배출하고, 배출된

산소는 황과 탄소와 결합한다. 이 과정에서 기체가 발생하면서 열이 생성되고, 생성된 열은 다시 질산칼륨의 산화를 촉진하는 화학반응을 반복하게 된다. 이 화학반응은 다량의 기체가 발생하며 팽창된 기체의 에너지가 발사체를 날려 보내는 역할을 하게 된다.[54] 숯불은 온도를 올리고, 높은 온도는 질산칼륨에서 산소를 만들고, 산소는 황을 더욱 잘 타게 하여 온도를 더욱 올리는 것이다.

이 순환에서 가장 중요한 역할은 질산칼륨인 염초가 담당하며, 질 좋은 염초의 획득은 화약의 성능을 좌우하게 된다. 최무선(崔茂宣, 1325~1395)이 우리나라에서 최초로 발명한 화약은 염초의 기술 습득을 의미한다. 조선에서는 원칙적으로 사사로운 화약제조를 금지하였지만, 중종(재위 1506~1544), 숙종(재위 1674~1720)기에는 염초를 세금으로 방납(防納)하게 하고, 또 임진왜란을 지나며 화약은 물론 조총까지 일반에게 보급되어 사냥이 성행하게 된다.[55] 이익(1681~1763)의 『성호사설』에 의하면 화약의 성능은 좋지 않았던 것 같다.[56] 그래도 질 좋은 염초와 황은 국내생산량이 매우 제한적이었다. 특히 황은 우리나라에서 놀이로 즐길만하게 충분히 생산할 수 없는 값비싼 광물이었다. 염초와 황의 부족으로 인하여, 불꽃놀이는 명종(재위 1545~1567) 16년(1561) 관화라는 이름으로 기록되고, 약 240년이 지나서, 정조(재위 1776~1800)의 수원행궁 득중정어사도(得中亭御射圖)(1795)의 모습으로 다시 드러난다.[57] 정조가 수원 화성의 행궁을 그린 화성행행도 8폭 가운데 단원(檀園, 김홍도, 1745~?)의 득중정어사도이다.

이규경은 당시 불꽃놀이에 대한 기록이 없었으므로 성현의 『용재총화』에서 인용하였을 것이다. 그래도 품질 좋은 숯 만큼은 국내생산이 계속되고 있었다. 민병만은 이를 두고 불꽃놀이가 금지된 기간에는 화약을 사용하지 않는 단순한 불놀이 정도가 맥을 이었을 것으로 추정한다.[58] 이 주장은 숯을 이용한 낙화법의 형성과정을 이해하는데 중요한 단서이다.

고려에서 성행하였던 화산대는 그대로 조선으로 이어졌다. 그리고 화(火)는 재난과 액난 그리고 병을 소재하고 안녕과 질서를 가져오는 뜻으로 인식하였다. 조선 중기를 지나며 화약 재료인 염초와 황의 수급에 문제가 발생한다. 이 문제는 숯만을 이용한 불놀이로 전환하는 계기가 되었다. 그 결과 숯만을 사용하는 불꽃놀이로 발전시키며, 불교에서 화(火)의 본래 의미인 식재 의례로 드러낸 것이 낙화법이라 할 수 있다. 비록 재료는 숯만을 사용했지만, 낙화법에 불교의궤를 접목한 것이 의의라 하겠다.

5. 낙화숯봉지 만들기

민병만이 지적하였듯이 화약재료인 염초와 황의 수급문제는 숯을 이용한 다른 놀이법을 고안하게 되었을 것이다. 숯의 이용은 다음과 같은 변화를 거치며 변화한다. 숯만이 남게 되자 추진체인 화산(또는 화산대)과 화약을 이용하던 약선도 필요없게 되었다. 다만 숯 담을 봉투와 약선을 대신할 어떤 것과 오래 태울수 있는 방법이 필요했다.

봉투를 만드는 방법은 『朝鮮の習俗』 사진과 같이 중간중간을 묶거나, 『朝鮮の鄕土娛樂』의 연날리기에 쓰던 뭉치를 만들어 연결하는 방

법이 있을 듯하다. 그러나 어떻게 불을 붙이는가가 문제이다. 경주 월지출토의 금동초심지가위가 있고,[59] 고려는 밤에 등을 밝히는 연등과 불을 밝히는 장명등(長明燈)의 풍습이 있었다. 또 조선왕실록에는 길례와 흉례에 쓰는 홍대촉(紅大燭)에 베를 붉게 물들이고 밀납[蠟]을 먹여 심지로 사용하였으나, 이를 금하는 기록도 있다.[60] 조선에서 심지의 사용은 대중화되었고, 충분한 기술이 축적되어 있었다. 마·면·천으로 만든 심지보다 꼰 종이심지가 오래 타고 적당한 속도를 유지하는 성질이 있음을 누구보다 승려들은 잘 알고 있었을 것이다. 종이 또한 사찰이 담당한 공납품이었기 때문에 재료의 수급이 용이하여 조달에 문제가 없었을 것이다. 숯봉지는 화통을 종이심지는 약선을 대신하기에 충분했다.

촛대를 만들 듯이 숯봉지에 종이심지를 넣고 불을 붙여보자. 아마도 불이 숯에 붙어 타기도 전에 아래로 많은 숯이 흘러내리고 말 것이다. 굵은 새끼줄은 짚을 태울 때보다 꺼지지 않고 잘 탄다. 생활에서 얻은 지혜를 숯봉지에 적용해보자. 편 종이 위에 숯을 적절한 양으로 균일하게 펴고 심지를 놓고, 돌돌 말아 길게 실 모양을 만들어, 새끼꼬듯이 꼬아 숯봉지를 만든다. 종이심지의 원리와 동일하다. 꼬는 것은 화통에 화약을 밀어 넣는 것과 같이 숯의 밀도를 높일 수 있다. 숯의 밀도가 높아지면 다음과 같은 효과를 유발한다. 첫째, 숯의 높은 밀도는 숯에서 숯으로 이동하는 점화가 쉬워진다. 둘째, 꼬인 종이심지는 숯을 균일하게 가열한다. 셋째, 꼬임의 강약은 숯이 타는 시간, 타는 모양 등을 조절할 수 있다. 넷째, 꼬인 종이심지와 꼬인 숯봉투는 서로 맞물려 숯을 압박하여 숯이 떨어지는 속도를 지연시킬 것이다.

이와같이 염초와 황의 수급문제는 화약에서 숯만을 이용한 불꽃놀이의 방법을 찾아내게 되었다. 생활의 지혜에서 터득한 꼬임의 원리를 이용하여 낙화숯봉지도 만들어 냈다. 불꽃놀이와 같이 위로 쏘아 올리는 커다란 효과는 없을지라도, 불꽃이 아래로 떨어지는 유사한 방법을 찾은 것이다. 그리고 사찰에서는 숯불이 타는 모습에 화(火)에 담겨있던 소재의 의미를 더한 불교의궤를 도입하여 불교의 수행법으로 재탄생시켰다. 이것이 낙화법에서 낙화용 숯봉지가 가지는 의의이다.

6. 맺음말

지금까지 영평사 소장본『오대진언집』에 수기된 낙화법이 불교사상과 문헌기록을 통해 의례로서의 가능성을 분석하고, 낙화를 위한 도구인 숯봉지가 만들어지는 과정을 찾아보았다. 그 결과 낙화법은 불교경전에서 의례의 소의경전을 정할 수 있고, 문헌기록에서 기원과 형성과정을 설명할 수 있었다.

다음과 같이 정리할 수 있다. 영평사『오대진언집』에 수기된 낙화법은 수구즉득다라니의 염송법으로『佛說金剛頂瑜伽最勝秘密成佛隨求卽得神變加持成就陀羅尼儀軌』와『普遍光明清淨熾盛如意寶印心無能勝大明王大隨求陀羅尼經』을 소의경전으로 정할 수 있었다. 수기된 낙화법은 절차에 따라 결계를 하고, 단을 건립하며, 설법의 주체를 계청하고, 진언을 독송하고, 회향하는 형식을 갖추었으며,『佛說金剛頂瑜伽最勝秘密成佛隨求卽得神變加持成就陀羅尼儀軌』를 따르는 완전한 법식의 의례이다. 소의경전과 진언의 뜻은 불을 태우며 삿된 기운과 액난을 퇴치하고 병을 치료하는 소재의 의미를 담고 있다. 그리고 불을 밝히는 심지와 기름의 공양은 그 공덕으로 도량의 모든 사악함을 물리치고 개인의 행복과 국가의 안녕과 번영은 물론 수행을 완성하는 방법이었다. 이와같이 낙화법은 숯을 이용하고 의례를 갖춘 불교수행의 한 방편으로 탄생한 것으로 판단하였다.

문헌분석에서는 먼저 등(燈)과 화(火)의 의미가 불교에서 빛의 상징성인 공통점도 있지만 약간 다르다는 점에서 출발하였다. 등(燈)은 처음에는 수행자의 수행처를 밝혀 수행을 돕는 기구였으며, 화(火)는 악귀를 퇴치하며 액난을 막아주는 식재의 뜻이 있었다. 각기 다른 이 개념은 중국의 폭죽·상원일·납제일 등의 유사한 세시풍습과 쉽게 결합하였다. 당 현종 이후 상원일과 결합된 국가 주체의 연등회가 등장하며, 점점 국민의 놀이와 법식으로 발전한다. 연등과 화희(火戱) 또는 화산대라 불리는 불꽃놀이는 정월 대보름을 상징하는 국가행사였다. 고려 초기 태조 진영의 배알이라는 상원연등회의 성격은 무신기를 지나며 점차 사찰의 사월초파일 행사 성격으로 옮겨간다. 조선의 왕실에서 화희는 고려불교에서 성행했던 소재도량의 성격으로 이해하며, 왕실의 안녕과 화목을 위한 행사로 변화한다. 그리고 민가에서는 정월대보름의 성격을 잇는 행사로 남아 낙화놀이로 이어지고, 사찰에서는 사월초파일의 낙화법으로 발전한다. 이러한 변화는 조선 중기에 발생하는 화약 재료의 수급문제에서 촉발되었다. 염초와 황의 사용금지 및 생산량의 저하는 숯만을 사용하는 놀이로 이어졌다. 사찰에서는 소의경전을 갖춘 의례의 낙화법으로 나타나게 된다. 사찰의 낙화법은 놀이가 아닌 의례의 절차를 갖춘 수행법이며, 불교에서 설명하는 화(火)의 뜻을 더 잘 담아내게 되었다. 이것이 사찰의 낙화법이 가지는 의의이다.

화통을 사용했던 불꽃놀이는 숯 봉지의 낙화놀이로 변화하였다. 낙화숯봉지는 어느 개인이 창안한 것이 아니라 생활의 지혜를 활용하여 발전시킨 결과이다. 영평사 『오대진언집』에 묵서로 수기된 낙화법은 불교의 의례와 생활의 지혜를 결합하여, 17세기 이후 소의경전을 갖춘 의궤로서 완성을 보게 되었던 것이다. 따라서 의궤를 갖춘 불교의례로서 전승되는 것 또한 의의가 있다고 하겠다.

/ 주 /

1) 세종특별자치시, 「낙화역사고증 학술연구용역」, 세종특별자치시, 2018, 69 쪽., 보고서의 '전국 낙화놀이 현황'에 의하면, 전국에 약 20여 종의 놀이가 전한다. 그리고 연등, 낙화놀이, 줄불놀이, 관등, 불꽃놀이 등의 이름으로 불 린다.

2) 연등회에 관련된 연구와 '연등(燃燈)'의 개념 고찰은 이미 여러 세미나를 통 해서 이루어졌고, 그 결과는 다음 3권의 저술로 종합하여 출판하였. 『연등회 의 종합적 고찰』(한국불교민속학회·연등회보존위원회, 민속원, 2013), 『연등 회의 역사와 문화콘텐츠』(이윤수, 민속원, 2014), 『한국불교민속문화의 현장 적 고찰』(김용덕, 민속원, 2014)이다. 이들 연구는 고려사를 중심으로 연등회 와 연등에 대한 역사를 고찰하고 있다.

3) 실담(悉曇) : 범어 siddhām을 소리나는 대로 적은 것. 한자로 悉旦·悉談·肆 曇·悉檀·七旦·七曇 등으로도 표기함. 뜻으로는 成就·成就吉祥의 의미가 있 다. 범어의 자모(字母)를 가리키거나, 범어를 사용하는 서체(書體)의 하나이 다. 7세기 이전에 이미 인도에서 성행하였고, 중국에서는 남북조시기에 실담 문자가 역경자들에 의해 전래되었다. 당나라 시대에는 의정(義淨)의 『梵語千 字文』, 지광(智廣)의 『悉曇字記』, 일행(一行)의 『字母表』 등을 만들며 진언 을 바르게 읽으려고 노력했다. 우리나라는 중국 실담의 영향을 받았으나 표 기가 약간 다른 경우도 있다.

4) 염송(念誦) : 범어로는 jāba. 마음으로 생각을 깊이 하고, 입으로 불명(佛名, 부처님의 명호), 진언, 경문 등을 송하는 법이다. 밀교의 염송은 본존의 진언 을 관하며 송하고, 본존과 행하는 자가 신구의(身口意) 삼밀(三密)로 일체화 한다.

5) 점향(拈香) : 소향(燒香)을 焚香·拈香·捻香·告香·揷香·炷香 등으로 부른다. 선종(禪宗)에서 특별한 용어로 점향이라 하는데, 개당일이나 중요한 이들의 건강을 기원할 때 등 아주 중요한 일에 쓰인다.

6) 의궤(儀軌) : 범어로는 kalpa이다. 밀교에서 본 경전에서 설한 제불, 보살, 천 부 등을 가리키는 비밀 단(壇)과 장(場)의 밀인(密印), 공양, 삼매야, 염송 등 의 모든 의식에서 반드시 따라야 할 법칙.

7) 『五大眞言集』, 佛說金剛頂瑜伽最勝秘密成佛隨求卽得神變加持成就陀羅尼 啓 請 참조.

8) 『五大眞言集』, 佛說金剛頂瑜伽最勝秘密成佛隨求卽得神變加持成就陀羅尼 日 참조.

9) 菩提流志, 『佛說文殊師利法寶藏陀羅尼經』, 대정장 20, 796쪽중., "此等諸 佛最大殊勝 及無量諸佛並當頂禮 念誦了便結大精進手印……此名大精進印 其印是一切諸佛所說 其眞言是八字 次說如意寶印……此名大精進如意寶印 卽說大精進如意寶眞言日……."

10) 『靈驗略抄』 隨求卽得陀羅尼 참조., 영평사 소장본 『五大眞言集』에 합철되 어 있음.

11) 조선총독부, 정두식·김영두 옮김, 『조선의 습속』, 민속원, 2014,, 해제 참조.

12) 조선총독부, 정두식·김영두 옮김, 『조선의 습속』, 민속원, 2014., (영인본 참 조 : 『朝鮮の習俗』, 1925년(대정 14년), 68쪽).

13) 고운기, 『한국 1930년대의 눈동자-무라야마가 본 조선민속』, 이회, 2003, 서 문(11쪽);무라야마 지준(村山 智順)론(259쪽) 참조., 아사쿠라 토시오(朝倉 敏夫)가 『民博通信』(1997, no.79호)에 발표한 연보에 의하면, 무라야마 지준 은 1891년 니카다현에서 태어나고 1968년 사망하였다. 자료를 조사하고 찍 은 사진을 담은 저술목록은 다음과 같다. 『朝鮮の服裝』(3), 朝鮮総督府, 1927; 『朝鮮人の思想と性格』 調査資料第二十輯, 朝鮮総督府, 1927;『朝鮮の 習俗』(4), 朝鮮総督府, 1928;『朝鮮の鬼神』 調査資料第二十五輯, 朝鮮総督府, 1929;『朝鮮の風水』 調査資料第三十一輯, 朝鮮総督府, 1931;『朝鮮の巫覡』 調 査資料第三十六輯, 朝鮮総督府, 1932;『朝鮮の占卜と預言』 調査資料第三十七 輯, 朝鮮総督府, 1933;『朝鮮の類似宗教』 調査資料第四十二輯, 朝鮮総督府, 1935;『部落祭』 調査資料第四十四輯, 朝鮮総督府, 1937;『釈奠·祈雨·安宅』 調 査資料第四十五輯, 朝鮮総督府, 1938;『朝鮮の郷土娛楽』 調査資料第四十七 輯, 朝鮮総督府, 1941.

14) 고운기, 『한국 1930년대의 눈동자-무라야마가 본 조선민속』, 이회, 2003.

15) 村山 智順, 『朝鮮の郷土娛樂』, 朝鮮總督府, 1941, 345쪽상(민속원, 2002년 영인본 참조).

16) 김익두, 「'낙화놀이'의 지역적 분포와 유형에 관한 민족지적 고찰」 한국민 속학회, 韓國民俗學 48호, 2008, 111~140쪽., 서문 참조.

17) 村山 智順, 『朝鮮の郷土娛樂』, 朝鮮總督府, 1941(민속원, 2002년 영인본 참 조)., 『朝鮮の郷土娛樂』에 조사되어진 불과 관련된 놀이는 약 50~60여 지 역에서 행해졌다. 무라야마 지준 자신도 지적하고 있듯이 보통학교에 의뢰 하여 수집하였기 때문에, 조사된 그대로 싣고 있어 표기가 다양하다.

18) 상기숙, 『형초세시기』, 집문당, 1996, 59·89쪽.

19) 상기숙, 『형초세시기』, 집문당, 1996, 144쪽.

20) 이윤수, 『연등회의 역사와 문화 콘텐츠』, 민속원, 2014, 64쪽.

21) 보물 제1838호 초조본『법원주림』권82(初雕本 法苑珠林 卷八十二), 호림박물관 소장본(2014년 지정).

22) 東國大學校 佛典刊行委員會 編, 『韓國佛敎全書』第4冊 : 高麗時代篇 1, 1979, 679쪽 참조.

23) 고려대장경 목록 참조.

24) 道世, 『諸經要集』卷4, 대정장 54, 33쪽하., 香燈部는 述意緣, 華香緣, 然燈緣, 懸幡緣으로 구성되어 있다.

25) 道世, 『法苑珠林』卷35, 대정장 53, 563쪽하~567쪽중., 然燈篇 引證部의 내용을 키워드 중심으로 간략히 함. "如菩薩本行經云 佛言 我昔無數劫來放捨身命 於閻浮提作大國王 便持刀授與左右 勅令剜身作千燈處 出其身肉深如大錢 以蘇油灌中而作千燈 安炷已訖 語婆羅門言 先說經法然後灸燈 而婆羅門為王 說偈言……又灌頂經云……."

26) 道世, 『法苑珠林』卷35, 대정장 53, 567쪽중, 然燈篇 引證部의 내용을 키워드 중심으로 간략히 함. "又僧祇律云 佛言 從今日聽然燈 時當置火一邊漸次然之 當先然照金刹及佛形像 先禮拜已 當出次然餘處 滅時不得卒滅 當言諸大德欲滅燈 不聽用口吹滅(義云為有食火蟲恐人口氣損蟲所以不聽口吹也)聽以手扇滅及衣扇滅 當羈折頭燋去入時不得卒入 當唱言諸大德燈欲入 始得入之 若不如是越威儀法也 又三千威儀云 然燈有五事 一當持淨巾拭中外令淨 二當作淨炷 三當自作麻油 四著膏不得令滿亦不得令少 五當護令堅莫懸妨人道 又五百問事云 續佛光明晝不得滅 佛無明闇以本無言 念齊限故滅有罪 又大唐三藏波頗師云 佛前燈無處取燈 以物傍取不損光者得頌曰 藕樹交無極 華雲衣數重 織竹能為象 荻巧成龍 落灰然爇盛 垂油濕畫峯 天宮儻若照 燈王復可逢."

27) 法顯, 『摩訶僧祇律』卷35, 대정장 22, 512쪽하~513쪽상., 威儀法 중에서 불을 켜는 법을 규정함.

28) 道宣, 『廣弘明集』第30, 대정장 52, 355쪽하., 統歸篇 "八關齋夜賦四城門更作四首. 正月八日然燈 應令 藕樹交無極 華雲衣數重 織竹能為象 縛荻巧成龍 落灰然爇盛 垂油濕畫峯 天宮儻若見 燈王願可逢."

29) 상기숙, 『형초세시기』, 집문당, 1996, 145쪽.

30) 『조선왕조실록』성종실록, 성종 21년 경술 12월 24일., "○弘文館副提學李

謂等上箚子曰：伏見殿下 近以星文之變 省躬罪己 減膳求言 其祗畏天戒至
矣 然而火山臺之設 出於戲玩 儺雖古禮 亦近於戲 古者方相氏掌之逐疫而止
若人主因儺而觀雜戲 則古未聞也 (…중략…)觀儺觀火會禮等事 竝令停罷
克盡遇災應天之實 不勝幸甚 傳曰：火山臺之設 雖近於戲 亦是軍國重事
觀儺逐疫 雖戲事 皆消災闢邪之具 縱有星變雷電 奚由於此 會禮宴 非爲一
己之樂 上有兩大妃 欲獻壽盃耳 (…중략…)傳曰：爾等所言 深有義理 然觀
儺觀火 非以玩戲而爲之 只爲兩殿逐邪耳 會禮宴 則當元日獻壽兩宮 仍與
群臣慶會 可謂兩全 何過之有."

31) 나례(儺禮) : 고려 정종(靖宗) 이후 음력 섣달 그믐날 밤에 민가와 궁중에서
마귀와 사신(邪神)을 쫓기 위하여 베풀던 의식.(『고려사』 卷64, 志, 禮, 軍禮,
12월 大儺儀 : 정종(1040년 11월 27일(음) 무인(戊寅) 기사) 나례에 토우를
사용하라는 기사 참조). 본래 중국 주(周)나라 때부터 유래된 풍습으로 새해
의 악귀(惡鬼)를 쫓을 목적으로 행해짐. 차츰 중국 칙사(勅使)의 영접, 왕의
행행(行幸)·인산(因山) 때에도 앞길의 잡귀를 물리치는 의미로 행해짐.

32) 『조선왕조실록』 태종실록, 태종 7년 12월 30일., 己酉 2번째기사(1407년 명
영락(永樂) 5년) "○賜軍器監火藥匠三十三名各米一石 除夜 軍器監設火山臺
于闕中 火藥之烈 倍於前日 倭使來觀 莫不驚怖 諸色匠人 亦賜麤布五十匹."

33) 『高麗史』, 世家 恭愍王 17年 4月., "(1368년 4월 10일 경술(庚戌)) 庚戌 幸
辛旽家 觀燃燈·火山."

34) 서윤길, 『한국밀교사상사』, 운주사, 2006, 487쪽~549쪽;508쪽 참조.

35) 『周禮』 夏官司馬., "司爟掌行火之政令 四時變國火 以救時疾."

36) 贊寧, 『大宋僧史略』 卷下, 대정장 54, 254쪽중., "上元放燈 案漢法本內傳云
佛教初來 與道士角試 燒經像無損而發光 又西域十二月三十日 是此方正月
十五日 謂之大神變月 漢明勅令燒燈 表佛法大明也 一云 此由漢武祭五時神
祠 通夜設燎 蓋取周禮司爟氏燒燎照祭祀 後ësto為故事矣 然則本乎司爟舉火
供祭祀職 至東漢 用之表佛法大明也 加以累朝沿革必匪常規 唐先天二年 西
域僧沙陀 請以正月十五日然燈 開元二十八年正月十四日 勅常以二月望日
燒燈 天寶六年六月十八日 詔曰 重門夜開……自今以後 每至正月 宜取十
七日十九日夜開坊市以為永式 尋又重依十五夜放燈 德宗貞元三年 勅正月
十五日然燈 是漢明帝因佛法初來與道士角法 勅令燭燈 表破昏闇云."

37) 고대사회에는 여름에 제사에 횃불을 드는 사관(司爟)을 두고, (『주례』) 가을
의 관직에 사훤씨(司烜氏)를 두어 항상 제사를 준비하도록 한다. 부수(夫遂,
오목거울과 같은 모양의 기구)로 해[日]를 이용하여 밝은 불을 취하고, 감
(鑑, 거울)으로 달[月]을 이용하여 맑은 물을 취한다. 이 명자(明齍, 태양이

음식물을 만듦)와 명촉(明燭)을 명수(明水)라고 하여, 하늘 제사를 준비할 때 가장 중요하다.(『周禮』秋官司寇., "司烜氏掌以夫遂取明火於日 以鑒取明水於月 以共祭祀之明齍明燭共明水.")

38) 金富軾, 『三國史記』卷11, 新羅本紀., "景文王 六年春一月十五日 : 幸皇龍寺看燈 仍賜燕百寮/眞聖王 四年春一月十五日 : 幸皇龍寺看燈."

39) 『高麗史』, 志 禮 嘉禮雜儀, 仲冬八關會儀., "太祖元年十一月 有司言 前主每歲仲冬 大設八關會 以祈福 乞遵其制 王從之 遂於毬庭 置輪燈一座 列香燈於四旁 又結二綵棚 各高五丈餘 呈百戲歌舞於前 其四仙樂部龍鳳象馬車船 皆新羅故事 百官袍笏 行禮 觀者傾都 王御威鳳樓 觀之 歲以爲常."

40) 『高麗史』, 志 禮 嘉禮雜儀, 上元燃燈會儀 : 仲冬八關會儀 참조.

41) 이윤수, 『연등회의 역사와 문화콘텐츠』, 민속원, 2014, 114쪽., 고려시대의 연등행사를 크게 4종류로 나눈다. 정월 대보름과 이월 대보름의 연등회, 팔관회의 연등회, 사월초파일의 연등회, 특설 연등회 등이다.

42) 『高麗史』, 列傳 叛逆 崔忠獻., "三十二年 四月八日 怡燃燈 結彩棚 陳伎樂百戲 徹夜爲樂 都人士女 觀者如堵."

43) 『高麗史節要』, 恭愍王 四., "辛亥二十年 大明 洪武四年……○夏四月 權適大宴辛旽 設火山臺 旽不敢自安 乃移涼廳 請王觀之."

44) 『高麗史』, 列傳 禑王 7年 4月., "(1381년 4월) 都人以釋迦生日張燈 禑欲微服徒行 觀燈下馬 僕人牽退少遲 禑手策 馬蹄傷其面."

45) 李圭景, 『五洲衍文長箋散稿』, 經史篇 論史類 風俗., 上元藥飯秋夕嘉會辨證說 참조.

46) 李圭景, 『五洲衍文長箋散稿』, 經史篇 論史類 風俗., 燈夕燃燈辨證說 참조.

47) 李圭景, 『五洲衍文長箋散稿』, 經史篇 論史類 風俗., 煙戲辨證說 참조.

48) 李圭景, 『五洲衍文長箋散稿』, 經史篇 論史類 風俗., 華東火戲辨證說 참조., 인용문의 전반부 번역 : 『물리소지(物理小識)』에, "당 나라에 화수은화(火樹銀花)가 있었으니, 그 때에 이미 화폭(火爆)이 있었던 것 같다."고 하였으니, 화폭은 지금의 화약(火藥)이다. 이를 상고해 보면 당 나라 때부터 이미 그 조짐이 있었거나, 아니면 원소(元宵 정월 보름날 밤)의 연등(燃燈) 행사에 의해 불놀이가 생긴 것 같다. 중국의 불놀이에 화화(花火 화포(火砲))놀이가 원소(元宵)에 행해져 오다가 근대에는 가장 성행되고 그 명칭도 매우 많아서, 화이화(火梨花)·천지매(千枝梅)·해아지화(孩兒枝花)·일장국(一丈菊)·천장매화(千丈梅花)·백국화(白菊花)·금사국(金絲菊)·수엽류(垂葉柳)·주밀봉(酒蜜蜂)·보주다(寶珠茶)·소엽리(小葉梨)·일장리(一丈梨)·석류화(石榴花)·규화

(葵花)·진주산(珍珠傘)·모란화(牧丹花)·자포도(紫葡萄)·목서화(木犀花)·삽고매(揷枯梅) 등이 있는데, 여기에 각기 소요되는 약재(藥材)가 있고 화화(花火) 이외에도 연염(煙焰)을 만드는 법, 즉 청연(靑煙)·백연(白煙)·홍연(紅煙)·자연(紫煙) 법 등이 있는데, 여기에도 각기 소요되는 약재가 있다.

49) 成俔, 『慵齋叢話』卷1., "觀火之禮 軍器寺主之 預先設具於後園 有大中小例 所費甚廣 其法以厚紙疊裹砲筒 中納石硫黃鹽硝班猫柳灰等物 堅塞築之 付火其端 則須臾烟生火燼 筒紙皆破 聲振天地 其始也埋置火矢於東遠山⋯⋯又優人蒙假面 背上負木板 板上設包 包折火盡 猶自呼舞 曾不畏怕 此其大略也."

50) 李圭景, 『五洲衍文長箋散稿』, 經史篇 論史類 風俗., 華東火戲辨證說 참조, "又有煙火法 卽埋火也 有藥線自殿上點火 如流星而去 少焉火焰漲天霹靂 地而已無見 其神攻非人所思也 我東亦有火戲 中宗三十四年己亥⋯⋯其法以厚紙疊裹砲筒 筒中納硫磺 焰硝 斑猫 柳炭等物 堅塞築之 付火其端 則須臾煙生火燼 筒紙皆破 聲振天地 其始埋火矢 火東遠山 以千萬計 火之則矢無數抽上向天 隨破有聲 狀若流星滿空 又樹長竿數十於苑中 竿頭設小包 御前縣綵籠 自籠底結長繩屬諸竿 縱橫連亘 每繩頭置矢 軍器寺正 奉火燧納籠中 須臾火起 焰落于繩而馳觸于竿 竿頭小包亦坼 火光回斡 如轉輪之狀 又從繩而馳觸于他竿 如是馳觸 相繼不絶 又作伏龜形 火從龜口而出 煙焰亂瀉 如水流下 龜口立萬壽牌 火明牌裏 牌面字亦照灼 又於竿上捲畫簇 以繩結之 火從繩而上 火盛繩絶 則畫簇中書字 歷歷可辨 又作長林刻爲花葉葡萄之形 火生一隅 須臾冒焚林樹 火盡煙滅 紅葩翠葉 馬乳下垂 又優人蒙假面 背上負木板 板上設包 包坼火振 猶自呼舞 略不畏怕 亦可壯觀 此我國火戲之大略也."

51) 孟元老, 김민호 옮김, 『東京夢華錄』권8, 소명출판사, 2011, 290쪽., 中元節, 당시 중국의 수도 변경에서는 중원절이 되면, 죽간(竹竿) 위에 등잔 모양의 천을 설치하는 풍습이 있었는데 이를 우란분놀이라 불렀다.

52) 민병만, 『한국화약의 역사』, 아이워크북, 2014, 35쪽., 〈표1-1〉 무경총요 화약조성표 참조. 화약은 硫黃, 窩黃, 焰焇, 麻茹, 乾漆, 砒黃, 定紛, 竹茹, 黃丹, 黃蠟, 桐油, 松脂, 淸油, 濃油 등 14가지의 재료를 적당한 비율로 섞어 만들었다.

53) 민병만, 『한국화약의 역사』, 아이워크북, 2014, 292쪽., 〈표8-8〉 현대 화약과 조선 화약의 조성 비교 참조. 일본과 명의 조성비율은 생략하였음.

54) 국립진주박물관, 『조선무기조사연구보고서Ⅰ』, 국립진주박물관, 2019, 470쪽.

55) 민병만, 『한국화약의 역사』, 아이워크북, 2014, 225쪽.

56) 李瀷, 『星湖僿説』, 萬物門., 火銃 참조.

57) 민병만, 『한국의 화약 역사』, 아이워크북, 2014, 623쪽., 〈표 16-1 조선의 불
꽃놀이 요약〉에서 마지막 부분 참조.

58) 민병만, 『한국의 화약 역사』, 아이워크북, 2014, 307쪽.

59) 국립경주박물관 소장품. 2014년 12월 31일 보물 제1844호로 지정되었음.

60) 『조선왕조실록』 태종실록, 태종 15년 5월 23일., 己未 2번째기사(1415년 명
영락(永樂) 13년).

[3] 낙화법의 수구다라니 신앙과 의례 구성

강 향숙 | 동국대학교 인도철학과 박사, 후기밀교 전공

1. 들어가는 말

낙화놀이는 숯 봉지를 줄에 매달아 태우는 일종의 불놀이이다. 현재 한국에서는 함안, 무주, 안동, 양산, 제주도 등지에서 지역 축제로 행해지고 있다. 이 낙화놀이의 종류는 불덩이를 위에서 아래로 던지는 투화놀이, 오름 불을 놓아 태우는 들불놀이, 물 위에서 행하는 줄불놀이 등과 같이 그 방법과 명칭도 다양하다. 낙화 놀이는 축제의 의미가 강조된 형태로 전승되어 오늘에 이르고 있지만, 놀이의 기원은 불교의례인 연등회(燃燈會)로부터 시작하며, 연등회와 관련된 의식의 하나였다.

연등회는 고려 건국(918)과 더불어 상원일[정월 15일]에 행하는 상원연등회란 이름으로 국가의 중요한 행사로 자리 잡기 시작한다. 『고려사(高麗史)』에는 연등회와 관련하여 관등(觀燈), 관화(觀火), 관화산(觀火山), 관연등화산(觀燃燈火山), 연등(燃燈), 점등(點燈)과 같은 다양한 용어들을 사용한다. 연등과 점등은 등에 불을 붙이는 것이고, 나머지 관등, 관화, 관화산, 관연등화산은 모두 불이 붙은 불빛, 즉 광명을 보는 것이다. 특히 연등에는 '연등화산을 본다(觀燃燈火山)', '화산놀이를 본다(觀火山戲)'라고 기술하고 있다. 불이 붙은 산의 모습을 '연등화산(燃燈火山)'이라고 하고, 산 모양[산과 같이 쌓아놓은 나무]에 불을 붙이는 놀이를 '화산희(火山戲)'라고 하여, 연등회는 의례와 놀이가 병행되고 있었음을 알 수 있다. 이런 점에서 '관화(觀火)'는 산 모양으로 쌓아놓은 나무에 불을 붙이는 행위인 '화산희'와 불이 붙은 산의 모습인 '연등화산'을 보는 것을 가리킨다는 것을 알 수 있다. '연등화산'은 많은 등을 켜서 매달아 놓아 그 불빛의 밝기가 불이 붙은 산과 같음을 비유하여 강조한 것이다.

관화는 조선(1392~1910)에 들어서 그 의미와 방식을 달리하여 외국 사신들을 맞이하는 행사에 활용되었으며, 근대에는 낙화(落火)와 혼용된다. 1921년 3월 16일 〈동아일보〉의 기사 제목 '평양관화대회복구'의 내용[1])에는 음력 4월 8일, 낙화희(落火戲), 관화회(觀火會)란 용어를 사용하고 있는데, 이는 고려시대 화산희와 연등화산의 전승을 말해주는 전거라 할 수 있다. 이와 같이 관화와 낙화는 본래 상위 범주인 연등회 의례에 속한 의식의 일부였지만, 1920년대에 들어서는 상업인들이 주체가 되어 거리의 모든 이들이 참여하는 놀이 문화적 형태의 관화대회로 변화되었음을 보여 준다.

　현재 연등은 연등회의 포괄적 개념과는 다르게 사찰에서는 석가탄
신일을 전후하여 불자들이 등을 다는 등공양의 의미로 이어져 행해지
고 있으며, 일반 지역사회에서는 연등회의 연희적인 특성을 살린 낙화
놀이의 형태로 전승되어 현대의 축제적 의미로 재현되고 있다. 이러한
기조는 연등과 관련된 일련의 연구에서 "불교역사학에서는 관등을 정
기 의례 때 걸어 둔 등을 관람한 것으로 해석하고, 민속학에서는 관등
을 토착 불놀이 또는 축제의 의미와 관련 깊은 것으로 이해하여 문화
콘텐츠로서의 발전 가능성을 모색한다"고[2] 지적하는 결과를 낳았다.
전자는 '등을 보는 관등'을 불교의 의례적 측면에서 이해한 것이며, 후
자는 민중들의 토착 전승놀이 측면에서 불놀이로 구분한 것이다. 『고
려사』에 기술된 등(燈)을 보거나 화산희를 보았다는 관등·관화(=낙화)
의 내용을 연등이나 등불을 구경하였다는 정도로 해석하고, 연등회 의
례에 이어지는 부수적인 연희의 의미로 인식하였기 때문이다. 이는 관
등·관화(=낙화)의 의례에서 연희적인 요소를 부각시키며 놀이문화로
전승되는 과정만을 분석한 결과이다.

　그러나 고려시대의 관등·관화(=낙화)는 의례 선상에 있는 연희이
며, 의례와 연희가 어우러진 국가의례이자 신앙의례라는 점에 주목할
필요가 있다. 현재 사찰에서 행해지고 있는 연등회는 관화(=낙화)의
요소가 희미해지고 관등의 부분만 강조하여 행해지고 있다는 점에서
아쉽다.

　이러한 점에서 본고는 영평사에 소장된 『오대진언집(五大眞言集)』
에 수기된 낙화법에 주목한다. 묵서로 기록된 '낙화법'에는 낙화 의식

에 필요한 재료, 글귀[실담자], 태우는 법[소하는 법], 의식 절차에서 암송되는 진언 등 의례의 절차를 간략히 적고 있다. 하지만 낙화의례에 대한 전반적인 중요한 정보를 알려 준다. 의식에 사용하는 숯·소금·향 등의 재료, 태우는 방법과 의식에 사용하는 진언을 기록하여 대략적인 의례의 절차를 알 수 있다. 또한 낙화법은 '정구업진언-오방진언-개경게-정법계진언-계수연화태장교-수구대명왕진언-육자진언-소재진언'의 순서로 구성된 의식의 체계를 갖추고 있다. 계수연화태장교 문장은 『오대진언집』 '수구즉득다라니'의 계청이어서, 이 의식의 바탕이 된 소의(所依)경전이 대수구다라니(大隨求陀羅尼) 계통의 경전이라는 점을 추측케 한다. 이는 낙화법이 수구다라니 신앙과 밀접한 관련이 있는 것을 의미한다. 수구다라니는 신라시대부터 수행 시에 지송(持誦)하거나 탑 안에 봉안하고,[3] 고려시대에는 불상의 복장유물로도 사용하였으며, 조선시대에는 『오대진언집』에 수록될 만큼 의례와 진언염송이 수행으로 깊게 자리하고 있음을 알 수 있다.

이와 같은 사실에 기초하여 본고에서는 먼저 고려시대 연등회 의례에서 낙화법의 기원으로 여겨지는 관등과 관화의 용례와 의미를 살펴본다. 그리고 영평사 『오대진언집』에 수기된 '낙화법'을 수구다라니 신앙과 관련지어 고찰하고, 낙화법의 구성과 절차를 분석함으로써 낙화의식으로서의 가능성을 모색하고자 한다.

2. 낙화(落火)의 기원

낙화의 기원은 연등회 의식의 일부인 관화(觀火)에 있다. 연등회는 불(佛)·보살을 공양하는 행위로 등을 달아 밝게 불[火]을 비춤으로써 번뇌와 무지의 세계를 비추는 부처를 기리는 의식이다. 『고려사』에는 연등회(燃燈會), 특설연등대회(特設燃燈大會), 특설연등회(特設燃燈會), 연등도량(燃燈道場), 별예연등(別例燃燈) 등의 설행 기록이 있다. 이는 연등회가 국가적인 연중행사의 큰 틀을 유지하면서 사찰의 낙성식, 법회, 불상조성식 등과 같은 다양한 목적으로 특설연등회가 설행되었음을 의미한다.

고려 태조(877~943)의 훈요(訓要) 10조에 의하면, 여섯 번째 조에서 연등회의 목적이 나타난다. 943년 4월 태조가 박술희(?~945)에게 전한 것으로 "연등회는 부처를 섬기기 위한 것이고, 팔관회(八關會)는 하늘의 신령과 오악(五嶽)·명산대천(名山大川)·용신(龍神)을 섬기기 위한 것이다. 후세에 간신들이 더하거나 줄이자고 건의하는 것은 마땅히 일절 금지시켜야 할 것이다. 나 또한 처음부터 마음으로 맹세하기를 연등회 날[會日]이 국가의 기일[國忌]을 침범하지 않으면 임금과 신하들이 함께 즐기게 하겠노라고 하였으니, 마땅히 이에 의거하여 시행하도록 하라"는 내용이다.[4]

이 기록을 통해 연등회에 관한 두 가지 사실을 확인할 수 있다. 하나는 부처를 섬기기 위한 것이며, 다른 하나는 국가의 기일을 범하지 않는 한 임금과 신하들이 함께 즐기기 위한 것이다. 즉 연등회가 부처에 대한 신앙의례인 동시에 이 날을 기념하는 연회적 특성을 지녔다는 것을 의미한다. 그리고 연등회와 관련하여 관등(觀燈), 연등(燃燈), 점등(點燈), 관화(觀火), 관화산희(觀火山戲)와 같은 용어들이 나타난다. 기존의 연구에서 관등·연등·점등은 '등불을 구경하다'의 의미로, 관화와 관화산희는 '불[火]을 구경하다' 또는 '불꽃놀이를 구경하다'의 뜻으로 해석하여 왔다. 이러한 관점은 관등과 관화를 연등회 의례와의 연속선상에서 해석하기보다는 단순한 불꽃놀이로 이해함으로써 후자의 연희라는 측면을 부각시켰다.

하지만 관등과 관화를 연등회 의례와 밀접히 관련된 것으로 파악하여 '등불, 화염(火焰)을 본다'는 것에 중점을 두어 해석하면, 관등에서 등(燈)은 부처의 가르침인 광명(光明)을 의미하며, 관화에서 불꽃은 모든 것을 청정하게 정화하는 힘이 있는 화염을 뜻한다. 『고려사』 1009년 1월 16일(음) 임신(壬申)년 기록에 "임금이 상정전(詳政殿)에 임어(臨御)하여 등을 바라보고 있는데[觀燈], 대부(大府)의 기름 창고에 불이 나고 번져서 천추전(千秋殿)을 태웠다. 왕이 궁궐 건물과 창고가 잿더미가 된 것을 보고 비탄해 하다가 병이 나서 정무(政務)를 보지 않았다. …… (중략) 여러 궁궐의 문을 닫아걸고 엄중히 경계하면서 오직 장춘전(長春殿)의 대정문(大定門)만 열어두었다. 이어서 장춘전과 건화전(乾化殿) 두 곳에서 구명도량(救命道場)을 베풀었다"라는 내용이 있다.[5] 목종[穆宗, 재위 997~1009]의 관등과 관련된 기록인데, 관등은 궁궐의 전각인 상정전에서 열렸으며, 기름을 사용하여 밝힌 등불이라는 것을 알 수 있다. 그리고 이때 설행된 것은 국가적 불교의례의 성격이 아닌 궁중에서 비공식적으로 열린 소규모의 연등회였던 것으로 보인다. 이는 연등회라는 용어를 사용하지 않고 관등으로 표현한 것에서도 확인된다. 상정전은 왕이 신하에게 상을 내리고 집무를 행하거나 태조의 빈소를 차리는 장소로도 사용되었던 것으로 볼 때, 이곳에서 관등하였다는 기록은 연등을 구경하였다는 의미보다는 왕실의 안녕을 염원하며 등을 달고, 부처의 가피와 공덕을 기원하였던 의식으로 이해할 수 있다.

한편 1243년 2월 15일(음) 임술(壬戌)년 고종(高宗) 30년에는 연등회를 열고 왕이 친히 '소재도량(消災道場)'을 열었다는 기록이 있다.[6] 이는 연등회와 함께 소재도량을 개설하였다는 것을 말해주는 중요한 근거이다. 소재도량은 각종 재앙을 멸하기 위하여 행하는 밀교의식이다. 『고려사』에 이 소재도량에 관한 자세한 설명이 없어 그 전모를 파악할 수는 없으나, 밀교의식의 소재도량은 일종의 호마법(護摩法)으로 의식에 사용되는 재료를 태우면서 재난과 재앙을 멸하는 공덕이 있는 불(佛)·보살·명왕을 찬탄하는 경전을 독송하고 진언다라니를 염송하여 보호와 안락을 기원하는 의식이다. 이때 소재도량에서 의식의 재료인 호마목(護摩木)과 공양물을 태우며 타오르는 불꽃의 화염을 보는 것이 가장 중요한 의미를 가지는데, 이것이 관화(觀火)의 시작이었을 것으로 생각된다.

소재도량은 『고려사』에 따르면 1046년 문종(文宗)의 즉위년부터 1386년 우왕(禑王) 12년까지 모두 298회가 설행되었다. 설행의 목적은 천둥번개, 지진, 지속적인 안개와 같은 자연재해를 막고, 혜성과 같은 천문의 변화현상이 나타났을 때 이를 대비하거나, 왕과 왕비의 병을 퇴치하려는데 있었다. 1200년대 두드러지는 이 현상은 고려 초기부터 밀교의식인 호마를 통하여 소재의식을 행하였으며, 연등회와 소재도량을 함께 설행하여 부처를 비롯한 여러 보살과 명왕에게 예경함으로써 재난과 고통을 소멸하고자 하는 목적의 의식이 빈번하였음을 말해준다.

그러나 1352년 공민왕(恭愍王) 원년(元年) 4월 8일 석가탄신일에 연등을 설행한 기록에 의하면 기존과는 달리 연희적인 특성을 보이기 시작한다. 특히 여기서 관화는 소재의식의 특성을 지니면서도 연희와 결합되는 양상을 보인다. "왕이 석가탄신일이었으므로 궁궐 안에서 연등회를 열고 승려 100명에게 음식을 대접하였다. 화산(火山)을 베풀어 온갖 놀이를 벌이고, 기생에게 음악을 연주하게 하였다"는 내용이다.[7] 이는 석가탄신일에 연등법회를 열어 부처를 공양하고, 법회에 참석한 승려에게 음식을 대접하여 승려에게 공양을 올리고, 마지막으로 화산을 베풀어 화산의 불꽃화염을 관화(觀火)하였다는 것을 의미한다. 불교 의례적 측면에서 보면 연희가 병행된 화산의 설행은 불(佛)·보살을 즐겁게 하여 왕실의 안녕과 국가의 평안을 기원하는 것으로 이해할 수 있으며, 사회적 측면에서 보면 불교의식을 좀 더 강화하여 국가와 국민의 일체감을 고양시키는 역할도 했다.

연등과 화산을 병행하여 보는 의식은 1368년 공민왕 17년 4월 10일에 신돈(辛旽)의 집에서 설행되기도 한다. "[왕이] 신돈의 집에 행차하여 연등과 화산을 보았다"는 것인데,[8] 이는 연등과 화산의 설행이 궁궐 내에서만 이루어지지 않고 궁궐 밖 민가에서도 행해졌음을 의미한다. 또 『고려사』에 의하면 1368년 이전까지는 연등과 화산을 병행하여 기록하고 있으나, 1369년 4월 9일에는 "왕이 화산희(火山戲)를 보았다[觀]"와 같이 놀이를 뜻하는 '희(戲)'의 표현이 보인다.[9] 화산을 화산희로 표현한 것은 불꽃화염을 보는 관화의식이 연희의 의미가 강한 특성으로 변화되었음을 알 수 있다. 이처럼 고려시대 연등회를 중심으로 한 관등과 관화는 부처를 공양한 공덕으로 국가와 백성의 평안과 안정을 기리고 현세에서 재난과 재앙을 소멸시키는 의미를 함축하고 있다.

이와 같이 관등과 관화 의식은 처음에는 등과 등불의 빛, 불[火]을 보는 의식(儀式)에서 출발하였지만, 고려 중기를 넘어가며 관화의 성격에 연희적 요소가 병행하여 나타나기 시작한다. 의례와 연희라는 상반된 요소는 관화의식이 변화하는 분기점이 된다. 연희적인 요소는 민가에서 불놀이인 낙화놀이 형태로 변용되지만, 의례적 요소는 사찰에서 의례의 형태로 전승된다.

한국불교에는 관등과 관화 의식의 목적을 함의한 의례가 존재한다. 바로 『오대진언집』의 수구즉득다라니 계청문과 함께 실려 있는 의례문이다. 이 진언집류 중에서 가장 오래된 판본은 실담(悉曇)·한문만으로 구성되었으며 한글 표기가 없는 1484년 간행한 원통암본이다. 『고려사』에는 약 80여 종류 이상의 소재도량이 개설되었는데, 이 가운데 1130년 이후에 보이는 선군청(選軍廳)에서 무능승도량(無能勝道場)을 행하였다[10]는 기록에 주목할 필요가 있다. 고려시대에 개설된 무능승도량의 형식에 대하여 아직 연구된 바가 없어 전모를 알지는 못한다. 하지만 매우 이른 시기부터 불빛과 화염(火焰)을 보며 그 빛의 공덕으로 내가 지은 죄와 여러 재난과 재앙 등을 없애고 물리칠 목적으로 개설하는 수구다라니 신앙이 유행하였던 것을 짐작할 수 있다. 영평사 소장본 『오대진언집』에 묵서로 수기된 '낙화법'도 의식의 재료로 숯

을 이용하고 또 "稽首蓮華胎藏敎"라고 적고 있어 수구다라니 신앙의
전승을 보여주는 예이다. "稽首蓮華胎藏敎"는 수구계 경전에서 설
하는 수구즉득다라니와 관련이 있기 때문이다. 다음 장에서는 낙화
와 수구다라니와의 관련성을 수구계통의 경전을 통하여 살펴보고자
한다.

3. 낙화와 수구다라니 신앙

수구다라니 신앙은 『불설수구즉득대자재다라니신주경(佛說隨求卽
得大自在陀羅尼神呪經)』, 『보변광명청정치성여의보인심무능승대명왕
대수구다라니경(普遍光明淸淨熾盛如意宝印心無能勝大明王大隨求陀羅
尼經)』, 『금강정경유가최승비밀성불수구즉득신변가지성취다라니의궤
(金剛頂經瑜伽最勝秘密成佛隨求卽得神變加持成就陀羅尼儀軌)』, 『불심
경품역통대수구다라니(佛心經品亦通大隨求陀羅尼)』와 같은 수구계통
의 경전에서 엿볼 수 있다. 수구계 경전은 7세기 말부터 8세기 중엽에
걸쳐 한역되었으며 역자는 보사유(寶思惟)를 비롯하여 불공(不空)과
보리유지(菩提流志)로 각기 다르다. 보사유 역(AD.693~?)은 7세기에
한역된 것이고, 불공 역(AD. 746~774)은 8세기이다. 불공보다 이른 시
기인 보사유 역본은 낙화와 수구다라니의 당초(當初)의 관계를 잘 드
러내 준다. 이에 따라 본고에서는 수구계 경전 중 가장 성립이 이른
보사유 역의 『불설수구즉득대자재다라니신주경』을 중심으로 내용을
분석하고, 낙화와 수구다라니 신앙과의 관련성을 검토해 보고자 한다.

경전에서 수구다라니주는 이 다라니를 봉안한 곳에서 '큰 광명[大光明]'이나 '큰 불덩어리[大火聚]'의 모습으로 나타나는 것으로 묘사된다. 광명과 불덩어리를 보는 것은 수구다라니주가 지닌 불가사의한 힘에 의해 장애와 공포를 없애고 구하는 바를 성취하게 하는 것으로 여겨진다. 큰 광명은 큰 불덩어리에 비유되었는데, 이때 큰 불덩어리는 불(佛)의 광명으로 여겨져서 그것을 보는 것만으로도 공덕을 얻고 원하는 바를 성취하게 된다. 이러한 맥락에서 보면, 연등회에서 '불을 본다'라는 관화(觀火) 역시 산 모양으로 쌓아 올린 나무에 불을 붙여 큰 불덩어리의 화산(火山)을 보는 것이며, 불(佛)의 광명을 보는 것과 같다. 큰 불꽃 화염의 화산을 보는 것도 불(佛)의 광명을 보는 것이 된다. 경전에서는 불(佛)의 광명을 보는 것은 모든 죄업, 액난, 재앙 등을 제거할 뿐만 아니라 33천이라는 천계(天界)에 태어나는 공덕이 있는 것으로 묘사된다. 게다가 불(佛)의 광명과 수구다라니는 등질의 것으로 설명되는데, 이 수구다라니를 베껴 써 두거나 이 다라니를 걸어 둔 장소에는 광명이 나타나 여러 재앙으로부터 고통과 고난에 빠진 중생을 구제한다고 한다.

이에 대하여 먼저 『불설수구즉득대자재다라니신주경』에서 수구즉득다라니의 효험을 수구즉득천자와 비람파(毘藍婆) 장자의 예를 들어 자세하게 설명해 보자. 첫 번째는 수구즉득자재다라니신주를 몸에 지녀 지옥에서 벗어나 안락을 얻은 수구즉득천자 이야기이다.

대범아 잘 알아라. 옛적에 신심이 적은 비구가 있었는데 계율을 잘 지키지도 않고, 도둑질을 행하기도 하고, 현전의 승물과 상주의 승물과 사방의 승물을 취하여 중병에 걸려 고통을 받게 되었다. 어떤 우바새바라문이 대비심을 일으켜 수구즉득대자재다라니 신주를 써서 비구의 목 밑에 묶어 두었는데 묶자마자 모든 병고 가 소멸되었다. 후에 수명이 다하자 아비지옥에 떨어졌다. 이 비 구의 시체를 염하여 탑 가운데 두고 시체 위에 주(呪)를 두자, 비 구의 탑이 바로 보이며 만족성 남쪽에 놓였다. 이로 인하여 비구 는 잠깐 아비지옥에 들어갔으나 받은 죄의 모든 고통이 모두 그 쳐 쉬게 되어 안락을 얻게 되었다. 지옥에 있는 불덩이 또한 소멸 되었다.

지옥의 옥졸들이 이를 보고 두려워 염라왕에게 보고하였다. 염라 왕은 옥졸들에게 대위덕인 몸의 사리일 것이라고 하며, 만족성에 무슨 물건이 있는지를 보고 오라고 한다. (...중략...) 그 탑의 광명 을 보니 큰 불덩어리와 같았다. [그리고] 그 탑 속에서 비구의 시 체를 보니 시체 위에 이 수구즉득대자재다라니신주가 있으며, 모 든 천신이 둘러싸고 수호하고 있었다. 이때 옥졸이 이 주력의 불 가사의함을 보고 이 탑의 이름을 수구즉득이라 하였다. 바로 옥졸 이 돌아가서 본 것을 염라왕에게 말했다. 비구는 이 주력에 의해서 죄장을 없애버렸다. 그리고 바로 이 비구는 33천에 태어나게 되었 고, 이로 인하여 이 천(天)의 이름을 수구즉득천자라고 하였다.[11]

이 이야기는 수구즉득대자재다라니신주를 살아 있을 때 몸에 지니 는 것만으로도 지옥의 고통에서 벗어나 33천이라는 천의 세계에 태어 난다는 것을 강조한다. 『불설수구즉득대자재다라니신주경』에서는 시 체가 안치된 탑묘에 봉안된 수구다라니신주의 불가사의한 힘이 이 비 구가 지은 죄와 병을 없애고 지옥에서 벗어나 33천에 태어나게 한다고 하였다. 주력(呪力)의 위력은 죽을 때부터 죽은 후에도 영향력을 미친다고 하는 극대화를 보여주고 있다.

이 내용은 등(燈)을 보시하여 큰 공덕을 얻는다는 『불설시등공덕경(佛設施燈功德經)』에서 언급된 네 종류의 광명[四種光明]과 다섯 종류일에서 청정을 얻는다[五種事得淸淨]는 것과도 상당히 유사하다. 등 보시의 공덕은 "불탑묘(佛塔墓)에 등명(燈明)을 바친 사람은 임종시에 네 가지 광명(光明)을 보게 되며,[12] 죽어서는 33천에 태어나 다섯 가지의 청정을 얻게 된다."[13]고 한다. 다만 『불설수구즉득대자재다라니신주경』에서는 불탑묘가 아닌 비구의 시체가 안치된 탑묘인 것이다. 또 등명을 바친 공덕으로 33천에 태어나는 것이 아니고, 수구다라니신주를 봉안하는 것으로 지옥에서 벗어나 33천에 태어나게 된다고 할 뿐이다. 『불설시등공덕경』에서는 등명을 바치면 임종 시에 광명을 보게 된다고 하였고, 『불설수구즉득대자재다라니신주경』에서는 비구의 시체를 확인하러 간 옥졸들이 수구다라니신주를 봉안한 탑에서 큰 광명을 보았다고 한다. 이것에서 알 수 있듯이, 이 수구다라니신주는 등명과 동일한 위력을 지녔다는 것을 알 수 있다.

수구다라니신주와 등명의 연관성은 『오대진언집』에 실린 『불설금강정유가최승비밀성불수구즉득신변가지성취다라니』의 계청문(啓請文) 게송에서도 나타난다. 총 9게송 가운데 빛과 관련된 게송은 다음과 같다.

稽首蓮華胎藏敎　연화태장의 가르침에 머리 숙여 절합니다.
無邊淸淨總持門　끝없이 청정한 총지문이
普遍光明照十方　두루 미친 광명으로 시방세계를 비추고
焰鬢應化三千界　염만(焰鬢)이 삼천세계에 응화하네

如意寶印從心現	여의보인은 마음 따라 나타나니
無能勝主大明王	무능승주대명왕은
常住如來三昧中	항상 여래삼매 속에 머물며
超證瑜伽圓覺位	유가의 원각위(圓覺位)를 속히 증득하네

毘盧遮那尊演說	비로자나존이 설법하실 때
金剛手捧妙明燈	금강수보살은 묘한 밝은 등을 받쳐 들고
流傳密語與衆生	밀어를 전하여 중생에게 베푸니
悉地助修成熟法	성취[悉地]를 도와 닦게 하여 법을 성숙하게 하네[14]

첫 게송은 귀경게이며, 마지막 게송은 회향게라 할 수 있다. 게청의
마지막 게송에는 "비로자나존이 설법하실 때 금강수(金剛手)가 밝은
등을 받쳐 들고, 밀어를 전하여 중생에게 베풀어 성취를 도와 닦게 하
여 법을 성숙하게 하네"라고 하여, 금강수보살은 밝은 등을 받쳐 들고
밀어[다라니·주·진언]를 전하여 중생을 돕는 주체가 된다. 금강수는
비로자나불이 설법을 할 때 질문하고 답하는 역할뿐 아니라 다양한
불·보살·명왕으로 화현하기 이전 단계에 속한 존격이다. 따라서 금강
수는 무능승주대명왕의 전신이며, 무능승주대명왕이 설하는 밀어가
수구즉득대자재다라니신주이다. 이처럼 수구즉득다라니는 명등(明燈)
과 연관이 있으며, 이는 곧 부처의 가르침을 의미하기도 한다. 그래서
불덩어리의 광명은 불의 광명이자 가르침으로 상징되며 수구즉득천자
가 죄업을 짓고서도 수구다라니의 위력으로 33천에 태어날 수 있었던
것이다. 이는 죽음 이후의 세계에서 죄업을 소멸하는 수구다라니의 공
덕에 대한 이야기이다. 특히 '염만(焰鬘)'은 후에 이야기하겠지만, 낙

화법을 위해 필요한 재료와 관련이 있어 주목된다.

두 번째 이야기는 비람파장자가 '수구즉득대자재다라니신주'가 지닌 소재(逍災)의 힘으로 바다에서 만난 액난(厄難)을 벗어나게 된다는 현세이익을 설명한다.

> 다시 대범이여, 소아위대성(消阿魏大城) 가운데에 비람파(毘藍婆)라는 한 장자가 있었다. 창고에 금과 은이 가득하고 재보가 풍부하며 곡식이 충만하였다. 이때 장자는 상주[商主, 선단의 주인]가 되어 큰 선박을 타고 큰 바다로 나갔다. 큰 바다 가운데에서 저미려어(低彌黎魚)를 만났는데 그 배를 부수려고 하자, 바다 속의 용왕도 또한 진노하여 큰 벼락과 비, 금강의 우박을 일으켰다. 이때 모든 사람들이 아주 크게 근심하고 두려워하였다. 그러자 상주는 모든 상인에게 말하였다. '여러분들은 두려워 마시오. 나에게 방도가 있으니 이 액난은 반드시 벗어날 수 있을 것입니다.' 그때 상주는 이 주를 베껴 쓰고 깃발 꼭대기에 두었다. 그 물고기가 곧 이 배를 보니 큰 광명이 있는 것이 큰 불덩어리와 같자, 그 물고기는 물러갔고 저 모든 용들도 이 모습을 보고 나서 모두 자비심을 일으켰다. 이때에 상주와 여러 상인들은 크게 기뻐하며 보배가 있는 곳에 도달할 수 있었다.[15]

이 이야기에서는 수구즉득대자재다라니신주를 통하여 장애를 없애고, 원하는 바를 성취하기 위한 의식(儀式)을 설명하고 있다. 주(呪)를 베껴 쓴 후, 이 주를 깃발의 꼭대기에 걸어두면 마치 큰 광명의 불덩어리가 깃발에 있는 것처럼 보이게 된다는 것이다. 그러면 이 광명에 의해 바다에서 만난 재해는 사라지고 목적하는 바를 이루게 된다. 상주와 배의 상인들은 보배가 있는 곳에 도착할 수 있어 본래의 목적을 성취하였다.

이와 같이 수구다라니는 불(佛)의 광명으로 인식되어 이 광명을 본 저미러어[환상 속의 큰 물고기]와 용들이 모두 자비심을 일으켜서 중생을 돕게 된다. 수구다라니 성취 의식에서 베껴 쓴 주문을 배의 깃발 위처럼 높은 곳에 매달고, 거기에서 비치는 광명의 모습은 마치 낙화놀이에서 낙화봉지들을 나뭇가지나 장대에 매어 놓은 줄에 매달아 놓고 거기에 불을 붙여 그것이 타오르는 불꽃을 보는 것과 같다.

위와 같은 이야기에서 다음과 같이 유추할 수 있다. 민간의 낙화놀이는 수구다라니 작법(作法)의식 중에서 주문을 적는 것을 제외한 불꽃놀이의 형태인 것을 알 수 있다. 그러나 사찰에서는 관화의 의미가 수구다라니 신앙과 함께 영평사 소장『오대진언집』에 직접 묵서로 수기한 '낙화법'의 기록으로 남아서, 의식의 구성과 절차가 전해졌다고 할 수 있다.

4. 낙화법의 구성과 절차

1) 예비의식

영평사가 소장한『오대진언집』에는 손으로 직접 쓴 낙화법의 절차가 기록되어 있다. 낙화법에 사용되는 재료, 실담자, 태우는 법[소하는 법], 의식에서 암송되는 진언 등 의식 차제(次第)의 주요 목록만을 열거하고 있지만, 낙화법과 관련하여 상당히 중요한 정보를 제공한다.

제목인 '낙화법' 다음에 의식에 사용하는 숯·소금·향 등의 재료를
놓고, 실담자 다음에 태우는 방법을 둔 것으로 볼 때, 낙화법 재료에
진언을 가지(加持)하여 재료를 태우는 것임을 알 수 있다. 다음 '정구
업진언, 오방진언, 개경게, 정법계진언, 계청, 수구대명왕진언, 육자진
언, 소재진언'의 순서로 진언을 염송하는 의식을 따른다.

이러한 의식의 절차는 ①예비의식, ②본(本)의식 진언, ③소재(消
災)의식 진언 등 크게 세 부분으로 구분된다.

첫째, 예비의식은 의식을 준비하는 단계를 의미하는 것으로 불·보
살·명왕을 소청(召請)하기 전에 공양물을 올려 맞이할 준비를 하는 것
이다. 인도에서는 일반적으로 네 가지 종류의 공물인 향(香)·화(花)·선
향(線香)·등불(燈明)을 올리지만, 현재 한국에서는 육법공양이라고 하
여 향·등·꽃·과일·차·쌀 등을 의식에서 공양물로 올리는 것으로 정착
되었다. 하지만 불교에서 공양물은 의식의 목적에 따라 그 종류와 수
가 변화한다. 낙화법은 죄를 소멸하고 재난을 제거하는 식재(息災)를
중심에 두고 조복(調伏)·항복(降伏)·증익(增益)을 두루 성취하게 하는
데에 목적을 두었던 의식이라는 점에서, 무엇보다 삿된 기운이나 방해
자를 쫓아내는 정화의 특성이 강한 숯·소금·향을 주된 공양물로 사용
하였던 것 같다.

『성염만덕가위노왕입성대신험염송법(聖閻曼德迦威怒王立成大神驗
念誦法)』에는 숯과 소금을 의식의 재료로 사용하여 재난을 없애어 목
숨을 수호하고 원수를 조복시키기 위하여 공물을 화로에 던져 태우는
호마의식을 행하였다.[16] 향은 안실향을 태우면서 진언을 염송하여 적
을 쫓아내고 조복시키는데 사용된다. 안실향은 나쁜 기운을 물리치고

모든 삿된 기운을 편안하게 진정시키는 효과가 있는 것으로 알려진
다.17) 낙화법에는 의식의 재료로 '향'만을 기록하고 있어서 구체적인
향의 종류는 알 수 없다. 다만 계청(啓請) 부분에서 '염만이 삼천세계
에 응화한다(焰鬘應化三千界)'는 내용으로 미루어 볼 때, 향은 염만과
관련된 의식에서 사용하는 안실향이었을 것으로 추정된다.

의식을 행하는 자는 앞에서 준비한 재료에 12개의 실담자 중에서
앞의 4실담자, 'phaṭ(?) mṛtam(?)'18)을 암송하여 진언으로 가지(加持)된
재료를 태운다는 의미로 읽을 수 있다. 'phaṭ'는 분노존의 진언으로 악
귀를 항복시키고 마장(魔障)을 사라지게 하는 힘이 있고, 'mṛtam'은
이미 죽은 자들을 의미한다. 'phaṭ mṛtam'은 의식의 장소를 정화하고
의식을 방해하는 모든 귀신과 악귀를 제거하여 결계를 행하는 역할
을 한다.

뒤의 8실담자는 oṃ vaṃ(중존, 비로자나) ni(?) trāḥ(남쪽, 보생불)
hoḥ(?) hriḥ(서쪽, 아미타불) aḥ(북쪽, 불공성취불) hūṃ(동쪽, 아촉불)
을 뜻한다. 비록 완전하게 읽을 수 있는 글자는 5자에 불과 하지만,
8자의 실담은 진심종자(眞心種字)인 훔(hūṃ), 다락(trāḥ), 하릭(hriḥ),
악(aḥ), 밤(vaṃ)을 포함하고 있다. 그리고 마지막 훔(hūṃ)은 분노존 아
촉불뿐 아니라 금강부의 종자진언으로 이 종자진언이 변화하여 무능
승대명왕으로 나타나는 것이다. 이 훔(hūṃ)은 안과 바깥의 장애를 부
수며 마군을 부수고 흩어지게 하는데 효과가 있다.

낙화법의 재료에 12실담자를 염송하여 재료를 태우고 나면 의식을
시작하기 위한 모든 준비가 된 것이다. 그 후에는 본(本)의식에 해당하
는 본진언(本眞言)으로 들어간다.

2) 본(本)의식 진언

둘째, 본의식은 '정구업진언, 오방진언, 개경게, 정법계진언, 계청문, 수구대명왕진언'으로 구성된다. 정구업진언(淨口業眞言)은 '슈리 슈리 마하슈리 수슈리 스바하(śri śri mahāśri suśri svāhā)'이다. 뜻은 '성스러움이여, 성스러움이여, 위대한 성스러움이여, 가장 뛰어난 성스러움이여, 스바하.'이다. 구업을 정화한다는 의식의 자체이지만, 그 의미는 성스럽고 위대하며 가장 뛰어난 것[가르침]에 따라 엄정(嚴淨)하게 한다는 것이다.

오방진언(五方眞言)은 '나모 사만따 붇다남 옴 두루 두루 디비 스바하(namo samanta buddhānāṃ oṃ dhuru dhuru dhivi svāhā)'이다. 뜻은 '모든 곳에 편재한 부처들께 예경합니다. 옴 두루 두루 디비 스바하'이다. 오방진언은 오방내외안위제신진언(五方內外安慰諸神眞言)으로 오방의 안과 밖의 모든 신들을 위무(慰撫)하는 차제이지만, 그 의미는 모든 곳에 두루 계신 부처들에게 예경을 드리는 것이다.

개경게(開經偈)는 게송만으로 구성되어 있으며, 그 내용은 다음과 같다. 이 게송은 경전을 독송할 때 항상 쓰이는 게송이다.

> 無上甚深微妙法 위없이 깊고 미묘한 법은
> 百千萬劫難遭遇 백천만겁에도 만나기 어려우니
> 我今見聞得受持 나는 지금 보고 듣고 받아 지녀
> 願解如來眞實義 여래의 진실한 뜻을 이해하고자 원합니다.

여래의 진실한 언어[眞實語]의 뜻을 보고, 듣고, 받아 지니고, 바르게 이해하고자 하는 지송자(持誦者)의 맹세와 소원이다.

정법계진언(淨法界眞言)은 '옴 람(oṃ raṃ)'이며, 지송자는 종자음절 raṃ을 염송한 후 계청문을 염송한다. 때로는 이 진언은 다음 게송과 함께 짝을 지어 사용하기도 한다.

羅字色鮮白 囉(ra)자의 색은 깨끗한 백색이어서
空點以嚴之 공점(●)으로 장엄하면
如彼髻明珠 마치 상투의 밝은 구슬로
置之於頂上 머리 위에 놓은 것 같네.

眞言同法界 진언이 법계와 같아서
無量衆罪除 한량없는 여러 죄가 제거되고
一切觸穢處 모두가 더러운 곳에 닿으면
當加此字門 당연히 글자의 문을 입게 되네.[19]

라(囉)는 비로자나를 상징하는 'ra' 글자이며, 가슴 위에서 'ra'자를 관상한다. 선백(鮮白)은 더러움이 없는 청정한 빛을 의미한다. 이는 불(佛)을 의미하는 화륜(火輪)을 관상한다는 뜻이다. 비로자나불의 빛으로 공(空)을 체득한 것을 상징한다. 그러나 실제 위의 『대일경』 경문에서는 '붉은 색으로 위의 있는 빛을 갖추어 염만이 주위를 두루 비춘다(赤色具威光 焰鬘遍圍繞).'라는 내용이 생략되어 있다. 앞에서 설명한 수구계 경전에서 '염만(焰鬘)이 삼천세계에 응화한다'는 것과 일맥상통하고 있음을 알 수 있다.

계청문(啓請文)의 내용은 무능승주대명왕과의 유가(瑜伽)를 설하는 내용이다. 유가(瑜伽)는 yoga를 소리 나는 대로 적은 것이며, 서로가 결합하여 하나가 된다는 뜻이다. raṃ으로부터 발산되는 빛에서 염만이 응화하여 나타나고, 여의보인을 맺은 지송자의 신체가 무능승주대명왕으로 된다고 관상(觀想)한다. 이것이 신밀(身密)이다. 이때 지송자는 무능승주대명왕이 설한 여래의 밀어인 수구대명왕진언을 염송하는데 이것이 구밀(口密)이다. 그리고 대수구대명왕과 그의 권속들의 진언을 관하여 염송하는데 이것이 의밀(意密)이다. 결국 지송자의 신업, 구업, 의업은 여래의 신밀, 구밀, 의밀과 결합하여 하나가 된다는 것이다.

이처럼 유가를 이룬 상태에서 의식을 주관하는 승려와 의식에 참석한 모든 사람들은 무량한 다라니의 힘과 공덕이 있는 수구대명왕진언(隨求大明王眞言)을 염송한다. 수구대명왕진언은 대수구대명왕대다라니를 말하며 ①근본다라니(根本陀羅尼) ②일체여래심진언(一切如來心眞言) ③일체여래심인진언(一切如來心印眞言) ④일체여래관정진언(一切如來灌頂眞言) ⑤일체여래관정인진언(一切如來灌頂印眞言) ⑥일체여래결계진언(一切如來結界眞言) ⑦일체여래심중심진언(一切如來心中心眞言) ⑧일체여래수심진언(一切如來隨心眞言)으로 구성된다.

대수구대명왕대다라니는 근본다라니(①)와 소진언(小眞言, ②~⑧)으로 이루어진다. 근본다라니는 이제까지 불러왔던 수구대명왕진언 또는 수구즉득다라니이다. 낙화법의 본의식에서 가장 중심이 되는 진언이다. 소진언 ②~⑧은 모든 부처에게 통용되는 진언인 제불통진언법(諸佛通眞言法)에 속한다. 근본다라니는 수구대명왕진언의 기본이 되는 진언이지만, 그 길이가 상당히 길어 여기에서는 대수구대명왕대다라니의 번역에 기초하여 대략적인 내용만을 설명하고, 상세한 내용은 본 책의 후반부 Ⅲ장의 '대수구대명왕대다라니의 뜻' 항목을 참조하면 된다.

①근본다라니는 우선 일체여래를 비롯하여 불·보살과 불·법·승에게 귀의의 예경을 드린 후, 일체여래를 찬탄하는 다라니가 염송된다. 그리고 나서 보호다라니(保護陀羅尼)를 염송하고, 죄업을 청정하게 정화하는 진언, 구제진언, 8난(八難) 구제진언, 금강화염진언, 관정진언, 성취진언, 번뇌소멸 진언, 일체여래불관정진언, 일체보살관정진언, 일체여래 성취진언이 염송된다. 그 후 부처의 가르침에 귀의하여 불법을 보호하고 자비심을 일으켜 중생을 구제하기로 서원하여 불교의 세계로 편입된 신중(神衆)에 대한 공양진언을 염송한다. 마지막으로 나쁜 마음과 원수와 적을 조복하는 진언을 염송하고, 만다라를 성취하는 진언, 원적을 정지(停止)하는 진언, 번영과 부유함을 성취하는 진언을 염송한다. 마지막 진언은 소재와 길상을 의미하는 진언을 염송하여 공양하는 것이다. 다음으로 일곱 개의 소진언(小眞言, ②~⑧)을 염송한다.

②일체여래심진언은 일체여래의 지혜를 정수로 하는 진언이다. 이 진언으로 지송자는 모든 죄업으로부터 안락함을 얻는다.

③일체여래심인진언은 일체여래의 심인(心印)진언이다. 대수구무능승다라니는 일체여래의 심인을 가지(加持)한 것으로 이 다라니는 모든 부처와 동등한 것으로 여겨진다. 그래서 대수구무능승다라니를 서사(書寫)하여 어깨에 걸쳐 놓거나 목에 걸고 있는 사람은 모든 여래가 가지한 것이며 모든 여래의 몸과 같다. 즉 금강과 같이 견고한 몸이며, 모든 여래장의 몸이며, 모든 여래의 눈이며, 모든 여래의 불과 같이 타오르는 광명의 몸이다. 이 사람은 파괴할 수 없는 갑옷과 투구이며, 모든 원적을 저지할 수 있으며, 모든 죄와 업장을 불태워버리며, 지옥

을 청정하게 할 수 있다.[20)

④일체여래관정진언은 일체여래삼매야만다라에 들어 일체여래의 법성에 들어가고 미묘하고 깊은 법을 증득하는 것이다. 보리도량에 도달하여 승상공덕을 얻고 불퇴전을 획득하여 무상정등보리를 증득하는 것이다. 일체여래관정은 모든 장애와 업장을 모두 청정하게 하여 일체여래를 섭수하고 가지하여 관정한다. 일체여래를 위무하고 모든 성취가 앞에 나타나게 되는 것이다.[21)

나머지 ⑤~⑧까지의 4진언은 여래의 공덕을 찬탄하는 진언이다. 의례의 구성상 일체여래관정진언에서 수행자는 일체여래의 무상보리를 증득하여 장애와 모든 업장을 소멸시키고 원하는 바를 성취하여 얻게 된다. 따라서 ⑤일체여래관정인진언, ⑥일체여래결계진언, ⑦일체여래심중심진언, ⑧일체여래수심진언은 가장 청정하고 승리자인 일체여래를 찬탄하는 것으로 본(本)의식 진언을 마친다.

3) 소재(消災)의식 진언

소재의식 진언은 육자진언(六字眞言)과 소재길상다라니(消災吉祥陀羅尼)이다. 육자진언은 '옴 마니 빠드메 훔(oṃ mani padme hūṃ)'으로 모든 죄장을 소멸시키고 공덕을 얻게 하며, 모든 진리를 포섭한 지혜의 모체로 여겨진다. 따라서 "이 진언을 염송하면 과거불이 법계를 관조하고, 현세불이 중생을 이롭게 하며, 미래불이 일체중생의 이익을 호념 한다."[22)고 한다. 마지막으로 소재길상다라니는 보변불(普遍佛)에게 예경하여 장애를 없애는 진언이자 길상을 성취하게 하는 진언이다.

위와 같이 영평사 소장본 『오대진언집』에 직접 묵서로 쓰여진 낙화법은 낙화법을 준비하는데 필요한 재료, 예비의식, 본의식 진언은 물론 소재의식 진언 등 의식의 체계적인 절차를 잘 갖추고 있다. 여기서 관등과 관화 의식의 연희적인 면은 찾아볼 수 없다. 이러한 체계적인 절차는 관화가 광명이나 불빛을 관상하는 불교의례의 과정이며 수행의 한 방편임을 잘 드러내 준다. 결국 관화와 수구다라니 신앙이 결합하여 불교의례인 낙화법이 완성되었다는 의미로 해석할 수 있다. 이것이 낙화법이 가지는 의의이다.

5. 나가는 말

지금까지 영평사 소장 『오대진언집』에 묵서로 쓰여 있는 '낙화법'에 주목하여, 수구다라니 신앙을 중심으로 낙화법의 기원과 의례 구성을 분석하였다. 『고려사』에서 연등회와 관련하여 나타나는 용어는 관등·연등·관화·화산희·화산 등이었다. 이들 용례 중에 낙화의 개념과 일치하는 용어는 '관화(觀火)'였으며, 낙화의 기원이 여기에 있음을 밝혔다.

기존 연구에서는 관화를 '불꽃놀이를 구경하다' 정도로 이해하여 연희적인 특성이 부각되었으나, 본 연구에서는 신앙 의례적 측면에서 접근하여 '불꽃 화염을 본다'로 해석할 수 있는 근거로 삼았다. 이것은 연등회가 소재도량과 함께 개설되면서 소재도량에서 행해지는 밀교의 호마의식에서 '타오르는 불꽃을 보는 것'을 관화의 시작으로 보는 것이다. 1352년 공민왕 원년에 연등회와 연희가 병행하는 화산(火山)의 설행은 '화산의 불꽃 화염을 보는 것'이 재난과 재앙을 제거하여 왕실의 안녕과 국가의 평안을 기원하는 의식의 의미로 이해되었다. 고려시대 연등회의 관등(觀燈)과 관화는 부처에게 공양한 공덕으로 국가와 백성의 평안과 안정을 도모하고, 현세에서 재난과 재앙을 소멸시키는 의미를 함축하고 있다. 낙화법은 이러한 관등과 관화 의식을 기원하여 전승된 의식이었다.

다음은 낙화의식의 소의경전인 수구계통의 경전을 통하여 낙화법과 수구다라니 신앙과의 관계를 다음과 같이 정리할 수 있다. 수구다라니주를 봉안한 곳에는 큰 광명이나 큰 불덩이가 나타나는데 이를 본 자는 지옥으로부터 구제되어 천계에 태어나고, 다라니를 서사·수지·공양한 공덕으로는 바다에서 액난을 만나더라도 재앙이 소멸된다. 수구다라니가 불(佛)의 광명으로 인식되어 모든 재앙과 재난을 소멸한다는 것은 관화의 소재적 특성과 맥락을 같이한다.

수구다라니 신앙을 염두에 두면서, 영평사 소장본『오대진언집』에 수기된 낙화법의 의식 구성과 절차를 분석하였다. 낙화법의 절차는 크게 ①예비의식 ②본의식 진언 ③소재의식 진언으로 나눌 수 있으며, 각각의 다라니 번역에 기초하여 절차에 따라 지닌 의미를 설명하였다.

예비의식은 의식을 준비하는 단계로 불·보살·명왕을 소청하기 전에 공양물을 올려 맞이할 준비를 하는 것이다. 낙화법에서는 공양물로 숯·소금·향을 사용하며, 묵서되어 있는 12실담진언(4자+8자)을 염송하고 태우면서, 본의식 진언으로 들어간다.

본의식 진언은 정구업진언-오방진언-개경게-정법계진언-계청-수구대명왕진언으로 구성된다. 정구업진언부터 개경게까지는 정화와 예경, 서원을 하는 단계이며, 정법게진언은 법계를 상징하는 진언인 람(raṃ)자를 관상하여 수행의 장소를 청정한 법계로 바꾸는 것이다. 그리고 계청문은 무능승주대명왕을 소청하는 단계이며, 지송자(持誦者)는 무능승주대명왕과 유가(瑜伽)하여 수구대명왕진언을 염송한다. 이때 지송자(持誦者)의 신체는 무능승주대명왕이며, 지송자가 입으로 염송하는 진언은 무능승주대명왕의 진언이며, 대수구대명왕과 그 권속들의 목적과 기능을 관하면서 염송해야 한다.

수구대명왕진언은 근본다라니와 소진언으로 구성된다. 근본다라니는 일체여래에 대한 귀의와 예경을 하고 일체여래를 찬탄하는 다라니이다. 그 내용은 대부분 지송자를 보호하고, 죄업을 청정히 하며, 여덟 가지 재난으로부터 구제를 하며, 번뇌를 소멸하여 원하는 바를 성취하는 것이다. 또한 원수와 적을 조복하고, 정지시키고, 번영과 부유함을 성취하는 뜻도 포함하고 있다. 다라니의 주된 내용은 소재이며, 소재를 통하여 길상(吉祥)을 성취한다는 의미를 지닌다.

소진언은 일곱 개의 진언으로 구성되며, 일체여래심진언(一切如來心眞言), 일체여래심인진언(一切如來心印眞言), 일체여래관정진언(一切如來灌頂眞言)이 중심이다. 지송자는 일체여래심진언으로 모든 죄업으로부터 안락함을 얻고, 일체여래심인진언으로 금강과 같이 견고한 일체여래의 몸이 되며, 일체여래관정진언으로 일체여래삼매야만다라에 들어 일체여래의 법을 증득한다. 즉 지송자는 일체여래관정진언으로 모든 장애와 업장을 청정하게 하여 일체여래로부터 관정을 수여받아 모든 원하는 바를 성취하게 된다. 소진언 가운데 나머지 4개 진언은 일체여래관정인진언(一切如來灌頂印眞言), 일체여래결계진언(一切如來結界眞言), 일체여래심중심진언(一切如來心中心眞言), 일체여래수심진언(一切如來隨心眞言)으로 일체여래를 찬탄한다는 내용이다.

마지막 소재의식 진언은 육자진언과 소재길상다라니이다. 육자진언은 불(佛)의 가르침을 함축한 지혜의 모체로 모든 이의 죄와 번뇌를 소멸시킨다. 소재길상다라니는 보변불(普遍佛)에게 예경하여 장애를 없애고 길상을 성취하게 한다.

이와 같이 낙화법은 소재의 특성이 강한 의식이라는 것을 알 수 있다. 의식에 사용하는 공물도 정화력이 강한 숯·소금·향이며, 수기로 표기된 실담자도 'phat(?) mṛtam(?)'을 사용하여 악귀를 항복시키고 마장을 소멸하는 힘을 지닌 진언이다. 또한 수구대명왕진언인 근본다라니도 현세의 모든 재난과 재앙을 제거하고 길상을 성취하는 의미의 진언이다.

이와 같은 내용은 다음과 같이 말할 수 있다. 고려시대 연등회 의례의 관등과 관화는 처음부터 소재의 의미를 포함하고 있는 것으로 인식되었다. 특히 낙화법에서는 화산을 통해서 불꽃화염을 보는 것 그 자체가 불(佛)의 광명이었으며, 소재의식의 설행은 모든 장애와 고난을 곧바로 없애 길상과 지혜를 성취하는 의칙(儀則)으로 완성된다. 이러한 의칙을 갖춘 의례가 영평사 소장본『오대진언집』에 묵서로 수기된 낙화법이며, 구하는 바를 즉시 얻는 '수구대명왕진언'의 염송을 방편으로 한 불교수행이라고 정의할 수 있다.

/ 주 /

1) 〈동아일보〉 1921년 3월 16일 기사 : 평양관화대회복구(平壤觀火大會復舊)
   평양에서는 음력 4월 8일에 낙화희(落火戱)를 개최하는 습관이 있는바 만
   근(輓近)은 주최하는 곳이 없음으로 자연히 폐지하였으나 이들 유희는 지
   방관객을 다수 인치(引致)하여 상업상 효과가 없지 않음으로 9일 상의임시
   평매회에서 부회장 박?양씨의 제안으로 오는 음력 4월8일에 관화회(觀火
   會)를 개최하기로 결정하였는대 방법은 내주(來週) 상임회의소 평의원회에
   서 결정할터이나 비용은 대략 시내상업가의 원조로 할터이오. 시내 각신문
   사에 교섭하여 후원을 득하리라더라.(평양)

2) 최연주, 「中世 불교행사로서의 觀燈과 변화 양상」, 동의대학교 동아시아문
   물연구소, 『문물연구』 제30집, 2016, 94쪽.

3) 『삼국유사(三國遺事)』 3권에는 보천이 울진국 장천굴에 머무르며 수구다라
   니의 암송을 낮과 밤의 일과로 삼았더니 굴의 신(神)이 현신하여 보살계의
   수계를 청하였다는 기록이 있다(常汲服其靈洞之水 故晚年肉身飛空到流沙江
   外蔚珎國掌天窟停止 誦隨求陁羅尼日夕爲課 窟神現身白云 "我爲窟神已二千
   年 今日始聞隨求真詮 請受菩薩戒"). 또 '백성산사전대길상탑중납법침기(百
   城山寺前臺吉祥塔中納法臻記)'에 의하면, 성산사 앞에 있는 길상탑에 봉안
   한 경전 목록 중 '수구즉득대자재다라니(隨求卽得大自在陀羅尼)'가 포함되
   어 있는 것은 통일신라시대 '수구즉득대자재다라니'를 탑 안에 봉안한 사례
   이다.

4) 『高麗史』, 世家, 太祖 26年., "其六日 朕所至願 在於燃燈八關 燃燈所以事
   佛 八關所以事天靈及五嶽名山大川龍神也 後世姦臣建白加減者 切宜禁止
   吾亦當初誓心 會日不犯國忌 君臣同樂 宜當敬依行之."

5) 『高麗史節要』, 1009년 1월 16일(陰)., "壬申 御詳政殿觀燈 大府油庫灾 延燒
   千秋殿 王見殿宇府庫煨燼 悲嘆成疾 不聽政…(중략)…閉諸宮門 戒嚴 唯開
   長春大定門 仍設救命道場於長春乾化二殿."

6) 『高麗史』, 世家, 高宗., "壬戌 燃燈 親設消災道場."

7) 『高麗史』, 世家, 恭愍王., "王以佛生日 燃燈禁中 飯僧一百 設火山·雜戱 奏
   妓樂."

8) 『高麗史』, 世家, 恭愍王., "幸辛旽家 觀燃燈·火山."

9) 『高麗史』, 世家, 恭愍王., "癸酉 王觀火山戱."

10) 『高麗史』, 世家, 仁宗., "丁丑 設無能勝道場于選軍廳三七日 從妙淸之言也."

11) 寶思惟, 『佛說隨求即得大自在陀羅尼神呪經』, 대정장 20, 640쪽하7., "大梵
當知 昔有比丘有少信心 於如來戒有所缺犯而行偸盜 現前僧物及常住僧物
四方僧物獨將入已 而是比丘後遇重病受大苦惱 有一優婆塞婆羅門起大慈悲
書此神呪繫病比丘頸下 繫已應時一切病苦悉皆消滅 於後壽盡命終墮於阿鼻
地獄 其比丘屍殯在塔中呪在屍上 其比丘塔今由現在滿足城南 因此比丘暫
入地獄 諸受罪者所有苦痛 悉得止息普得安樂 其地獄中所有火聚亦皆消滅
是時獄卒見是事已甚大驚怪 具以上事白閻羅王 時閻羅王告獄卒言 是大威
德先身舍利 汝等可往滿足城南看有何物 (…중략…) 見塔光明如大火聚 於
其塔中見比丘屍 屍上有此隨求即得大自在陀羅尼神呪 復有諸天圍繞守護
於時獄卒見此呪力不可思議 遂號此塔名爲隨求即得 是時獄卒尋即迴還 具
所見事白閻羅王 其此比丘承此呪力罪障消除 即得生於三十三天 因號此天
名爲隨求即得天子."

12) 那連提耶舍, 『佛說施燈功德經』, 대정장 16, 805쪽중2., "復次 舍利弗 佛塔
廟中布施燈明 彼善男子 善女人於臨終時 更復得見四種光明 何等爲四 一
者於臨終時 見於日輪圓滿涌出 二者見淨月輪圓滿涌出 三者見諸天衆一處而
坐 四者見於如來應正遍知坐菩提樹 垂得菩提 自見己身 尊重如來 合十指掌
恭敬而住 舍利弗 是名於佛塔廟布施燈已 臨命終時 得見如是四種光明."

13) 那連提耶舍, 『佛說施燈功德經』, 대정장 16, 805쪽하2., "復次 舍利弗 於佛
塔廟施燈明已 死便生於三十三天 生彼天已 於五種事而得淸淨 舍利弗 云
何彼天於五種事而得淸淨 一者得淸淨身 二者於諸天中得殊勝威德 三者常
得淸淨念慧 四者常得聞於稱意之聲 五者所得眷屬常稱彼意 心得欣喜 舍利
弗 是名彼天於五種事而得淸淨."

14) 『五大眞言集』 隨求即得大自在陀羅尼 啓請文 참조.

15) 『佛說隨求即得大自在陀羅尼神呪經』, 대정장 20, 640쪽하29., "復次大梵 如
消阿魏大城之中 有一長者名毘藍婆 庫藏盈溢金銀充滿多饒財穀 於是長者
身作商主 乘大船舶入於大海 於大海中遇低彌黎魚欲壞其船 海中龍王復生
瞋怒 起大霹靂雨金剛雹 爾時諸人極大憂怖 是時商主告諸商人 汝等勿怖我
有方計 於此厄難畢得解脫 衆商人言善哉善哉 其時商主尋即如法 書寫此呪
安置幢頭 其魚應時即見此船 有大光明如大火聚 其魚退縮彼諸龍等 見是相
已悉起慈心 是時商主及諸商人 心大歡喜得達寶所."

16) 『聖閻曼德迦威怒王立成大神驗念誦法』, 대정장 21.

17) 민태영 외, 『경전 속 불교식물』, 아담북스, 2011, 191쪽.

18) 12개의 실담자 중에서 앞의 4실담자는 'phaṭ(?) mṛtam(?)'으로 읽었다. 정자

실담체가 아니고 묵서로 수기된 실담자이기 때문에 정확히 알 수는 없지만, 첫 번째 실담자는 'pha'이고, 세 번째 실담자는 'mṛ'이다. 이 두 글자가 진언에서 사용되는 용례를 『오대진언집』에서 검토하면, 'pha+ṭ'와 'mṛ+tam'으로 쓰이는 것을 알 수 있다. 'phaṭ'는 악귀를 항복시키는 힘을 지닌 진언이고, 'mṛtam'은 죽은 자들을 뜻한다. 따라서 'phaṭ mṛtam'을 모든 악귀와 귀신을 항복시키고 의식의 결계를 하는 것으로 보았다.

19) 善無畏,『大日經』, 대정장 18., "囉字色鮮白 空點以嚴之 如彼髻明珠 置之於頂上 設於百劫中 所積眾罪垢 由是悉除滅 福慧皆圓滿 彼真言曰 南麼三曼多勃馱喃嚂 真言同法界 無量眾罪除 不久當成就 住於不退地 一切觸穢處 當加此字門 赤色具威光 焰鬘遍圍繞 次為降伏魔 制諸大障故 當念大護者 無能堪忍明.". 인용문은 『대일경』 본문에서 밑줄친 부분만을 간략히 한 게송이다.

20) 『普遍光明淸淨熾盛如意寶印心無能勝大明王大隨求陀羅尼經』卷上, 대정장 20, 620쪽하20~621쪽상3., "大梵當知此大隨求無能勝陀羅尼 是一切如來心印之所加持 有大神驗汝當受持當此陀羅尼等同諸佛 於後末法之時 短命薄福無福不修福者 如斯有情作利益故 大梵此大隨求陀羅尼 依法書寫繫於臂上 及在頸下 當知是人是一切如來之所加持 當知是人等同一切如來身 當知是人是金剛堅固之身 當知是人是一切如來藏身 當知是人是一切如來眼 當知是人是一切如來熾盛光明身 當知是人是不壞甲冑 當知是人能摧一切怨敵 當知是人能燒一切罪障 當知是人能淨地獄趣."

21) 『大寶廣博樓閣善住祕密陀羅尼經』卷中, 대정장 19, 628쪽상22~28., "纔灌頂已 先世一切罪障 一切業障悉皆淸淨 得一切如來攝受 一切如來加持 一切如來灌頂 一切如來安慰 一切悉地現前 所思所求皆得滿願 即成入一切如來三昧耶曼茶羅 入一切如來法性 證甚深法忍 往詣菩提場獲得如是等勝上功德 乃至獲得不退轉證無上正等菩提."

22) 허일범,『한국의 진언문화』, 해인행, 2008, 78쪽~79쪽.

[4] 수기(手記) 낙화법과 『오대진언집(五大眞言集)』

정 왕근 | 중앙대학교 문헌정보학과 박사, 서지학 전공

1. 『오대진언집』 해설 및 수기(手記) 낙화법

『오대진언집』(이하 '오대진언'이라 함)은 다섯 종류의 진언을 실담 (悉曇)을 쓰고, 한글과 한자로 음을 병기하여 표기한 책이다.[1] 오대진 언에 수록된 다라니는 ①사십이수진언(四十二手眞言) ②신묘장구대 다라니(神妙章句大陀羅尼) ③수구즉득다라니(隨求卽得陀羅尼) ④대 불정다라니(大佛頂陀羅尼) ⑤불정존승다라니(佛頂尊勝陀羅尼)이며, 권 말에 『영험략초(靈驗略抄)』가 합간(合刊)되어 있다. 오대진언 가운데 ①~④은 당나라 승려 불공(不空, 705~774, Amoghavajra)이 한문으로 번역하였으며, 맨 마지막 '불정존승다라니'는 인도 승려 불타파리(佛

陀波利, ~676~, Buddha-pāla)가 한역하였다고 적고 있다. 이 기록은 해당 경전과 관련해서 이명(異名)을 보이는 경우가 있어, 앞으로 정밀한 조사와 분석이 필요한 내용이다. 그러나 한자 진언을 정음[한글] 진언으로 옮긴이가 누구인지는 역자(譯者) 표시가 없어 정확히 알 수 없지만, 인수대비(仁粹大妃, 1437~1504) 발원 왕실본의 발문을 작성한 당대 학승인 학조(學祖, ?~?)일 것으로 추정한다.2)

조선시대에 유통된 오대진언의 주요 판본은 다음과 같다.

연번	계통	행자수	간행지	간행처	간행년	소장처	비고
1	독자본	8행16자	경상 공산	원통암	1484	기림사	
2	왕실본(원본)	9행15자	한양	왕실	1485	상원사	인수대비 발원, 학조 발문
3	왕실본 계통	9행15자	경상 진주	철굴	1531	국립중앙도서관	
4	왕실본 계통	9행15자	황해 묘향산	도솔암	1534	미상	*실물 확인 못함
5	왕실본 계통	9행15자	황해 황주	심원사	1535	화봉문고	
6	왕실본 계통	9행15자	전라 담양	용천사	1538	송광사	
7	왕실본 계통	9행15자	경상 풍기	철암	1550	지암정사	
8	왕실본 계통 (변형)	9행15자	충청 서산	강당사	1604	하와이대학교 해밀턴도서관	판목 일부 현존 (개심사)
9	왕실본 계통	9행15자	충청 은진	쌍계사	1634	원각사	
10	왕실본 계통	9행15자	미상	미상	16C	대성사	
11	왕실본 계통	9행15자	미상	미상	16C	개인	
12	왕실본 계통	9행15자	미상	미상	17C	영평사	*2020년 10월 조사

조선시대에 간행된 오대진언 판본은 크게 두 계통으로 나누어진다. 첫 번째는 한글이 없는 실담(悉曇)·한문본으로 구성하여 간행한 1484년 원통암본이다. 권말 발문에 따르면 명암(明菴) 스님이 노기삼(魯其三)·정평선(鄭平善) 등의 시주자들과 실담·한문 오대진언 합부를 중

간(重刊)했는데, 이는 당시 실담(발문에는 '梵字'로 표기함)을 풀어 놓은 경문이 거의 없어 학자들이나 이를 외우는 사람들의 걱정이 더욱 심해졌기 때문이라고 한다. 갑진(1484)년 봄에 각공(刻工)을 모으고 판을 닦아 그 해 봄에 간행 완료하였다.3)

두 번째는 실담·한문·한글본으로 1485년 인수대비의 발원으로 간행된 왕실본이다. 이 판본은 앞서 간행된 원통암본에 한글 음을 추가로 더해 실담, 정음, 한문 등 3개 언어를 한 세트로 병렬하여 간행하였다. 조선시대에 유통된 오대진언 판본은 이 판본을 모본으로 중간(重刊) 혹은 개간(開刊)한 판본들이 주를 이룬다. 다만, 1604년 강당사에서 간행된 판본은 이 왕실본을 모본으로 하되 변상과 권미제(卷尾題)를 별도로 판각하여 만든 일종의 변형된 판본이라 할 수 있다.4) 또한 시기적으로는 15세기 후반에 2종, 16세기 초반에 5종, 17세기 초반에 2종으로 주로 16세기를 전후로 하여 집중적으로 간행된 특징을 보인다. 지리적으로는 경상도에서 3종, 충청도와 황해도에서 각 2종, 한양과 전라도에서 각 1종, 그리고 간행지역 미상이 3종으로 비교적 전국 각지에서 고르게 간행되었다.

이번에 새로 발견된 미상본(12번)의 서지사항은 다음과 같다.

五大眞言集 / 不空 譯. [刊行地 未詳] : [刊行處 未詳], [17世紀 後半]
四周雙邊, 半郭 18.3×13.3cm, 有界, 半葉 9行15字, 上下黑口;上下黑魚尾(混入 上下3葉花紋魚尾); 26.5×17.2cm
墨書 : 忠淸右道公州麻谷寺梅花堂冊主道弘次持 壬寅(?)四月十七日五大呪經道弘(泓)謹書; 本來萬奇寺住持所冊

欄外記名 : 丙寅生絹氏, 尹氏玄淑, 甲午生孝參(수구즉득다라니)

　　미상본『오대진언집』의 판식 특징을 살펴보면 행자수, 변란, 계선,
상하대흑구 등 모든 면에서 1485년 인수대비 발원본(왕실본)의 계통의
특징을 보여주고 있다. 다만 간행기록이 없어 간행시기를 알 수는 없
지만, 기존에 간행된 왕실본 계통의 다른 판본들과 비교해 본 결과 동
일한 판본을 찾을 수 없었다. 따라서 이 판본은 왕실본 계통의 판본에
속하나 기존의 판본들과는 다른 새로 간행된 판본으로 추정된다.[5] 다
만 원간본이나 같은 계통의 다른 판본들에 비해 판각 솜씨가 떨어지고
판심의 어미도 흑어미와 3엽화문어미가 섞여 있는 점으로 보아 17세
기 후반이나 그 이후에 간행되었을 것으로 추정된다.

　　표지 안 쪽에 있는 묵서의 기록으로 보아 임인(壬寅)년 4월에 마곡
사 매화당에 있던 도홍(道弘 혹은 道泓)이라는 스님이 소장하고 있던
책임을 알 수 있는데 도홍이라는 스님의 행적을 확인할 수 없어 임인
년을 특정할 수 없다. 간행시기에 맞춰 생각해 본다면 빠르면 1662년,
혹은 1722년이나 1782년 정도로 추정된다.

　　이 외에도 '수구즉득다라니경'의 변란 바깥쪽에 '丙寅生絹氏', '尹
氏玄淑', '甲午生孝參' 등의 이름들이 보이고 있는데, 이 책을 간행할
때 종이 등을 시주한 사람들의 이름으로 추정되지만 다른 판본들의 난
외 기명(欄外 記名)과 비교했을 때 동일인을 찾을 수 없어 이 역시 간
행연도 추정에는 도움이 되지 않는다.

　　또한 이 판본은 '사십이수진언'의 서미(書尾)에 진언에 대한 한글
묵서가 더러 표기되어 있으며, '불정존승다라니' 마지막에 묵서로 '낙
화법'에 대한 진언들이 적혀 있는 점이 특징이다.

이 판본을 조사한 결과는 크게 두 가지로 정리할 수 있다. 첫째는 이 판본은 거칠게 판각한 흔적을 보이고는 있으나, 이제까지 보고된 적이 없는 새로운 판본이다. 둘째는 '불정존승다라니' 마지막 장 여백에 묵서로 수기된 '낙화법'의 '수구대명왕진언'은 오대진언 중에 하나인 수구즉득다라니리를 가리키고 있다.

2. 『오대진언집』 판본(板本) 현황

『오대진언집』 판본을 비교할 때 주의할 점이 있다. 오대진언이 항상 갖추어져 있는 책도 있지만, 다섯 종류가 낱낱으로 유통되기도 하며, 때로는 『영험략초』와 합철되기도 한다. 이 사실은 판본 비교에 다양한 경우를 생각해야 한다는 뜻이다. 참고해야 할 판본이 늘어나는데, 후반부에 적어놓은 〈보조자료〉는 이를 보충하여 수정할 수 있는 자료이다.

1) 五大眞言集(경상 공산 원통암 1484)
- 四周單邊, 半郭 16.9×11cm, 無界, 半葉 8行16字, 無魚尾
  皇明成化20年甲辰(1484)季春 公山圓通庵開刊
- 合刊 : 靈驗略抄
- 邊欄 外 : 金剛杵(p.6)
- 跋文 :
釋子明菴 與施主 魯其三 鄭平善等 重刊梵字漢文交書 五大眞

言合部 請余跋其尾 予拙不敢爲辭 觀其經書 觀世音菩薩 爲諸衆
生 三十二應各手眞言 度濟苦海之誓願 抑亦千手千眼照破迷冥之
正路 然梵字解者百無一二本 經文希有 故凡學者誦者患之尤深
比丘明菴遠邁留心 掛囊立錫焂然刊板印施 無窮之意 甲辰之春
請工修板 不憚劬勞 上元始刊 暮春畢刊…….

- 緣化秩 :

河陽縣監 金永鼎, 前提控 金二老, 大施主 金慶兩主, 大施主 申
哲兩主, 大施主 李干達 兩主, 金尙德 兩主, 金卜進 兩主, 大非,
粉加, 金萬福 兩主, 高善儀 兩主……大施主 魯其三 兩主, 大施
主 鄭平善 兩主, 大施主 朴貴存 兩主; 刻手 正心, 祖林; 幹善 山
衲 明菴

- 소장처 : 기림사

2) 五大眞言集(한양 왕실 1485)

- 四周單邊, 半郭 17.4×12.8cm, 有界, 半葉 9行15字, 上下黑口;
  上下內向黑魚尾

- 合刊 : 靈驗略抄(諺解)/12行14字, 乙亥字(小字)

- 跋文 :

仁粹王大妃殿下 愍世道之薄後緩 時流之急思 所以切於時 而利
於人者 無偕於五大眞言 不尊禪定 不探義理 而但今持誦 則獲福
一如經說 叔世利人之方 莫斯爲最也 然此經梵漢奇奧 讀者病之
於是求得唐本注 諺重刊印而施之庶 使便於誦習而無利鈍之差
逸於佩守 而莫貴賤之異 奉持猶簡 而冥資則悉均箇箇得趣向 之

分 人人違菩提之岸功 被四生見聞躋解脫之境德 及存亡幽顯返
常樂之 鄕以至祖宗先靈咸資妙援抑……成化21年乙巳(1485)孟
夏 山人臣學祖敬跋
- 소장처 : 상원사

3) 五大眞言集(경상 진주 철굴 1531)
- 四周雙邊, 半郭 17.1×11.9cm, 有界, 半葉 9行15字, 上下黑口;
  上下內向黑魚尾

嘉靖10年辛卯(1531) 慶尙道晋州智異山鐵窟開刊以傳臣(神)興寺
- 刻手秩 戒心, 戒珠; 施主秩 大施主 金欣金 兩主, 施主 善德,
  郭亐石, 姜?知, 雲淡, 惠泉, 靈一, 惠寬6), 剋善, 敬濟, 允熙, 泓
  通, 思囧, 處安……; 供養主 玄旭; 幹善 玉修, 秀庵
- 소장처 : 국립중앙도서관

4) 五大眞言集(황해 묘향산 도솔암 1534)
  *실물 확인 못함

5) 五大眞言集7)(황해 황주 심원사 1535)
- 四周單邊, 半郭 17.4×12.2cm, 有界, 半葉 9行15字, 大黑口;上
  下內向黑魚尾

嘉靖14年乙未(1535) 五月日深源寺留板
- 合刊 : 靈驗略抄
- 施主秩 :

大施主 崔末同 兩主, 大施主 崔尋同 兩主, 大施主 銀非, 大施主
軍山, 尋漢, 軍非, 安福同 兩主, 仲德只, 一非, 長守求, 金於同
兩主……; 刻手 儀淸, 法通, 尋牛; 鍊板 法悅; 飯頭 覺?…….

• 欄外記名 :

李諸山, 金象根 兩主(간기), 徐自武, 田孝陳日, 金德生根非, 李
終孫 兩主, 高界孫 兩主, 金時孫, 李芿叱同莫德只(사십이수진
언), 仇內隱同, 崔斤守, 保功將軍 金斤孫, 金仁凡(신묘장구'다라
니), 前万戶安孝根, 沈莫同, 李莫同, 側臺, 李戒孫(수구즉득다라
니), 春德, 高孫金(?), 崔仍邑山, 李斤武, 金守山壹德, 李孝達, 六
行, 先非(대불정다라니), 姜哲石, 金長孫, 長孫(불정존승다라니),
吳有孫香今(영험략초)/동양문고

• 欄外記名 :

田孝陳日, 金德生根非(사십이수진언), 金仁凡(신묘장구다라니),
李諸山(간기)/화봉문고

• 소장처 : 화봉문고, 동양문고[8)]

6) 五大眞言集(전라 담양 용천사 1538)

• 四周單邊, 半郭 17.4×12.2cm, 有界, 半葉 9行15字, 大黑口;上
下內向黑魚尾

嘉靖17年(1538)季夏日 全羅道潭陽地秋月山龍泉寺重刊

• 施主秩 :

大施主 明修, 寶訓, 元惠, 知海, 空樂, 信會……;開刊 道式, 熙
印, 學晶, 釋雄; 鍊板 尋岑; 供養主 惠寬; 幹善 性還 比丘

- 欄外記名 :

明修, 行心, 信生(?), 新祖, 祖雄, 克仁(사십이수진언), 戒淳, 崔叔福, 達修, 道峯, 明修, ?田(수구즉득다라니), 禪密, 玲熙, 信安, 淡月(대불정다라니),

- 소장처: 송광사

7) 五大眞言集(경상 풍기 철암 1550)
- 四周單邊, 半郭 17.4×12.2cm, 有界, 半葉 9行15字, 大黑口;上下黑魚尾

嘉靖29年庚戌(1550)4月日 慶尙道豊基地小白山哲菴開板

- 合刊: 靈驗略抄
- 施主秩 :

一祖, 幸思, 一禪, 哲石 兩主, 張春山 兩主……; 鍊板 圓悟; 供養主 智熙, 熙尙, 從貞; 幹善 智(?)玄

- 소장처 : 지암정사9)

8) 五大眞言集(충청 서산 강당사 1604)
- 四周雙邊, 半郭 17.5×12.3cm, 有界, 半葉 9行15字, 上下3葉花紋魚尾

萬曆32年甲辰(1604)12月 瑞山地迦倻山講堂寺開刊

- 施主秩 :

大施主 崔近壽 兩主……; 供養 泫眞, 德敏, 志原; 化士 雄俊

- 소장처 : 개심사 목판 인경본10), 하와이 대학교 도서관

9) 五大眞言集(충청 은진 쌍계사 1634)

- 四周雙邊, 半郭 17.3×12.5cm, 有界, 半葉 9行15字, 上下黑口; 上下內向黑魚尾

崇禎7年甲戌(1634)八月日 公淸道恩津地 佛明山雙溪寺重刊

- 合刊 : 靈驗略抄
- 欄外記名 :

崔還 兩主, 劉世 兩主, 柳應生 兩主, 趙禾乙里 兩主, 比丘 信弘 (사십이수진언), 論永代 兩主, 尹弘知 兩主, 金氏於叱德 兩主, 王應男 兩主, 李文甲 兩主, 李孝甲 兩主, 命今 兩主, 李德男 兩主, 任氏莫德 兩主, 金益江 兩主, 金德龍 兩主, 長七文 兩(主), 朴難福 兩主, 申貴龍 兩主 (신묘장구다라니), 金龍 兩主, 鄭氏仁化伊 兩主, 李得永 兩主, 文破回 兩主(대불정다라니), 申守直 兩主, 金彦?, 金氏德只 兩主(불정존승다라니), 梁於叱福 兩主, 李冲旺 兩主, 比丘 一岩, 任千里 兩主, 李高大 兩主(영험략초)

- 施主秩 :

金大奉, 比丘 德惠, 奉德, 大施主 趙乭同 兩主, 大施主 林永業 兩主, 板子大施主 崔只每 兩主, 布施大施主 王應男, 供養大施主 李訥守, 大施主 金郁 兩主; 助緣 玄覺 比丘; 刻手 守伊 比丘, 戒天 比丘; 連板 學信 比丘; 化士 淸信 趙啓善 兩主; 供養主 一勳 比丘

- 소장처 : 원각사

10) 五大眞言集(미상)
- 四周雙邊, 半郭 18×13cm, 有界, 半葉 9行15字, 上下黑口;上下內向黑魚尾
- 소장처 : 대성사

11) 五大眞言集(미상)
- 四周雙邊, 半郭 17×12.5cm, 有界, 半葉 9行15字, 上下黑口;上下內向黑魚尾
- 소장처 : 개인

12) 五大眞言集(미상)
- 四周雙邊, 半郭 17.5×12.2cm, 有界, 半葉 9行15字, 上下黑口;上下黑魚尾(混入 上下3葉花紋魚尾)
- 墨書 :
忠淸右道公州麻谷寺梅花堂册主道弘次持 壬寅四月十七日五大呪經道弘(泓)謹書, 本來萬奇寺住持所册; 낙화법 묵서(불정존승다라니 뒤)
- 欄外記名 : 丙寅生絹氏, 尹氏玄淑, 甲午生孝參(수구즉득다라니)
- 소장처 : 영평사

3. 보조자료

1) 佛說千手千眼觀自在菩薩廣大圓滿無碍大悲心陀羅尼經
   (전라 고산 운문사 1746)
   - 四周雙邊, 半郭 20.7×19.7cm, 有界, 半葉 10行17字, 上下2葉
     花紋魚尾
   乾隆11年丙寅(1746)4月日 高山雲門寺開刊 時住持智印比丘
   - 施主秩 :
   大施主 採演比丘 爲亡師天俊靈駕生淨刹...; 三綱 靑雲比丘, 義
   珹比丘;
   - 緣化秩 :
   大化主 克察比丘; 刻員 六觀比丘; 都監兼別座 印機比丘; 校正
   宇觀比丘, 朴夢瑞, 金德範; 筆授 河聖圖
   - 소장처 : 관문사

2) 佛說千手千眼觀自在菩薩廣大圓滿無碍大悲心陀羅尼經
   (충청 덕산 가야사 1762)
   - 圖, 四周雙邊, 半郭 20.7×19.7cm, 有界, 半葉 10行20字, 上下
     內向黑魚尾
   乾隆27年壬午(1762)仲春 忠清道德山伽倻山伽倻寺留板
   - 卷末 : 刻字 別訓, 瑞明; 義圓 書
   - 소장처 : 송광사

3) 佛說千手千眼觀自在菩薩廣大圓滿無碍大悲心陀羅尼經
   (경기 광주 봉은사 1857)
   • 四周單邊, 半郭 16.4×11.5cm, 有界, 半葉 10行17字, 上下向黑
     魚尾
   咸豊7年丁巳(1857)4月日 廣州修道山奉恩寺藏板
   • 소장처 : 송광사

4) 靈驗略抄(諺解)**(경기 한성 교서관 1485)**
   • 四周雙邊, 半郭 17.5×12.5cm, 無界, 半葉 12行14字, 上下大黑
     口 黑魚尾
   • 소장처 : 상원사

5) 靈驗略抄(諺解)**(경상 풍기 철암 1550)**
   • 四周雙邊, 半郭 17.3×12.3cm, 有界, 半葉 12行14字, 黑口;上下
     黑魚尾
   嘉靖29年庚戌(1550)4月日 慶尙道豊基地小伯山哲庵開板
   • 소장처 : 동국대

/ 주 /

1) 지관 편저, 『가산불교대사림』제16책, 「오대진언」 항목 서울: 가산불교문화연구원, 2015, 709쪽 참조.

2) 김무봉, 「영험약초언해 연구」, 『한국어문학연구』제57집, 2011년, 13쪽 참조.

3) 釋子明蕃 與施主 魯其三 鄭平善等 重刊梵字漢文交書 五大眞言合部 請余跋其尾 子拙不敢爲辭 觀其經書 觀世音菩薩 爲諸衆生 三十二應各手眞言 度濟苦海之誓願 抑亦千手千眼照破迷冥之正路 然梵字解者百無一二本 經文希有故凡學者誦者患之尤深 比丘明蕃遠邁留心 掛囊立錫愍然刊板印施 無窮之意甲辰之春 請工修板 不憚劬勞 上元始刊 暮春畢刊……

4) 강당사본은 현재 목판으로만 현전하며 실물은 발견되지 않은 상태이다. 다만, 현재 남아 있는 경판으로 인출한 판본을 보면 수구즉득다라니가 시작하는 부분 왼편에 변상이 들어가 있다. 이는 1485년 왕실판본을 저본으로 하는 계통의 판본과는 다른 특징을 보이고 있으며, 독자적으로 간행된 판본으로 추정된다. 또한 『수구즉득다라니경』이 끝나는 부분에 '五大眞言隨求經終'이란 글자와 행을 달리하여 간행기록과 시주질이 시작되는데, 이 또한 1485년 왕실본과 다른 특징을 보여준다. 다만 본문의 배치가 범문, 언문, 한문의 구조로 되어 있는 것은 왕실본과 같은 형식을 가지며 행자수도 동일하다. 이를 통해 추정컨대 강당사본은 1485년 왕실본을 저본으로 하되 권수와 권말 부분을 저본과 달리하여 판각한 독자적인 판본이라 할 수 있다. 또한 어미도 '상하내향3엽화문어미'로 왕실본의 '상하내향흑어미'와 다른 특징을 갖는다.(보물 제1967호 오대진언 목판). 이 자료는 현재 국내에서는 실물로 발견되지 않았고 하와이대학교 해밀턴 도서관에 소장된 것으로 목록상으로는 확인된다. 실제 자료를 확인할 수 없어 개심사에 남아 있는 판목으로 인쇄된 자료를 참고하였다.

5) 단, 1534년 도솔암본은 실물을 확인할 수 없어서 대조해 볼 수 없었다.

6) 1538년 용천사본의 시수질에서는 공양주 역할수행. 두 판본 간행에 모두 참여함.

7) 1535년 심원사본은 심원사본은 '영험략초' 본문이 끝나는 다음 행에 검은색으로 목판이 칠해진 것이 특징임.

8) http://kostma.korea.ac.kr/dir/viewIf?uci=RIKS+CRMA+KSM-WO.1485.0000-20140423.

9) 지암정사 소장본은 영험략초 첫 장과 간기 등이 중간에 들어 있음(제책 시

착간이 이뤄진 듯 함).

10) 강당사본은 현재 목판으로만 현전하며 실물은 발견되지 않은 상태이다. 다만, 현재 남아 있는 경판으로 인출한 판본을 보면 수구즉득다라니가 시작하는 부분 왼편에 변상이 들어가 있다. 이는 1485년 왕실판본을 저본으로 하는 계통의 판본과는 다른 특징을 보이고 있으며, 독자적으로 간행된 판본으로 추정된다. 또한 수구즉득다라니경이 끝나는 부분에 '五大眞言隨求經終'이란 글자와 행을 달리하여 간행기록과 시주질이 시작되는데, 이 또한 1485년 왕실본과 다른 특징을 보여준다. 다만 본문의 배치가 범문, 언문, 한문의 구조로 되어 있는 것은 왕실본과 같은 형식을 가지며 행자수도 동일하다. 이를 통해 추정컨대 강당사본은 1485년 왕실본을 저본으로 하되 권수와 권말 부분을 저본과 달리하여 판각한 독자적인 판본이라 할 수 있다. 또한 어미도 '상하내향3엽화문어미'로 왕실본의 '상하내향흑어미'와 다른 특징을 갖는다(보물 제1967호 오대진언 목판).

[5] 사진 자료 및 도판

1. 영평사 소장본 『오대진언집』의 묵서 내용

1) 표지 및 표지 내지

겉표지	속지

2) 신묘장구대다라니(神妙章句大陀羅尼)의 근대 한글표기

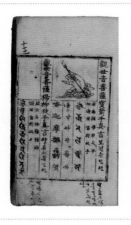 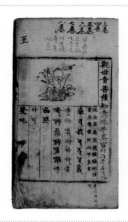

2. 영평사 소장본 『오대진언집』의 수기 낙화법

수기 낙화법	수기 내용
	낙화법 탄•소곰•향 실담자 소하는 법•정구업진언•오방진언 개경게•정법계진언•계수연화태장교 수구대명왕진언•육자진언•소재진언云云

3. 국립무형유산원 소장자료

- 촬영 : 1920년대 무라야마 지준(村山 智順)
- 소장 : 일본 노무라 신이치(野村 伸一)는 소장하고 있던 무라야마 지준(村山 智順)의 사진첩의 사진을 2019년 1월 한국 국립무형유산원에 기증

1) 관등(觀燈)

사진3) 앞	뒤

	觀燈 十四年/六八八-上/ 朝鮮の習俗 四十二/中 七/二十三

- 사진 상단 우측에 매달아 놓은 숯봉지

상단 우측	숯봉지

- 『朝鮮の쩝俗』(1925, 朝鮮總督府, 68쪽)에 실려 있는 내용

사월(四月)

4월 8일은 석가탄신일로 이를 '욕불일(浴佛日)'이라고 칭하고 있다. 이날에는 남녀 모두 의상(衣裳)을 갈아입지만, 특히 아녀자는 '팔일장(八日粧)'이라고 하여 공들여 치장하고 논다. 또 이날 밤을 '등석(燈夕)'이라고 하여 저녁 무렵이 되면 집집이 종이로 만든 등롱(燈籠)으로 불을 밝힌다. 그리고 남녀가 경쟁하듯 높은 곳으로 올라가 이를 구경한다. '관등(觀燈)'은 이를 가리키는 말로 원래 개성(開城)이 본고장이었지만, 지금은 경성(京城)에서도 자주 행해지고 있다.

2) 등석(燈夕)

앞	뒤
	四月八日 燈夕 開城

4. 무라야마 지준(村山 智順) 『朝鮮の鄕土娛樂』의 연날리기

『朝鮮の鄕土娛樂』(1941) 345쪽	그림	내용
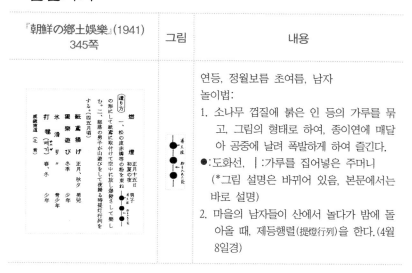		연등, 정월보름 초여름, 남자 놀이법: 1. 소나무 껍질에 붉은 인 등의 가루를 묶고, 그림의 형태로 하여, 종이연에 매달아 공중에 날려 폭발하게 하여 즐긴다. ●:도화선, ｜:가루를 집어넣은 주머니 (*그림 설명은 바뀌어 있음, 본문에서는 바로 설명) 2. 마을의 남자들이 산에서 놀다가 밤에 돌아올 때, 제등행렬(提燈行列)을 한다.(4월 8일경)

5. 득중정어사도(得中亭御射圖)

* 조선왕조실록에 보이는 화산대(火山臺)놀이는 정조의 화성행행도 8폭 중에 그림으로 확인되고 있다. 수원화성박물관 소장 득중정어사도(得中亭御射圖)(원본 도쿄예술대학미술관 소장)

득중정어사도	땅에 화약을 묻고 터트리는 모습
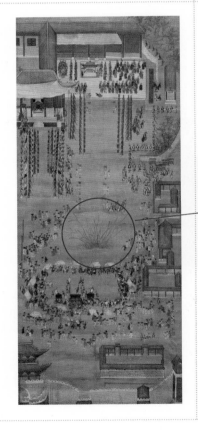	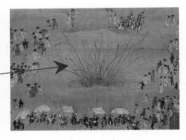

[설명]

- 득중정어사도(得中亭御射圖) : 이 그림은 1795년 정조(재위 1776~
  1800)가 수원으로 행궁을 나아간 행차의 여섯째 날 윤 2월 14일
  오후의 광경이다. 득중정에서 신하들과 활쏘기를 하고 나서 혜
  경궁을 모시고 매화포를 터뜨리는 것을 구경하는 모습을 그린
  그림이다.
- 불꽃놀이는 명종(재위 1545~1567) 16년(1561) 관화라는 이름으로
  기록이 있고, 약 240년이 지나 정조의 수원행궁 득중정어사도의
  모습으로 다시 드러난다.

[6] 낙화법의 의례절차

- 준비물 : 숯, 향, 소금, 숯봉지와 심지 만들 한지, 실담자를 쓸 재료 등
- 예비의식 : 의례절차에 따라 낙화법에 필요한 재료를 준비하고, 숯봉지를
            만드는 의식
- 본의식 : 실제 불을 밝히며 불빛과 화염을 보며 수구즉득다라니를 염송하
          는 의식
- 소재의식 : 염송한 내용으로 도량의 목적을 성취하는 내용
- 축원과 회향 의식 : 의식에 참여한 모든 이를 위한 축원과 회향

1. 예비의식

- 낙화법에 필요한 재료, 도구, 공양물을 미리 준비한다(숯, 소금,
  향, 한지 등).
- 행사를 주관하는 자와 참여하는 자는 모두 깨끗한 마음을 가지도
  록 한다.
- 의식에 모두 함께 참여할 수 있도록 독송집을 마련한다.
- 의식을 행하는 장소를 장엄하고 결계한다.
- 의식에 참여하고자 하는 모든 사람들을 설행하는 곳에 모이도록
  한다.

2. 본의식

정구업진언(淨口業眞言)

śri śri mahāśri suśri svāhā

슈리 슈리 마하슈리 수슈리 스바하

성스러움이여, 성스러움이여, 위대한 성스러움이여, 가장 뛰어난
성스러움이여, 스바하.

오방진언(五方眞言)

namo samanta buddhānāṃ oṃ dhuru dhuru dhivi svāhā

나모 사만따 붇다남 옴 두루 두루 디비 스바하

모든 곳에 편재한 부처님들께 예경합니다. 옴 두루 두루 디비 스
바하.

개경게(開經偈)

無上甚深微妙法　무상심심미묘법

百千萬劫難遭遇　백천만겁난조우

我今見聞得受持　아금견문득수지

願解如來眞實義　원해여래진실의

위없이 깊고 미묘한 법은
백천만겁에도 만나기 어려우니
나는 지금 보고 듣고 받아 지녀
여래의 진실한 뜻을 이해하고자 원합니다

佛說金剛頂瑜伽最勝秘密成佛隨求卽得神變加持成就陀羅尼 啓請
불설금강정유가최승비밀성불수구즉득신변가지성취다라니 계청

稽首蓮華胎藏敎   계수연화태장교
無邊清淨總持門   무변청정총지문
普遍光明照十方   보변광명조시방
焰鬘應化三千界   염만응화삼천계

연화태장의 가르침에 머리숙여 절합니다
끝없이 청정한 총지문이
두루 미친 광명은 시방세계를 비추고
염만(焰鬘)이 삼천세계에 응화하네

如意寶印從心現   여의보인종심현
無能勝主大明王   무능승주대명왕
常住如來三昧中   상주여래삼매중
超證瑜伽圓覺位   초증유가원각위

여의보인은 마음 따라 나타나니
무능승주대명왕은
항상 여래삼매 속에 머물며
유가의 원각위(圓覺位)를 속히 증득하네

毘盧遮那尊演說　비로자나존연설
金剛手捧妙明燈　금강수봉묘명등
流傳密語與衆生　유전밀어여중생
悉地助修成熟法　실지조수성숙법

비로자나존이 설법할 때
금강수보살은 묘한 밝은 등을 받쳐 들고
밀어(密語)를 전하여 중생에게 베풀어
성취[悉地]를 도와 닦게 하여 법을 성숙하게 하네

汚濁愚迷心覺悟　오탁우미심각오
誓求無上大菩提　서구무상대보리
一常讚念此微詮　일상찬념차미전
得證如來無漏智　득증여래무루지

오탁의 미혹한 마음을 깨우쳐
무상의 대보리 구하기를 서원하고
항상 이 법문을 찬탄하고 염한다면
여래의 무루지를 증득하네

諦想觀心月輪際　체상관심월륜제
凝然不動觀本尊　응연부동관본존
所求願滿稱其心　소구원만칭기심
故號隨求能自在　고호수구능자재

생각을 명료하게 하여 심월륜을 관하고
확고히 본존을 관하면
구하는 바를 원만히 만족하니 그 마음을 일컬어
수구능자재라고 부르네

依敎念滿洛叉遍　의교념만낙차변
能攘宿曜及災神　능양숙요급재신
生生值此陀羅尼　생생치차다라니
世世獲居安樂地　세세획거안락지

가르침에 따라 10만번을 염하여
반드시 숙요 및 재앙 신을 물리치고
날 때마다 이 다라니를 지니고
그때마다 안락지를 얻으리

見世不遭諸狂橫　견세부조제광광
火焚水溺及災殃　화분수익급재앙
不被軍陳損身形　불피수익급재앙
盜賊相逢自安樂　도적상봉자안락

세간의 모든 횡액과
화재, 익사 내지 재앙을 만나지 않고
군진에서 몸을 상하지 않고
도적을 만나더라도 저절로 안락하네

縱犯波羅十惡罪　　종범바라십악죄
五逆根本及七遮　　오역근본급칠차
聞誦隨求陀羅尼　　문송수구다라니
應是諸惡皆消滅　　응시제악개소멸

바라이죄와 십악죄
오역근본죄와 칠역죄를 범하더라도
수구다라니를 듣고 암송하면
이 모든 악을 모두 소멸시키네

陀羅尼力功無量　　다라니력공무량
故我發心常誦詩　　고아발심상송시
願迴勝力施含靈　　원회승력시함령
同得無爲超悉地　　동득무위초실지

다라니의 힘과 공덕은 무량하니
내가 발심하여 항상 시를 송하니
승력을 중생들에게 베풀어
함께 초실지를 얻게 하옵소서

佛說一切如來普遍光明焰鬘淸淨熾盛思惟如意寶印心無能勝總持大
隨求大明王大陀羅尼 曰
불설일체여래보변광명염만청정치성사유여의보인심무능승총지대수
구대명왕대다라니 왈

* 진언의 내용은 '대수구대명왕대다라니의 뜻' 참조(147쪽)

일체여래심진언(一切如來心眞言)

일체여래심인진언(一切如來心印眞言)

일체여래관정진언(一切如來灌頂眞言)

일체여래관정인진언(一切如來灌頂印眞言)

일체여래결계진언(一切如來結界眞言)

일체여래심중심진언(一切如來心中心眞言)

일체여래수심진언(一切如來隨心眞言)

3. 소재의식

육자진언(六字眞言)

oṃ maṇi padme hūṃ

옴 마니 빠드메 훔

옴 보석 연꽃이여 훔.

소재길상다라니(消災吉祥陀羅尼)

namaḥ samanta buddhānāṃ apratihata śāsanānāṃ tadyathā
oṃ kha kha khāhi khāhi hūṃ hūṃ jvala jvala prajvala prajvala tiṣṭha
tiṣṭha sphaṭa sphaṭa śāntika śrīye svāhā

나마하 사만따 붇다남 아쁘라띠하따 샤사나남 따드야타
옴 카 카 카히 카히 훔 훔 즈발라 즈발라 쁘라즈발라 쁘라즈발라
띠슈따 띠슈따 스파따 스파따 샨띠까 슈리예 스바하

보변불에게 예경합니다. 장애가 없는 가르침에 예경합니다. 진언
은 다음과 같다. 옴 카 카 카히 카히 훔 훔 광명이여, 광명이여,
화염이여, 화염이여, 일어서라, 일어서라, 스파타 스파타 재앙으로
부터 보호하소서.

4. 축원

* 축원(의식을 준비한 사람, 의식을 진행한 사람, 의식에 참여한 모
  든 이를 위한 내용으로)

5. 회향

* 회향게 또는 반야심경
* 의식을 끝마친 모든 이들은 파한다.

Ⅲ. 수구즉득다라니(隨求卽得陀羅尼) 번역 및 문헌자료

[1] 대수구대명왕대다라니(大隨求大明王大陀羅尼)의 뜻

〈내용 순서〉
- 첫째 : 실담자 로마자표기
- 둘째 : 현대 읽기
- 세째 : 뜻(번역문)

1. 근본다라니(根本陀羅尼)
   수구즉득다라니(隨求即得陀羅尼)의 뜻

Buddha-bhāṣitaṃ-sarvatathāgatā-samanta-jvala-mālā-viśuddhe-sphurita-cintāmaṇi mudrā-hṛdaya-aparājita-dhāraṇī-mahā-pratisarā-mahā-vidyā-rāja-mahā-dhāraṇī

붇다 바쉬땀 사르바따타가따 사만따 즈발라 말라 비슌데 스푸리따 찐따마니 무드라 흐르다야 아빠라지따 다라니 마하 쁘라띠사라 마하 비드야 라자 마하 다라니

부처님이 말씀하셨다. 일체여래보변광명염만청정치성여의보인심 무능승대수구대명왕대다라니를.

namaḥ sarvatathāgatānāṃ namo

나마하 사르바 따타가따남 나모

귀의합니다. 모든 여래들에게 귀의합니다.

namaḥ sarvabuddhabodhisattva buddhadharmasaṃghebhyaḥ

나마하 사르바 붇다 보디산뜨바 붇다 다르마 삼게바야하

모든 불·보살과 불(佛)·법(法)·승(僧)에게 귀의합니다.

Oṃ vipulagarbhe vipulavimale jayagarbhe vajrajvālāgarbhe
gatigahane gaganaviśodhane sarvapāpaviśodhane

옴 비뿔라 가르베 비뿔라 비말레 자야 가르베 바즈라 즈발라 가르
베 가띠 가하네 가가나 비쇼다네 사르바 빠빠 비쇼다네

옴 광대한 태장이여, 광대한 무구(無垢)여, 승리의 태장이여, 금강
화염 태장이여, 고통을 사라지게 하는 자여, 허공 청정 여존이여,
일체 죄장 청정 여존이여.

Oṃ guṇavati gagariṇi giri giri gamari gamari gaha gaha gargāri
gargāri gagari

gagari gambhari gambhari

옴 구나바띠 가가리니 기리 기리 가마리 가마리 가하 가하 갈가리
갈가리 가가리 가가리 감바리 감바리

옴 공덕을 지닌 자여, 가가리니, 기리, 기리, 가마리, 가마리, 가하,
가하, 갈가리, 갈가리, 가가리, 가가리, 감바리, 감바리.

gati gati gamani gare guru guru guruni cale acale mucale jaye vijaye
sarvabhayavigate

가띠 가띠 가마니 가레 구루 구루 구루니 짤레 아짤레 무짤레 자예
비자예 사르바 바야 비가떼

가띠, 가띠, 가마니, 가레, 구루여, 구루여, 구루니여, 움직이는 자
여, 부동(不動)자여, 무짤라여, 승리자여, 정복자여, 모든 두려움을
사라지게 하는 자여.

garbhasaṃbharaṇi siri siri miri miri giri giri samantākarṣaṇi
sarvaśatrupramathani rakṣa rakṣa mama sarvasattvānāṃ ca viri viri
가르바 상바라니 시리 시리 미리 미리 기리 기리 사만따까르사니
사르바 샤뜨루 쁘라마타니 락샤 락샤 마마 사르바 삿뜨바남 짜 비
리 비리

태장을 낳는 분이여, 시리 시리, 미리 미리, 기리 기리, 권속들을
끌어당기는 자여,
모든 적을 정복하는 자여, 저와 모든 중생들을, 보호하소서, 보호
하소서, 비리 비리.

vigatāvaraṇa bhayanaśani suri suri ciri ciri kamale vimale jaye
jayāvahe jayavati bhagavati ratnamakuṭamālādhari
비가따바라나 바야 나샤니 수리 수리 찌리 찌리 까마레 비마레 자
에 자야바헤 자야바띠 바가바띠 라뜨나 마꾸타 말라 다리

장애를 사라지게 하는 자여, 두려움을 사라지게 하는 자여, 수리,
수리, 찌리, 찌리, 연꽃을 지닌 여존이여, 청정한 여존이여, 승리자
여, 승리를 지닌 여존이여, 존귀한 자여, 보관과 화환을 지닌 여존
이여.

bahuvividhavicitraveṣarūpadhāriṇi bhagavati mahāvidyādevī rakṣa
rakṣa mama sarvasattvānām ca samantasarvatra
바후 비비다 비찌뜨라 베샤 루빠 다리니 바가바띠 마하 비디야 데
비 락샤 락샤 마마 사르바 사뜨바남 짜 사만따 사르바뜨라

많은 다양한 아름다운 형상과 모습을 지닌 여존이여, 존귀한 자
여, 대명비(大明妃)여, 저와 모든 중생들을 모든 곳에서, 보호하소

서, 보호하소서.

sarvapāpaviśodhani huru huru nakṣatramālādhāriṇi rakṣa rakṣa māṃ mama anāthasya trāṇa parāyaṇa parimocaya me sarvaduḥkebhyaḥ
사르바 빠빠 비쇼다니 후루 후루 나끄샤뜨라 말라 다라니 락샤 락샤 맘 마마 아나타스야 뜨라나 빠라야나 빠리모짜야 메 사르바 두케뱌하

일체 죄장 청정 여존이여, 후루 후루, 진주 목걸이를 지닌 여존이여, 저를 보호하소서, 보호하소서, 저와 보호자가 없는 자에게 궁극의 피난처인 자여, 저를 모든 고통으로부터 완전히 해방시키소서.

caṇḍi caṇḍi caṇḍini vegavati sarvaduṣṭanivaraṇi śatrupakṣapramathani vijaya vāhini huru huru muru muru curu curu āyuḥpālani suravaramathani sarvadevatāpūjite dhiri dhiri samantāvalokite prabhe prabhe suprabhaviśuddhe sarvapāpaviśodhane
짠디 짠디 짠디니 베가바띠 사르바 두스타니바라니 샤뜨루 빡샤쁘라마타니 비자야 바히니 후루 후루 무루 무루 쭈루 쭈루 아유빨라니 수라바라 마타니 사르바 데바따 뿌지떼 디리 디리 사만타아바로끼떼 쁘라베 쁘라베 수쁘라바 비슈데 사르바 빠빠 비쇼다네

짠디여, 짠디여, 짠디니여, 베가바띠여, 모든 나쁜 장애와 적을 파

괴하는 자여, 승리의 전사자여, 후루 후루 무루 무루 쭈루 쭈루 생명의 보호자여, 인드라를 파괴하는 여존이여, 모든 신들에게 숭배 받는 자여, 디리, 디리, 두루 보는 자여, 빛나는 여존이여, 빛나는 여존이여, 아름다운 청정 여존이여, 일체 죄장 청정 여존이여.

dhara dhara dharaṇi dhara dhare sumu sumu ru ru cale cālaya anuṣṭhāṃ pūraya me āśāṃ śrīvapurdhanaṃjayakamale kṣiṇi kṣiṇi varadāṅkuśe
다라 다라 다라니 다라 다레 수무 수무 루 루 짤레 짤라야 두스탐 뿌라야 메 아샴 슈리바뿌르다남 자야까마레 크시니 크시니 바라당꾸세

다라, 다라, 보존하는 여신이여, 다라, 다레, 수무 수무, 루 루, 움직이는 자여, 성공을 움직이게 하라, 나의 소원을 충족시켜라, 아름다운 모습을 한 승리의 연꽃을 지닌 여존이여, 끄시니여, 끄시니여, 소원의 갈고리를 지닌 여존이여.

oṃ padmaviśuddhe śodhaya śodhaya śuddhe bhara bhara bhiri bhiri bhuru bhuru maṅgalaviśuddhe pavitramukhe khaḍgini khaḍgini khara khara
옴 빠드마비슌데 쇼다야 쇼다야 슌데 바라 바라 비리 비리 부루 부루 망갈라비슌데 빠비뜨라무케 카드기니 카드기니 카라 카라

옴 연화 청정 여존이여, 청정해져라, 청정해져라, 청정한 자여, 낳아라, 낳아라, 비리 비리 부루 부루, 청정한 행복을 지닌 여존이여, 신성한 얼굴을 지닌 여존이여, 검을 지닌 여존이여, 검을 지닌 여존이여, 자르는 자여, 자르는 자여.

jvaritaśire samantaprasāritāvabhāsitaśuddhe jvala jvala
sarvadevagaṇasamākarṣaṇi satyavrate tara tara tāraya māṃ
즈바리따 시레, 사만따 쁘라사리따 아바브하시따 슌데 즈발라 즈발라 사르바 데바 가나 사마까르사니 사띠야브라떼 따라 따라 따라야 맘

빛나는 정수리를 지닌 여존이여, 두루 널리 비추는 청청한 여존이여, 화염이여, 화염이여, 모든 신의 무리를 두루 불러내는 자여, 진실한 서원자여, 구제하소서, 구제하소서, 저를 구제하소서.

nāgavilokite lahu lahu hunu hunu kṣiṇi kṣiṇi sarvagrahabhakṣaṇi
piṅgali piṅgali cumu cumu sumu sumu cumu cale tara tara
nāgavilokini tārayatu māṃ bhagavati aṣṭamahābhayebhyaḥ
나가비로끼떼 라후 라후 후누 후누 끄시니 끄시니 사르바 그라하 박샤니 뼁갈리 뼁갈리 추무 추무 수무 수무 추무 짤레 따라 따라 나가비로끼니 따라야뚜 맘 바가바띠 아슈따 마하 바예바야하

나가비로끼떼여, 라후 라후, 후누 후누, 크시니여, 크시니여, 모든 행성을 삼키는 자여, 황갈색 여존이여, 황갈색 여존이여, 추무 추무, 수무 수무, 추무, 움직이는 자여, 구제하소서, 구제하소서, 나가비로끼니여, 존귀한 자여, 여덟 가지 재난으로부터 저를 구제하소서.

samudrasāgaraparyantam pātālagaganatalam sarvatrāsamantena diśābandhena vajraprākāre vajrapāśabandhanena

사무드라 사가라 빠리얀땀 빠딸라 가가나 딸람 사르바뜨라 사만떼나 디샤반데나 바즈라쁘라까레 바즈라 빠샤반드헤나

바다와 바다 가장자리에서, 지하와 허공에서, 모든 곳에서, 속박된 지역에서, 금강장벽에서 금강올가미의 구속에서.

vajrajvālāviśuddhe bhuri bhuri garbhavati garbhaviśodhani kukśih sampūranī

바즈라 즈발라 비슌데 부리 부리 가르바바띠 가르바비쇼다니 꾹시히 삼뿌라니

금강화염 청정 여존이여, 부리 부리, 태장을 지닌 여존이여, 태장 청정 여존이여, 부유한 여신이여, 아이를 잉태한 분이여.

jvala jvala cala cala jvālini

즈발라 즈발라 짤라 짤라 즈발리니

화염이여, 화염이여, 움직임이여, 움직임이여, 광명을 지닌 여존이여.

pravarṣatu devasamantena divyodakena amṛtavarṣaṇi devatā devatā
dhāraṇī abhiṣiñcatu me

쁘라바르샤뚜 데바사만떼나 디브요다께나 아므르따바르샤니 데바
따 데바따 다라니 아비신짜뚜 메

비를 내려라, 시방의 모든 신들과 신의 물로, 불사의 비여, 신성의
다라니여, 저를 관정해주소서.

sugatavaravacanāmṛtavaravapūṣe rakṣa rakṣa mama sarvasattvānāñca
sarvatra sarvadā sarvabhayebhyaḥ sarvopodravebhyaḥ
sarvopasargebhyaḥ

수가따 바라바짜나무르따 바라바뿌세 락샤 락샤 마마 사르바삳뜨
바난짜 사르바뜨라 사르바다 사르바바예바야하 사르보쁘드라베바
야하 사르보빠사르게바야하

최고로 상서로운 불멸의 말을 지닌 가장 아름다운 여존이여, 저
와 모든 중생을, 언제, 어디서나, 모든 공포로부터, 모든 재난으로

부터, 모든 불행으로부터, 보호하소서, 보호하소서.

sarvaduṣṭabhayabhītebhyaḥ
sarvakalikalahavigrahavivadaduḥsvapnadurnimitta amaṅgalya
pāpavināśani
사르바 두스타바야비떼바야하 사르바 깔리 깔라하 비그라하 비바
다 두흐스바쁘나 두르니미따 아망갈야 빠빠 비나샤니

모든 악, 공포, 두려움으로부터, 모든 불화, 싸움, 다툼, 분열, 논
쟁, 악몽, 흉조, 불길함을 사라지게 하소서, 죄장의 파괴자여.

sarvayakṣarākṣasanāganivāraṇi
사르바 약샤 락샤사 나가 니바라니

모든 야차, 나찰, 용을 막는 자여.

saraṇisare bala bala balavati jaya jaya jayatu māṃ sarvatra
sarvakālaṃ sidhyantu me imāṃ mahāvidyāṃ
사라니 사례 발라 발라 발라바띠 자야 자야 자야뚜 맘 사르바뜨라
사르바깔람 시디얀뚜 메 이맘 마하 비드얌

길을 가는 중에, 대력(大力)이여, 대력이여, 큰 힘을 지닌 자여, 승리자여, 승리자여, 제가 언제 어디서나 승리하게 하소서, 제가 이 위대한 주를 성취하게 하소서.

sādhaya sādhaya sarvamaṇḍalasādhani ghātaya sarvavighnāṃ
사다야 사다야 사르바 만다라 사다니 가따야 사르바 비그남

모든 만다라의 성취자여, 성취하게 하소서, 성취하게 하소서, 모든 장애를 파괴하소서.

jaya jaya siddhe siddhe susiddhe sidhya sidhya budhya budhya
bodhaya bodhaya pūraya pūraya pūraṇi pūrani pūraya me āśāṃ
자야 자야 신데 신데 수신데 신다야 신다야 붇다야 붇다야 보다야
보다야 뿌라야 뿌라야 뿌라니 뿌라니 뿌라야 메 아샴

승리자여, 승리자여, 성취자여, 성취자여, 뛰어난 성취자여, 성취하게 하라, 성취하게 하라, 자각하게 하라, 자각하게 하라, 깨어나게 하라, 깨어나게 하라, 충족시켜라, 충족시켜라, 완성의 여신이여, 완성의 여신이여, 나의 소원을 충족시켜라.

sarvavidyaadhigatamūrte jayottari jayavati tiṣṭha tiṣṭha samayam anupālaya tathāgatahṛdayaśuddhe vyavalokayatu māṃ

사르바 비드야 아디가따 무르떼 자요따리 자야바띠 띠슈따 띠슈따 사마얌 아누빨라야 따타가따 흐르다야 슏데 브야바로까야뚜 맘

모든 주문에 통달한 화신이여, 최고의 승리자여, 승리를 지닌 여존이여, 머물러라, 머물러라, 서원을 지켜라, 여래의 청정한 심장을 지닌 여존이여, 저를 살펴 보호하소서.

aṣṭabhimahādāruṇahayebhyaḥ sāra sāra prasara prasara sarvāvaraṇa viśodhani

아슈따비 마하 다루나 바에바야하 사라 사라 쁘라사라 쁘라사라 사르바바라나 비쇼다니

여덟 가지 혹독한 대재난으로부터, 파괴자여, 파괴자여, 벗어나라. 벗어나라. 일체 장애 청정 여존이여.

samantākāramaṇḍalaviśuddhe vigate vigate vigatamalaviśodhani kṣiṇi kṣiṇi sarvapāpaviśuddhe malavigate

사만따까라 만다라 비슏데 비가떼 비가떼 비가따말라 비쇼다니 끄시니 끄시니 사르바빠빠 비슏데 말라 비가떼

보변만다라 청정 여존이여, 사라지게 하는 자여, 사라지게 하는
자여, 번뇌 소멸 청정 여존이여, 크시니여, 크시니여, 일체 ~
청정 여존이여, 번뇌를 사라지게 하는 자여.

tejavati vajravati trailokyādhiṣṭhite svāhā
sarvatathāgatabuddhābhiṣikte svāhā sarvabodhisattvābhiṣikte svāhā
sarvadevatābhiṣikte svāhā
떼자바띠 바즈라바띠 뜨라이로캬디슈띠떼 스바하 사르바 따타가따
붇다비식떼 스바하 사르바 보디삳뜨바비식떼 스바하 사르바 데바
따비식떼 스바하

빛을 지닌 자여, 금강을 지닌 자여, 항삼세에 머무는 자여, 스바
하, 일체여래불관정(一切如來佛灌頂)에 스바하, 일체보살관정(一切
菩薩灌頂)에 스바하, 일체존격관정(一切尊格灌頂)에 스바하.

sarvatathāgatahṛdayādhiṣṭhitahṛdaye svāhā
sarvatathāgatasamayasiddhe svāhā
사르바 따타가따 흐르다야디슈띠따 흐르다에 스바하 사르바 따타
가따 사마야 싣데 스바하

일체여래의 심장에 머무는 심장에 스바하. 모든 여래의 서원 성
취에 스바하.

indre indravati indravyavalokite svāhā brahme brahmādhyūṣite svāhā
viṣṇu namaskṛte svāhā maheśvaravanditapūjitāye svāhā
인드레 인드라바띠 인드라 브야바로끼떼 스바하 브라흐메 브라
흐마디유시떼 스바하 비슈누 나마스끄르떼 스바하 마헤슈바라
반디따 뿌지따예 스바하

인드라 여존이여, 인드라를 지닌 여존이여, 인드라가 보는 여존이
여, 스바하. 브라흐마 여존이여, 브라흐마가 머무는 곳에 스바하.
비슈누께 경배하며 스바하. 대자재천께 칭송과 예배하며 스바하.

vajradharavajrapāṇi balavīryādhiṣṭhite svāhā
바즈라다라 바즈라빠니 발라 비리야디슈띠떼 스바하

금강을 지닌 금강수여, 대력 용맹에 머무는 자여, 스바하.

dhṛtarāṣṭrāya svāhā virūḍhakāya svāhā virūpākṣāya svāhā
vaiśravaṇāya svāhā caturmahārājanamaskṛtāya svāhā
드르따라슈뜨라야 스바하 비루다까야 스바하 비루빡샤야 스바하
바이슈라바나야 스바하 짜뚜르 마하 라자 나마스 끄르따야 스바하

지국천왕께 스바하. 증장천왕께 스바하. 광목천왕께 스바하. 다문
천왕께 스바하. 사대왕께 경배하며 스바하.

yamāya svāhā yamāpūjita namaskṛtāya svāhā

varūṇāya svāhā mārutāya svāhā mahāmārūtāya svāhā

agnaye svāhā nāgavilokitāya svāhā

야마야 스바하 야마뿌지따 나마스끄르따야 스바하

바루나야 스바하 마루따야 스바하 마하 마루따야 스바하

아그나에 스바하 나가비로끼따야 스바하

야마천께 스바하. 야마께 공양 경배하며, 스바하.

바루나(水天)께 스바하. 마루따(風天)께 스바하. 마하 마루따(大風天)께 스바하. 아그니(火天)께 스바하. 나가비로끼따께 스바하.

devagaṇebhyaḥ svāhā nāgagaṇebhyaḥ svāhā

yakṣagaṇebhyaḥ svāhā rākṣasagaṇebhyaḥ svāhā gandharvagaṇebhyaḥ

svāhā asuragaṇebhyaḥ svāhā garuḍagaṇebhyaḥ svāhā

kiṃnaragaṇebhyaḥ svāhā mahoragagaṇebhyaḥ svāhā

데바가네바야하 스바하 나가가네바야하 스바하

약사가네바야하 스바하 락샤사가네바야하 스바하 간다르바가네바야하 스바하 아수라가네바야하 스바하 가루다가네바야하 스바하

낀나라가네바야하 스바하 마호라가가네바야하 스바하

신중에게 스바하. 나가 무리에게 스바하. 야차 무리에게 스바하.

나찰 무리에게 스바하. 간다르바 무리에게 스바하. 아수라 무리에게 스바하. 가루다 무리에게 스바하. 긴나라 무리에게 스바하. 마

호라가 무리에게 스바하.

mānuṣyebhyaḥ svāhā amānuṣyebhyaḥ svāhā sarvagrahebhyaḥ svāhā
sarvanakṣatrebhyaḥ svāhā sarvabhūtebhyaḥ svāhā sarvapretebhyaḥ
svāhā sarvapiśācebhyaḥ svāhā sarvāpasmārebhyaḥ svāhā
sarvakumbhāṇḍebhyaḥ svāhā sarvapūtanebhyaḥ svāhā
sarvakaṭapūtanebhyaḥ svāhā
마누시에바야하 스바하 아마누시에바야하 스바하 사르바그라헤바
야하 스바하 사르바 낙샤뜨레바야하 스바하 사르바 부떼바야하 스
바하 사르바 쁘레떼바야하 스바하 사르바 삐샤쩨바야하 스바하 사
르바 아빠스마레바야하 스바하 사르바 꿈반데바야하 스바하 사르
바 뿌따네바야하 스바하 사르바 까따뿌따네바야하 스바하

모든 인간을 위하여 스바하. 모든 비인간을 위하여 스바하. 모든
악한 행성을 위하여 스바하. 모든 정령을 위하여 스바하. 모든 아
귀를 위하여 스바하. 모든 악귀를 위하여 스바하. 모든 아빠스마
라를 위하여 스바하. 모든 꿈반다를 위하여 스바하. 모든 뿌따나
를 위하여 스바하. 모든 까따뿌따나를 위하여 스바하.

Oṃ dhuru dhuru svāhā Oṃ turu turu svāhā Oṃ muru muru svāhā
옴 두루 두루 스바하 옴 뚜루 뚜루 스바하 옴 무루 무루 스바하

옴 두루 두루 스바하. 옴 뚜루 뚜루 스바하. 옴 무루 무루 스바하.

hana hana sarvaśatrunāṃ svāhā daha daha svaduṣṭapraduṣṭānāṃ svāhā
paca paca sarvapratyarthikapratyamitrāṃ ye mama svāhā ahitaiṣiṇāḥ
하나 하나 사르바 샤뜨루남 스바하 다하 다하 스바두슈따 쁘라두슈
따남 스바하 빠짜 빠짜 사르바 쁘라띠야르티까 쁘라띠 아미뜨람 에
마마 스바하 아히떼시나하

죽여라, 죽여라, 모든 적들을, 스바하. 태워라, 태워라, 자신의 죄
와 중죄를, 스바하. 태워라, 태워라, 모든 반대자와 적을, 저에게
이익 되지 않은 것을, 스바하.

teṣāṃ sarveṣāṃ śarīraṃ jvālaya duṣṭa cittānāṃ svāhā
jvalitāya svāhā prajvalitāya svāhā
dīptajvalaya svāhā samantajvālāya svāhā
maṇibhadrāya svāhā pūrṇabhadrāya svāhā
mahākālāya svāhā mātṛgaṇāya svāhā
떼샴 사르베샴 샤리람 즈발라야 두슈따 찌따남 스바하
즈발리따야 스바하 쁘라즈발리따야 스바하
딥따 즈발라야 스바하 사만따 즈발라야 스바하
마니바드라야 스바하 뿌르나바드라야 스바하
마하깔라야 스바하 마뜨르가나야 스바하

그들의 모든 몸과 번뇌와 마음을 태우소서 스바하.
광명에게 스바하. 화염에게 스바하.
빛나는 화염에게 스바하. 보변 화염에게 스바하.
마니바드라에게 스바하. 뿌라나바드라에게 스바하.
마하깔라에게 스바하. 마뜨르가나에게 스바하.

yakṣiṇīṇāṃ svāhā rākṣasīṇāṃ svāhā ākāśamātṛṇāṃ svāhā

samudravāsinīṇāṃ svāhā rātricarāṇāṃ svāhā

divasacarāṇāṃ svāhā trisaṃdhyacarāṇāṃ svāhā

velācarāṇāṃ svāhā avelācarāṇāṃ svāhā

garbhaharebhyaḥ svāhā garbhasaṃdhāraṇi svāhā

약시니남 스바하 락샤시남 스바하 아까샤 마뜨리남 스바하

사무드라 바시니남 스바하 라뜨리짜라남 스바하

디바사짜라남 스바하 뜨리삼다야짜라남 스바하

벨라짜라남 스바하 아벨라짜라남 스바하

가르바 하레바야하 스바하 가르바 삼다라니 스바하

야차녀들에게 스바하. 나찰녀들에게 스바하. 허공모들에게 스바하. 바다의 주재자들에게 스바하. 밤의 비행자들에게 스바하. 낮의 비행자들에게 스바하. 삼시의 비행자들에게 스바하. 시간의 비행자들에게 스바하. 비시간의 비행자들에게 스바하. 식태귀(食胎鬼)에게 스바하. 가르바 삼다라니에게 스바하.

huru huru svāhā oṃ svāhā sva svāhā bhūḥ svāhā bhvaḥ svāhā
oṃ bhūr bhvaḥ svāhā

후루 후루 스바하 옴 스바하 스와 스바하 브흐 스바하 브흐바하 스
바하 옴 부르 브흐바하 스바하

후루 후루 스바하. 옴 스바하. 재보여 스바하. 땅이여 스바하. 땅
들이여 스바하. 옴 땅과 땅들이여 스바하.

citi citi svāhā viti viti svāhā dharaniḥ dharanī svāhā agniye svāhā
tejovapuḥ svāhā

찌띠 찌띠 스바하 비띠 비띠 스바하 다라니히 다라니 스바하 아그
니에 스바하 떼조바뿌후 스바하

찌띠 찌띠 스바하. 비띠 비띠 스바하. 다라니히 다라니 스바하. 아
그니여 스바하. 아름다운 광명이여 스바하.

ciri ciri svāhā siri siri svāhā budhya budhya svāhā sidhya sidhya
svāhā

찌리 찌리 스바하 시리 시리 스바하 붇댜 붇댜 스바하 싣댜
싣댜 스바하

찌리 찌리 스바하 시리 시리 스바하 깨달아라, 깨달아라, 스바하.

성취하라, 성취하라, 스바하.

maṇḍala siddhe svāhā maṇḍala bandhe svāhā sima bandhane svāhā
만다라 신데 스바하 만다라 반데 스바하 시마 반데 스바하

만다라 성취에 스바하. 만다라 결합에 스바하. 결계 결합에 스바하.

sarva śatrūṇām jambha jambha svāhā stambhāya stambhāya svāhā
chinna chinna svāhā bhinna bhinna svāhā bhañja bhañja svāhā
bandha bandha svāhā mohaya mohaya svāhā
사르바 샤뜨루남 잠바 잠바 스바하 스땀바야 스땀바야 스바하 친나
친나 스바하 빈나 빈나 스바하 반자 반자 스바하 반다 반다 스바하
모하야 모하야 스바하

모든 원적을 삼켜라 삼켜라 스바하. 멈춰라 멈춰라 스바하. 파괴
하라 파괴하라 스바하. 깨뜨려라 깨뜨려라 스바하. 구속하라 구속
하라 스바하. 혼란시켜라 혼란시켜라 스바하.

maṇiviśuddhe svāhā sūrye sūrye sūryaviśuddhe viśuddhe svāhā
candre sucandre pūrṇa candre svāhā
마니 미슌데 스바하 수리에 수리에 수리야 비슌데 비슌데 스바하

짠드레 수짠드레 뿌르나 짠드레 스바하

마니 청정 여존이여, 스바하. 태양이여, 태양이여, 청정 태양 여존
이여, 스바하. 달이여, 아름다운 달이여, 만월이여, 스바하.

grahebhyaḥ svāhā nakṣatrebhyaḥ svāhā
śive svāhā śānti svāhā
svastyayane svāhā
그라헤바야하 스바하 낙샤뜨레바야하 스바하
시바이히 스바하 샨띠히 스바하
스바스띠야야니 스바하

일식에 스바하. 성좌에 스바하. 상서로움에 스바하. 평화로움에
스바하. 평화로운 길에 스바하.

śivaṃkari śāntikari puṣṭikari balavardhani svāhā
śrīkari svāhā śriyavardhani svāhā śriyajvālini svāhā
namuci svāhā maruti svāhā vegavati svāhā
시밤 까리 샨띠히 까리 뿌슈띠 까리 마라마다니히 스바하
슈리 까리 스바하 슈리야 마다니 스바하 알라바르다니 스바하
슈리야 즈발리니 스바하 나무찌 스바하 마루띠 스바하 베가바띠 스
바하

길조를 성취한 여존이여, 평화를 성취한 여존이여, 번영을 성취한
여존이여, 힘을 증장시키는 여존이여, 스바하. 번영을 주는 여존
이여, 스바하. 행운을 증장시키는 여존이여, 스바하. 행운 화염 여
존이여, 스바하. 나무찌여 스바하. 마루띠여 스바하. 베가바띠여
스바하.

2. 소진언(小眞言)

일체여래심진언(一切如來心眞言)

Oṃ sarvatathāgatānāṃ mūrti pravara-vigata-bhaya śamaya svayaṃ
bhagavati sarvapāpebhyaḥ svastir bhavatu
muni muni vimuni vimuni cale calani bhaya-vigate bhaya-haraṇi
bodhi bodhi bodhaya bodhaya buddhir buddhīḥ
sarvatathāgatahṛdayajuṣṭe svāhā
옴 사르바따타가따남 무르띠 쁘라바라비가따바야 샤마야 스바얌
바가바띠 사르바빠뻬바야하 스바스띠르 바바뚜
무니 무니 비무니 비무니 짤레 짤라니 바야비가떼 바야하라니
보디 보디 보드하야 보드하야 붇디르 붇디히 사르바따타가따흐르
다야쥬스테 스바하

옴 일체여래들의 화신이여, 공포를 여읜 가장 뛰어난 자여, 존귀
한 자여, 저 자신의 모든 죄업으로부터 안락함이 있게 하소서.
성자여, 성자여, 두 분의 성자여, 두 분의 성자여, 짤라여, 짤라니

여, 공포를 여읜자여, 공포를 제거한 자여,
지혜여, 지혜여, 깨닫게 하라, 깨닫게 하라, 지성이여, 지성이여,
일체여래의 심장(마음)을 기쁘게 하는 자여, 스바하.

일체여래심인진언(一切如來心印眞言)
oṃ vajravati vajra-pratiṣṭhita śuddhe sarva-tathāgata-mudra-
adhiṣṭhana-dhiṣṭhite mahā nunare svāhā
옴 바즈라바띠 바즈라 쁘라띠슈티따 슌뎨 사르바 따타가따 무드라
아디슈따나 디슈띠뗴 마하 누나레 스바하

옴 금강을 지닌 자여, 금강을 성취한 자여, 청정함이여, 일체여래
인에 머무는자여, 최상의 존재여, 스바하.

일체여래관정진언(一切如來灌頂眞言)
Oṃ muni muni munivare abhiṣiñcantu māṃ sarvatathāgatāḥ
sarvavidyābhiṣekaiḥ mahāvajrakavacamudrāmudritaiḥ
sarvatathāgatahṛdayādhiṣṭhitavajre svāhā
옴 무니 무니 무니바레 아비신짠뚜 맘 사르바따타가타
사르바비드야비세까이히 마하바즈라까바짜무드라무드리따이히
사르바따타가따흐르다야디슈띠따바즈레 스바하

옴 성자여, 성자여, 최상의 성자여, 일체 여래들은 일체지관정과
대금강갑옷인으로 저를 관정해주소서. 일체여래의 심장에 확고한

금강이여, 스바하.

일체여래관정인진언(一切如來灌頂印眞言)

Oṃ amṛtavare vara vara pravaraviśuddhe hūṃ hūṃ phaṭ phaṭ svāhā
옴 아므리따바레 바라 바라 쁘라바라 비슌데 훔 훔 팟 팟 스바하

옴 최상의 감로여, 최상이여, 최상이여, 최상 청정 여존이여, 훔
훔 팟 팟 스바하.

일체여래결계진언(一切如來結界眞言)

Oṃ amṛtavilokini garbhasaṃrakṣaṇi ākarṣaṇi hūṃ hūṃ phaṭ phaṭ
svāhā
옴 아므리따비로끼니 가르바삼락사니 아깔사니 훔 훔 팟 팟 스바하

옴 아므리따비로끼니여, 태장을 모두 보호하는 자여, 끌어당기는
자여, 훔 훔 팟 팟 스바하.

일체여래심중심진언(一切如來心中心眞言)

Oṃ vimale jayavare amṛte hūṃ hūṃ hūṃ hūṃ phaṭ phaṭ phaṭ phaṭ
svāhā
옴 비마레 자야바레 아므리떼 훔 훔 훔 훔 팟 팟 팟 팟 스바하

옴 무구(無垢)여, 최상의 승리자여, 불사여, 훔 훔 훔 훔 팟 팟 팟 팟 스바하.

일체여래수심진언(一切如來隨心眞言)

Oṃ bhara bhara saṃbhara saṃbhara indriyaviśodhani hūṃ hūṃ ru ru cale svāhā

옴 바라 바라 삼바라 삼바라 인드리야비쇼다니 훔 훔 루 루 짤레 스바하

옴 낳는 분이여, 낳는 분이여, 함께 낳는 분이여, 감각 청정 여존이여, 훔 훔 루 루 짤라여, 스바하.

[2] 낙화법 관련 사료

1. 중국 자료

상원방등(찬영)

* 출전 : 대정신수대장경 제54권 대송승사략 : 상원방등

○ 上元放燈

『案漢法本內傳』云。佛教初來。與道士角試。燒經像無損而發光。又西域十二月三十日。是此方正月十五日。謂之大神變月。漢明勅令燒燈。表佛法大明也。一云。此由漢武祭五時神祠。通夜設燎。蓋取周禮司爟氏燒燎照祭祀。後率為故事矣。然則本乎司爟擧火供祭祀職。至東漢。用之表佛法大明也。加以累朝沿革必匪常規。唐先天二年。西域僧沙陀。請以正月十五日然燈。開元二十八年正月十四日。勅常以二月望日燒燈。天寶六年六月十八日。詔曰。重門夜開。以達陽氣。群司朝宴樂在時和。屬于上元。當修齋籙。其於賞會。必備葷羶。比來因循稍將非便。

　自今以後。每至正月。宜取十七日十九日夜開坊市以為永式。尋又重依十五夜放燈。德宗貞元三年。勅正月十五日然燈。是漢明帝因佛法初來與道士角法。勅令燭燈。表破昏闇云。唐僖宗幸蜀。迴中原多事。至昭哀皆廢。梁開平二年。詔曰。近年以風俗未泰兵革且繁。正月然燈廢停已久。今後三夜門坊市門公私然燈祈福。莊宗入洛。其事復興。後歷諸朝。或然或不。我大宋太平興國六年。勅下元亦放燈。三夜為軍民祈福。供養天地辰象佛道。三元俱然燈放夜自此為始。著于格令焉。

　○ 상원방등(上元放燈)

　『안한법본내전(案漢法本內傳)』에서 말하기를, 불교가 전래된 초기에는 도사(道士)가 경전과 불상을 태워서 손(損)이 없으면 빛이 난다고 하였다. 인도에서 12월 30일은 중국에서는 정월 15일로, 대신변(大神變)의 달[月]이라 불렀다. 한나라 명제는 칙령에 의해 소등(燒燈)이라하고, 불법의 큰 밝음[大明]을 표한다고 하였다. 다른 하나는 한나라 무제는 신사(神祠)에서 제사지낼 때, 밤새도록 화톳불을 켜도록 하였다. 『주례(周禮)』에서 사관씨(司爟氏)는 화톳불을 켜고 제사를 비추는 것을 취한 것이다. 그러나 본래 사관(司爟)이라 부르는데 불[火]을 들어 제사의 직분을 다하는데, 불법의 큰 밝음[大明]을 표한다고 사용했다. 선천 2년(713)에는 서역승 사타(沙陀)가 정월 15일을 연등(然燈)이라 하기를 청하고, 개원 28년(740)에는 항상 15일을 소등(燒燈)이라 하고, 천보 6년(747) 6월에는 중문(重門)을 열도록 하였다. 양(陽)의 기운에 이르니 관리들은 조정에서 연회할 때 화합한다. 상원(上元)이 되면 마땅히 그동안의 일을 살펴야 하는데, 상을 주는 모임에 반드시 신맛과 소와 양고기를 준비해야 한다. 근래에 이르러 점점 적어지니 장차 편하지 않을 것 같다.

이후로부터 정월 17일 19일 밤에 방시(坊市)를 개방하는 것이 시작되고, 15일 밤에 방등(放燈)하는 것이 중요하게 되었고, 덕종(德宗) 정원 3년(787)의 칙령으로 정월 15일을 연등(然燈)이라고 하였다. 한나라 명제는 불법 초기에 칙령으로 촉등(燭燈)이라 하고, 어두움[昏闇]을 파한다고 했다.

[설명]
- 『대송승사략(大宋僧史略)』: 찬영(贊寧, 930~1001)이 칙명에 의해 978~ 999년에 3권으로 구성하여 저술하였다. 내용은 불교의 전래, 불교의 역사, 의례 등을 정리하고 있어 불교사를 연구하는데 귀중한 자료이다. 찬영의 속성(俗姓)은 고(高)씨로 조상이 발해인으로 알려져 있으며, 『송고승전(宋高僧傳)』 30권도 지었다.
- 사관씨(司爟氏) : 『주례(周禮)』 하관(夏官)에는 여름에 반드시 있어야 할 관직인 사마(司馬)가 있다. 중요한 일은 불을 잘 보살피는 일이다. 고대사회에서 불[火]은 제사에 반드시 필요하고 매우 중요한 상징성을 가진다.(夏官司馬 ; 司爟掌行火之政令 四時變國火 以救時疾)

2. 고려시대 자료

1) 상원연등회의 의례 및 절차

* 출전 : 고려사 : 지(志) 예(禮) 가례잡의(嘉禮雜儀) 상원연등회

○ 志卷第二十三　高麗史六十九正憲大夫工曹判書集賢殿大提學知
經筵春秋館事兼成均大司成【臣】鄭麟趾奉敎修。

○ 지(志) 권제23(卷第二十三) 고려사69(高麗史六十九)정헌대부 공
조판서 집현전대제학 지경연춘추관사 겸 성균대사성(正憲大夫
工曹判書 集賢殿大提學 知經筵春秋館事 兼 成均大司成)【신
(臣)】정인지(鄭麟趾)가 교(敎)를 받들어 편수하였다.

上元燃燈會儀
禮十一　嘉禮雜儀上元燃燈會儀　小會日坐殿。
前期。都校署設浮階於康安殿階前。尙舍局率其屬。設王幄於殿
上。設便次於王幄東。設二獸爐於前楹外。尙衣局設花案於王座左右
楹前。殿中省列燈籠於浮階之上下左右。設彩山於殿庭。內庫使列尊
罍於殿庭左右。
其日。王服梔黃衣。出御便次。牽龍官・中禁・都知・殿門內外衛
仗。奏山呼。再拜。訖。承制員・近侍官。俱服便服。以次。升詣陛
上拜位。行頭自喝。再拜訖。退立於階上西邊。東向北上。次閤門員
入殿庭。橫行。北向東上。行頭自喝。再拜訖。俱就庭東。西向北上

立。次上將軍以下宿衛。入殿庭。横行。北向東上。行頭自喝。再拜
訖。分立於東西。次殿中省・六尙局・諸後殿官。入殿庭就位。再拜
訖。就庭西東向。北上立。

次百戲雜伎。以次入殿庭。連作訖。出退。次教坊奏樂。及舞隊
進退。具如常儀。

상원연등회의 의례

예11(禮十一) 가례잡의(嘉禮雜儀) 상원연등회의(上元燃燈會儀) 소
회일(小會日) 좌전(坐殿).

그 날 이전에 도교서(都校署)에서는 부계(浮階)를 강안전(康安殿)
의 계단 앞쪽에 설치한다.

상사국(尙舍局)에서는 그 소속 관원을 인솔하여 전(殿) 위에 국왕
의 악차(幄次)를 갖추고 국왕 악차 동쪽에 편차(便次)를 설치하며, 앞
쪽 기둥 밖에는 2개의 수로(獸爐)를 진설한다.

상의국(尙衣局)에서는 국왕이 앉는 어좌 좌우 기둥 앞에 화안(花
案)을 놓는다.

전중성(殿中省)에서는 부계의 상하 좌우에 등롱(燈籠)을 진열하고
전정(殿庭)에는 채산(彩山)을 설치한다.

내고사(內庫使)는 전정 좌우에 준(尊)과 뢰(罍)를 진열한다.

당일 국왕이 치황의(梔黃衣)를 입고 편차에 출어(出御)하면 견룡관
(牽龍官)・중금(中禁)・도지(都知)・전문내외위장(殿門內外衛仗)은 산호
(山呼)하고 재배한다.

마치고 나면 승제원(承制員)・근시관(近侍官)은 모두 편복(便服)을

갖추고 차례로 계단 위의 배위(拜位)에 올라선다. 행두(行頭)가 스스로 구령하여 재배하기를 마치고 계단 위 서쪽 가장자리로 물러나 서는데 북쪽을 상석으로 하고 동쪽을 향한다.

다음으로 합문(閤門) 관원이 전정으로 들어와 횡렬로 동쪽을 상석으로 하고 북쪽을 향한 다음 행두가 스스로 구령하여 재배하기를 마치고 모두 전정의 동편으로 가서 자리를 취하는데 북쪽을 상석으로 하고 서쪽을 향해 선다.

다음으로 상장군(上將軍) 이하 숙위(宿衛)가 전정으로 들어와 횡렬로 동쪽을 상석으로 하고 북쪽을 향한 다음 행두가 스스로 구령하여 재배하기를 마치고 동·서쪽으로 나누어 선다.

다음으로 전중성(殿中省)·육상국(六尙局)·여러 후전관(後殿官)이 전정으로 들어와 정해진 자리에서 재배하기를 마치고 전정 서쪽으로 가서 동쪽을 향하고 북쪽을 상석으로 하여 선다.

이어 백희잡기(百戱雜技)가 차례로 전정으로 들어와 잇달아 연희하기를 마친 후에 뒤로 물러난다.

다음으로 교방(敎坊)이 음악을 연주하고 춤추는 무리[舞隊]가 진퇴하는 것은 모두 평상시의 의례와 같다.

謁祖眞儀

謁祖眞儀。便殿禮畢。禮司奏初嚴。鹵簿儀仗。陳列於毬庭。繖扇衛仗。自康安殿庭。左右陳列。至泰定門。尙舍局設輦褥於殿庭中心。近北東向。設太子·公侯伯·宰臣拜位於輦褥南近南。俱北向東上。引駕官引軺輇輦。入置褥位訖。禮司奏中嚴。樞密以下侍臣入殿庭。分列左右。左右承制。千牛上・大將軍。就殿東西階下。備身將軍。中禁・都知指諭。各分左右。升立於浮階上。以俟。王服赭黃袍。出坐殿。鳴鞭。禁衛奏山呼再拜。太史局奏時刻板。左右承制。千牛上・大將軍。自東西階。升立於斧扆左右。舍人喝。樞密以下侍臣。再拜。次閤門。各引太子・公侯伯・宰臣。入就位。舍人喝。太子以下。再拜訖。閤門引太子・公侯伯・宰臣。卷班西出。次攝侍中就殿庭中心。俛伏跪。奏外辦。俛伏興。退復位。王降殿。御䡾輬輦。尚衣奉御。進手衣。尚乘奉御。進案。訖。黃門侍郎進當輦前。俛伏跪。奏請動駕。俛伏興。退復位。仗動鳴鞭。樞密・左右侍臣。前導出殿門。教坊樂。鼓吹振作。禮司奏三嚴。駕至泰定門。黃門侍郎奏請駐輦。舍人喝。文武群官再拜。次黃門侍郎請勑群官上馬。攝侍中。傳宣曰可。黃門侍郎。傳侍臣將相・文武兩班。宣許上馬。舍人喝。樞密以下侍臣。及兩班承制員以下。近侍官應騎者。及六尚局。諸後殿官。俱再拜。次黃門侍郎。奏請動駕。侍臣引駕。至昇平門外。導從群官。皆上馬。駕至奉恩寺三門外。群官皆下馬。侍臣引駕。入三門內。王下輦入幄次。閤門引太子以下。先詣眞殿門外。布立以俟。王行至眞殿門內。北向立。閤門引太子・公侯伯・宰臣。各就階下褥位。北向西上立。侍臣於宰臣後。合班北向。西上立定。文武群官。於侍臣後。兩班相對爲首。北向立定訖。樞密贊拜。王拜。舍人喝。太子以下群官。皆再拜。每王拜後。舍人喝。太子以下俱拜。下皆倣此。王入殿庭。閤門引太子・公侯伯・宰臣。升階上褥位立定。王至殿戶外。樞密贊拜。王拜。太子以下群官再拜。王入戶內。再拜酌獻訖。又再拜。太子以下群官。再拜。樞密進福酒。王再拜飲訖。

又再拜。飮福前後。臣下無拜。出殿戶再拜。太子以下群官再拜。閤
門引太子·公侯伯·宰臣。下階就拜位。王出詣門內位。北向立。樞密
贊拜。王拜。太子以下群官再拜。訖。宰密引王。還幄次。閤門引太
子·公侯伯·宰臣。俱出就幕。侍臣兩班。出三門外。陳列如常儀。引
駕官引平兜輦。入置於輦褥訖。禮司奏嚴。王服赭黃袍。出御平兜
輦。鳴鞭。黃門侍郞奏請動駕。仗動。駕出三門外。黃門侍郞奏請駐
輦。黃門侍郞。請勑群官上馬。攝侍中傳宣曰。可。黃門侍郞。傳侍
臣員將文武兩班。宣許上馬。舍人喝。樞密以下。侍臣兩班應騎者。
俱再拜。如來儀。次黃門侍郞奏請動駕。群官。皆上馬。駕行。入泰
定門。至康安殿庭。降輦升殿。閤門贊。侍臣等。各祗候。樞密以
下。左右侍臣。揖退。

조종(祖宗)의 진전(眞殿)을 참배하는 의식[謁祖眞儀].

편전(便殿)에서의 의례가 끝나고 예사(禮司)에서 초엄(初嚴)을 아
뢰면 노부(鹵簿)와 의장(儀仗)은 구정(毬庭)에 진열하고 산(繖)·선(扇)
및 위장(衛仗)은 강안전(康安殿) 전정으로부터 태정문(泰定門)에 이르
기까지 좌우로 도열한다.

상사국(尙舍局)에서는 전정 중심에서 북쪽 가까이에 동쪽을 향하도
록 어연(御輦)을 놓는 자리[輦褥]를 설치하고 태자와 공(公)·후(侯)·백
(伯) 및 재신(宰臣)의 배위를 어연 놓는 자리의 남쪽에서 남쪽에 더 가
까이 설치하되, 모두 북쪽을 향하게 하면서 동쪽을 상석으로 한다.

인가관(引駕官)이 초요련(軺輼輦)을 욕위(褥位)에 끌어와 놓기를
마치면 예사에서는 중엄(中嚴)을 아뢰고, 추밀(樞密) 이하 시신(侍臣)

은 전정에 들어가 좌우로 나누어 줄지어 선다.

좌우승제(左右承制)와 천우위(千牛衛)의 상장군·대장군은 전각의 동·서쪽 계단 아래에 자리하고 비신장군(備身將軍)과 중금(中禁)·도지(都知)의 지유(指諭)는 각각 좌우로 나누어 부계(浮階)의 위로 올라서서 기다린다.

국왕이 자황포(赭黃袍)를 입고 전각에 나와 앉으면 편(鞭, 채찍) 소리와 함께 금위(禁衛)는 산호(山呼)라 아뢰며 재배한다.

태사국(太史局)에서 시각판(時刻板)으로 아뢰면 좌우 승제와 천우위 상장군·대장군이 동·서편의 계단으로부터 도끼 무늬가 있는 병풍[斧扆] 좌우로 올라서고 사인(舍人)의 구령에 따라 추밀 이하 시신은 재배한다.

다음으로 합문(閤門)은 각각 태자와 공·후·백 및 재신(宰臣)을 인도하여 본래 자리로 들어서고 사인의 구령으로 태자 이하는 재배하기를 마친다. 합문은 태자와 공·후·백 및 재신을 인도하여 차례로[卷班] 서쪽으로 나간다.

다음으로 섭시중(攝侍中)이 전정 한 가운데에 자리하여 머리를 숙이고 부복했다가 꿇어앉아 아뢰기를, "외판(外辦, 의장 등의 정돈이 끝났습니다.)"이라 한 뒤에 머리를 숙이고 엎드렸다가 일어나 다시 자리로 물러난다.

국왕은 전각에서 내려와 초요련에 오르는데, 상의봉어(尙衣奉御)는 장갑[手衣]을 올리고 상승봉어(尙乘奉御)는 안석(案席)을 올린다.

마치고 나면 황문시랑(黃門侍郎)이 어연 앞으로 나아가 머리를 숙이고 엎드렸다가 꿇어앉아 동가(動駕)하기를 주청한 다음 머리를 숙이고 엎드렸다가 일어나 다시 자리로 물러난다.

의장대가 움직이고 편(鞭, 채찍) 소리가 나면 추밀과 좌·이 시신(侍臣)이 앞에서 인도하여 전문을 나서며, 교방(敎坊)은 음악을 연주하고 북과 나팔을 크게 울린다.

예사에서 삼엄(三嚴)을 아뢰고 어가가 태정문에 이르면 황문시랑은 어연을 멈출 것[駐輦]을 주청하고 사인(舍人)의 구령에 따라 문·무 관원은 재배한다.

다음으로 황문시랑이 여러 관리들에게 말에 오르라는 칙서를 청하고, 섭시중이 선지(宣旨)를 전해 이르기를, "가(可)"라고 하면, 황문시랑은 시신과 장상(將相) 및 문·무 양반에게 말에 오를 것을 허락하는 선지를 전한다.

사인의 구령에 따라 추밀 이하 시신과 양반 및 승제원(承制員) 이하, 근시관 가운데 말을 탈 수 있는 자 및 육상국(六尙局)과 여러 후전관(後殿官)은 모두 재배한다.

다음으로 황문시랑(黃門侍郎)이 동가(動駕)하기를 주청하고, 시신(侍臣)이 어가를 인도하여 승평문(昇平門) 밖에 이르면, 앞에서 인도하고 뒤에서 따라온 관원은 모두 말을 탄다.

어가가 봉은사(奉恩寺) 삼문(三門) 밖에 도착하면, 관원은 모두 말에서 내린다.

시신이 어가를 인도해 삼문 안에 들어가면 국왕은 어연에서 내려 악차(幄次)로 들어간다.

합문(閤門)은 태자 이하를 인도하여 먼저 진전(眞殿) 문 밖에 이르게 하고 열을 지어 기다리도록 한다.

국왕이 진전 문 안에 이르러 북쪽을 향해 서면 합문은 태자와 공·후·백 및 재신을 인도하여 각각 계단 아래 욕위(褥位)에 자리하게 하는데 북쪽을 향하고 서쪽을 상석으로 하여 서도록 하고 시신은 재신의 뒤에 합반(合班)하여 북쪽을 향하고 서쪽을 상석으로 정렬하도록 한다.

문·무 관원은 시신의 뒤에서 양반이 서로 마주 대하되 선두에 있는 이를 중심으로 북쪽을 향하여 정렬하기를 마치고 추밀이 절하라고 구령하면 국왕은 절하고 사인(舍人)의 구령에 따라 태자 이하 관원은 모두 재배한다.

매번 국왕이 절한 뒤 사인의 구령에 따라 태자 이하는 모두 절하고 그 아래 관원도 이를 따라 한다.

국왕이 전정에 들어서면 합문은 태자·공·후·백·재신을 인도하여 계단 위의 욕위에 올라서서 입정하게 한다.

국왕이 전호(殿戶) 밖에 이르면 추밀은 절하라고 구령하는데, 국왕은 [한 번] 절하고 태자 이하 관원은 재배한다.

이어 국왕은 전호 안으로 들어가 재배하고 헌작(獻酌)하기를 마친 뒤 다시 재배하며 태자 이하 관원도 재배한다.

추밀이 복주(福酒)를 올리면 국왕은 재배하고 마시기를 마친 후 또 재배한다. 음복(飮福) 전후 신하들은 절하지 않으며 국왕이 전호를 나와 재배하면 태자 이하 관원도 재배한다.

합문이 태자·공·후·백·재신을 인도하여 계단을 내려가 배위에 자리하면 국왕은 문내위(門內位)로 나가 북쪽을 향해 서며 추밀이 절하라고 구령하면 국왕이 [한 번] 절하고 태자 이하 관원은 재배한다.

이를 마치면 재신과 추밀이 국왕을 인도하여 악차(幄次)로 돌아가고 합문은 태자·공·후·백·재신을 안내하여 함께 막차(幕次)로 나가며, 시신과 양반도 삼문(三門) 밖으로 나가 평상시의 의례처럼 진열한다.

인가관(引駕官)은 평두연(平兜輦)을 끌고 어연을 놓는 자리에 들어가 세우기를 마친다.

예사에서 엄숙할 것을 아뢰면 국왕은 자황포(赭黃袍)를 입고 나와 평두연에 오른다.

채찍 소리와 함께 황문시랑이 동가(動駕)하기를 주청하면 의장대가 움직인다.

어가가 삼문 밖으로 나가면 황문시랑은 연(輦)을 잠시 멈추기를 주청하고, 황문시랑은 여러 관원에게 말에 오르라는 조칙을 내리도록 청하는데, 섭시중(攝侍中)은 선지를 전하여 말하기를, "가(可)"라 한다.

황문시랑은 시신·원장·문무 양반에게 말에 오르도록 허락함을 알리고 사인의 구령에 따라 추밀 이하 시신·양반으로 이에 응해 말을 탈 수 있는 자들이 모두 재배하는 것은 올 때의 의례와 같다.

다음으로 황문시랑이 어가를 움직일 것을 주청하면 여러 관리들은 모두 말에 오른다.

어가가 움직여 태정문(泰定門)으로 들어가 강안전(康安殿) 마당에 도착하면 [국왕이] 어연에서 내려 전각으로 오르고, 합문의 구령에 따라 시신 등과 각 지후(祗侯) 및 추밀 이하 좌우 시신은 읍(揖)을 하고 물러난다.

大會日坐殿

大會日坐殿。王出御便次。承制員・近侍官・閤門員及諸宿衛・中禁・都知・牽龍官・殿門內外衛仗等禮數。及敎坊奏樂。並如小會儀。便殿禮畢。茶房設果安於王座前。設壽尊案於左右花案南。尙舍局設王太子位於王座東南。西向。設公侯伯位於王座西南。東向北上。太子不進。則公侯伯分左右。設左右樞密位於浮階上。近北相向。左侍臣位在左樞密之東。右侍臣位在右樞密之西。太子・公侯伯果案。未坐前。先設。尙乘局陳蟠龍・孔雀・紅繡扇於殿庭左右。水精杖在左。鉞斧在右。尙舍局以次設太子・公侯伯・樞密拜褥於殿庭中心近南。北向東上。侍臣位在樞密之後。橫行合班。俱北向東上。設訖。左右承制・近侍官・閤門員・六尙局・諸後殿官。改服公服。千牛上・大將軍・備身將軍・牽龍班・中禁・都知等。諸衛仗。各服其器服。左右承制・千牛上・大將軍。就殿東西階下。備身將軍・中禁・都知指諭。各分左右。升立於浮階上以俟。王服赭黃袍。出坐殿。鳴鞭。禁衛奏山呼再拜。太史局奏時刻版。左右承制・千牛上・大將軍。自北西階升。立於斧扆左右。閤門員就殿庭。橫行北向。東上立。行頭自喝。再拜舞蹈。又再拜。奏聖躬萬福。又再拜訖。分立於左右。閤門各引太子・公侯伯・樞密侍臣。入就拜位。舍人喝。太子以下。再拜舞蹈。又再拜。奏聖躬萬福。再拜。太子進步致辭謝喚。退復位。舍人喝。再拜舞蹈。又再拜。左執禮官前承旨下殿。就太子東北。向殿揖。西向傳上來。舍人喝。太子以下再拜。閤門員。分東西。引上殿。左・右執禮官承引。就席後立定。公侯伯分東西位。取上命。近侍官進茶。執禮官向殿躬身。勸每進酒進食。執禮官。皆向殿。躬身勸。後皆倣此。次賜太子以下侍臣茶。茶至。執禮官贊拜。太子以下再拜。執禮官贊飲。
太子以下。皆飲訖揖。每設太子以下侍臣酒食。左・右執禮。贊拜・贊
飲・贊食。後皆倣此。次執禮官引太子及公侯伯・樞密・侍臣。就拜
位。每太子以下欲獻壽。尙舍局鋪褥於拜位。已則徹去。後皆倣此。
執禮官喝。太子以下再拜。每獻壽員。在階上拜。皆執禮官喝。後皆
倣此。跪奏云。臣某等。伏值上元盛會。不勝大慶。謹上千萬歲壽
酒。伏候聖旨。執禮官自東階升殿。就王座東南。俛伏跪奏。承制傳
奏訖。傳宣曰。可。執禮官俛伏興。退就太子東北。向殿揖。西向傳
宣許。凡執禮官。進退禮數。後皆倣此。喝。太子以下。再拜訖。引
太子及上公。出詣洗所。盥手。次酌酒。訖。近侍官二人。奉盞及注
子。先升。每獻壽。則近侍官奉注子盞。先升。太子及上公。自東階
上殿。俛伏興。詣王座左。西向跪。太子奉盞。上公奉注子。酌酒。
王擧盞。樂作。擧酒訖。樂止。太子受虛盞。近侍官承受盞注子。少
退跪。太子及上公俛伏興。下殿就拜位。執禮喝。太子以下侍臣。再
拜舞蹈。又再拜訖。各就位。次行太子以下侍臣酒。執禮贊飲。太子
以下。再拜執盞。樂作。飲訖揖。樂止。次近侍官進酒進食。及太子
以下侍臣。行酒設食。禮數・樂作止。如儀。進三味雙下後。執禮引
太子・公侯伯・樞密・侍臣。就拜位。喝。太子以下。再拜跪奏。請上
千萬歲壽酒。執禮官詣王座前。跪奏。承制傳宣曰。可。執禮官承傳
喝。太子以下侍臣。再拜。太子・公侯伯・樞密出詣洗所盥手。王入便
次。少頃。出坐殿。近侍官以函奉花。又近侍官二人。奉盞及注子。
先升。太子以下。樞密以上。上殿。俛伏興。太子詣王座左。西向
跪。承制員取花一枝。授太子。太子奉花跪進。樂作。承制員又取一

枝。授太子。太子跪進。御花一番。凡十二枝。獻壽員或獻二枝。或
獻三四枝。量獻壽員多少。分獻。王戴花。太子少退。俛伏跪。公侯
伯·樞密。繼進獻花。如上儀訖。樂止。太子俛伏興。詣王座左。奉
盞跪。公侯伯·樞密。以次。奉注子酌酒。樂官上階奏樂。王舉盞。
樂作。舉酒訖。樂止。太子受虛盞。近侍官承受盞注子。少退跪。太
子以下俛伏興。下殿就拜位。執禮喝。太子以下侍臣。再拜舞蹈。又
再拜舞蹈。又再拜。執禮官稱躬身。樞密以上。皆躬身。執禮官傳迴
賜別盞。樞密以上。皆再拜。近侍官二人。以函奉迴賜花。及封藥·
宣果·注子·盞。先升。太子詣王座左。俛伏跪。承制取花進。王手
賜。樂作。太子插訖。俛伏退跪。公侯伯·樞密。以次進受花。如上
儀訖。樂止。太子詣王座左。俛伏跪。承制取封藥跪進。王手賜。太
子受訖。承制奉注子。近侍官奉盞。承制贊酌酒。太子少前受盞。近
侍官傳受。詣殿上東壁。太子飲位立。又承制以宣果。授太子。太子
受訖。俛伏興。退立於飲位。公侯伯·樞密。以次進受迴賜。如上
儀。執禮官贊飲。太子以下。向王座揖。樂作。飲訖。樂止·近侍
官。各受虛盞。太子以下揖。下殿就拜位。喝。再拜舞蹈。又再拜。
各就位。次執禮官傳左右侍臣宣賜花酒。侍臣皆再拜。近侍官監賜花
酒宣果。侍臣戴花執盞。樂作。飲訖樂止。侍臣又再拜。次傳侍立員
將。宣賜花酒。次傳兩部樂官及山臺樂人。宣賜花酒。侍奉軍人。宣
賜酒果。訖。執禮官承旨。稱賜坐。太子以下侍臣。再拜赴座。進酒
食。及太子以下侍臣。行酒設食。樂作止。如常儀。至別盞。侍臣獻
壽。執禮官引侍臣。就拜位。合班立。執禮喝。侍臣再拜跪奏。請上
千萬歲壽酒。執禮官上殿跪奏。承制傳宣。侍臣盥洗。並如上儀。王

入便次。少頃。出坐殿。近侍官奉注子盞。先升。侍臣上殿。以次獻
壽。王擧酒。樂官上階奏樂。擧酒訖。樂止。侍臣下殿。就拜位。執
禮喝。侍臣。再拜舞蹈。又再拜。執禮稱躬身。侍臣皆躬身。執禮傳
廻賜別盞。侍臣再拜。近侍官以函奉封藥・宣果。及盞・注子。先升。
侍臣上殿。詣王座左。俛伏跪。承制跪取封藥進。王手賜。侍臣受。
訖。近侍官奉盞。承制贊酌酒。侍臣受盞。傳授奉盞者。又近侍官以
宣果。授侍臣。受訖俛伏退。侍臣以次。受酒及封藥・宣果訖。詣飲
位。執盞。樂作。飲訖。樂止。下殿。就拜位。執禮喝。侍臣再拜舞
蹈。又再拜訖。各就位。次傳侍立員將。兩部樂官。侍奉軍人。宣賜
酒果。如初。訖。次近侍官進酒進食。及太子以下侍臣。行酒設食。
禮數・樂作止。如儀。至禮畢。王入便次。有旨放謝。則太子以下。
公侯伯・樞密・侍臣。揖退。執禮官引出。

대회일에 국왕이 좌전하는 의례

　대회일(大會日) 좌전(坐殿). 국왕이 편차(便次)로 출어(出御)하면
승제원(承制員)・근시관(近侍官)・합문원(閤門員) 및 여러 숙위(宿衛)・
중금(中禁)・도지(都知)・견룡관(牽龍官)・전문내외위장(殿門內外衛仗)
등이 행하는 의례 절차[禮數]와 교방(敎坊)의 음악(奏樂)은 모두 소회
(小會) 의례와 같게 행한다.

　편전(便殿)에서 의례가 끝나면 다방(茶房)에서는 국왕의 자리 앞에
과안(果案)을 차리고 좌・이 화안(花案)의 남쪽에는 수준안(壽尊案)을
놓는다.

　상사국(尙舍局)에서는 왕좌(王座) 동남쪽에 서쪽을 향하여 왕태자

의 자리를 설치하고, 공·후·백의 자리는 왕좌 서남쪽에 동쪽을 향하고 북쪽을 상석으로 하도록 진설한다.

태자가 참석하지 않을 경우, 공·후·백을 좌우로 나누며 좌·우추밀(左右樞密)의 자리는 부계(浮階) 위 북쪽 가까운 곳에 서로 향하게 하여 설치한다. 좌시신(左侍臣)의 자리는 좌추밀의 동쪽에, 우시신(右侍臣)의 자리는 우추밀의 서쪽에 놓는다. 태자와 공·후·백의 다과상은 자리에 앉기 전 먼저 차려놓는다.

상승국(尚乘局)에서는 전정 좌우에 반룡(蟠龍)·공작(孔雀)·홍수선(紅繡扇)을 진열하며, 수정장(水精杖)은 좌측에, 월부(鉞斧)는 우측에 놓는다.

상사국에서는 차례대로 태자와 공·후·백·추밀이 절하는 자리[拜褥]를 전정 중심에서 남쪽 가까이 북쪽을 향하고 동쪽을 상석으로 하여 진설하고 시신의 자리는 추밀의 뒤쪽에 횡렬로 합반(合班)하되 모두 북쪽을 향하게 하고 동쪽을 상석으로 한다.

진설을 마치면 좌우승제·근시관·합문원·육상국(六尚局)·여러 후전관(後殿官)은 공복(公服)으로 바꿔 입고 천우위(千牛衛) 상장군·대장군·비신장군(備身將軍)·견룡반(牽龍班)·중금(中禁)·도지(都知) 등 여러 위장(衛仗)은 각기 의기(儀器)와 복장을 착용한다. 좌우 승제와 천우위 상·대장군은 전각의 동·서쪽 계단 아래에 자리하고 비신장군과 중금·도지·지유(指諭)는 각기 좌·우로 나뉘어 부계(浮階) 위로 올라서서 기다린다.

국왕이 자황포(赭黃袍)를 입고 나와 좌전하면 편(鞭, 채찍) 소리와 함께 금위(禁衛)는 산호(山呼)를 아뢰고 재배한다.

태사국(太史局)에서 시각판(時刻版)을 아뢰면 좌·이 승제와 천우위 상장군·대장군은 북·서의 계단을 올라 부의(斧扆)의 좌우에 선다.

합문원이 전정에 자리하여 횡렬로 북쪽을 향하고 동쪽을 상석으로 하여 서면 행두(行頭)는 스스로 구령하며 재배하고 무도(舞蹈)하고 또 재배하면서 성궁만복(聖躬萬福)을 아뢰고 다시 재배하기를 마친 후 좌우로 나누어 선다.

합문은 태자와 공·후·백 및 추밀·시신을 각각 인도하여 들어와 배위에 자리하게 하고 사인의 구령에 따라 태자 이하는 재배하고 무도하고 또 재배하면서 성궁만복을 아뢰고 재배한다.

태자가 한 걸음 앞으로 나와 치사(致辭)를 올리고 참석하게 해 준 것에 대해 감사하면서 물러나 본래 자리로 가면, 사인의 구령에 따라 재배하고 무도하고 다시 재배한다.

좌집례관(左執禮官)이 앞에서 성지를 받들고 전각에서 내려와 태자의 동북쪽에 자리하고는 전각을 향해 읍한 다음 서쪽을 향하여 위로 오르라는 명을 전한다.

사인의 구령에 따라 태자 이하는 재배하고 합문원은 동서로 나누어 인도하여 전에 오르게 하는데, 좌·이 집례관이 이어 인도하면 정해진 자리 뒤에 입정하고 공·후·백은 동·서 자리에 각각 나누어 서서 국왕의 명을 듣는다.

근시관(近侍官)이 차(茶)를 올리면 집례관은 전각을 향해 몸을 굽히고[躬身] 매번 술과 음식이 진상될 때마다 권하고, 집례관도 모두 전각을 향해 몸을 굽혀 권하는데, 뒤에도 모두 이를 따른다.

다음으로 태자 이하 시신에게 차를 하사하는데 차가 이르면 집례관의 절하라는 구령에 따라 태자 이하는 재배한다. 집례관의 마시라는 구령에 따라 태자 이하는 모두 차를 마시고 나서 읍한다.

매번 태자 이하 시신들의 술과 음식이 차려질 때마다 좌·이 집례관은 찬배(贊拜)·찬음(贊飲)·찬식(贊食)을 행하는데 뒤에도 모두 이를 따른다.

다음으로 집례관은 태자와 공·후·백·추밀·시신을 인도해 배위(拜位)에 자리하게 한다. 태자 이하가 국왕에게 헌수(獻壽)하려 할 때마다 상사국에서는 배위에 욕석(褥席)을 깔았다가 끝나면 철거하는데 뒤에도 모두 이를 따른다.

집례관의 구령에 따라 태자 이하는 재배하고, 매번 헌수원(獻壽員)은 계단 위에서 절하는데 모두 집례관의 구령에 의하며 뒤에도 모두 이를 따른다. 태자가 꿇어앉아 아뢰기를, "신 아무개 등은 상원(上元) 성회(盛會)를 맞아 큰 기쁨을 이기지 못해 삼가 천만세수(千萬歲壽)를 바라는 술을 올리려 하오니 엎드려 성지(聖旨)를 기다리나이다."라고 한다.

집례관이 동쪽 계단으로 전각 위로 올라가 어좌 동남쪽에 자리하여 머리를 숙이고 엎드렸다가 꿇어앉아 아뢴다. 승제(承制)가 전하여 아뢰기를 마치면, "가(可)"라고 명을 전한다.

집례관은 머리를 숙이고 엎드렸다가 일어나 물러나서 태자의 동북쪽에 자리하고 전각을 향해 읍하고서 서쪽을 향하여 허락한다는 [국왕의] 명을 전한다. 무릇 집례관의 진퇴하는 의례 절차는 뒤에도 모두 이를 따른다.

구령에 따라 태자 이하는 재배를 마치며 [집례관은] 태자와 상공(上公)을 인도하여 손 씻는 곳[洗所]으로 나가서 손을 씻고 다음으로는 술을 땅에 조금 붓게 한다[酹酒].

이것이 끝나면 근시관(近侍官) 2명이 잔과 주전자를 받들고 먼저 올라간다. 헌수할 때마다 근시관이 주전자와 잔을 받들어 먼저 올라가고 태자와 상공은 동쪽 계단으로 전각에 올라가 머리를 숙이고 엎드렸다가 일어나 어좌의 좌측에 이르러 서쪽을 향하여 무릎 꿇고 태자가 잔을 받들면 상공은 주전자를 받들어 술을 따른다.

국왕이 잔을 들면 음악이 시작되고 술 마시기를 마치면 음악을 멈춘다. 태자가 빈 잔을 받으면 근시관은 잔과 주전자를 건네받고는 약간 물러나 꿇어앉는다.

태자 및 상공은 머리를 숙이고 엎드렸다가 일어나 전에서 내려가 배위로 가서 집례관의 구령에 따라 태자 이하 시신은 재배하고 무도하며 다시 재배하기를 마친 다음 각기 자리로 간다.

다음에 국왕이 태자 이하 시신에게 술을 내리는데, 집례관이 마시라고 하면 태자 이하는 재배하고 잔을 잡는데 이때 음악이 시작되고 마시기를 마친 후 읍하면 음악을 멈춘다.

다음에는 근시관이 국왕에게 술과 음식을 올리는데, 아울러 태자 이하 시신에게 술을 돌리고 음식을 차리는 의례 절차[禮數]와 음악의 시작과 끝은 다른 의례와 같다.

세 차례 주식[三味]을 올리고 두 번 내린[雙下] 이후 집례는 태자와 공·후·백·추밀·시신을 인도하여 배위(拜位)에 가도록 하고, 구령에 따라 태자 이하는 재배하고 꿇어 앉아 아뢰기를, "천만세수주(千萬歲

壽酒)를 올릴 것을 청하나이다."라고 한다.

집례관이 어좌 앞으로 가서 꿇어앉아 아뢰면 승제는 "가(可)"라는 명을 전한다. 집례관은 명을 이어 받아 전하고 구령하는데 태자 이하 시신은 재배하고 태자·공·후·백·추밀은 세소(洗所)에 이르러 손을 씻는다.

국왕이 편차(便次)에 들어갔다가 잠시 후 나아와 좌전(坐殿)하면 근시관(近侍官)이 함에다 꽃을 받들고, 또 근시관 2명은 잔과 주전자를 들고 먼저 오르며, 태자 이하 추밀 이상은 전 위에 올라 머리를 숙이고 엎드렸다가 일어난다.

태자가 어좌의 왼편으로 가서 서쪽을 향해 꿇어앉으면 승제원(承制員)이 꽃 한 가지를 취해서 태자에게 주고 태자가 꽃을 받들고 꿇어앉아 올리면 음악이 시작된다.

승제원이 다시 꽃 한 가지를 취해서 태자에게 주면 태자는 꿇어앉아 이를 올린다. 어화(御花) 한 묶음[番]은 모두 열두 가지로, 헌수원은 두 가지 혹은 서너 가지를 바치는데 헌수원의 많고 적음을 헤아려 나누어 올린다.

국왕이 꽃을 머리에 꽂으면[戴花] 태자는 조금 물러나 머리를 숙이고 엎드렸다가 꿇어앉는다.

공·후·백·추밀이 이어서 헌화를 행하는 것은 위의 의례와 같이하며 이를 마치면 음악을 멈춘다.

태자가 머리를 숙이고 엎드렸다가 일어나 어좌 왼편으로 가서 잔을 받들고 꿇어앉으면 공·후·백·추밀이 차례로 주전자를 들고 술을 따른다.

악관(樂官)은 계단을 올라가 음악을 연주하는데, 국왕이 잔을 들면 음악을 시작하고 다 마시고 나면 음악을 멈춘다.

태자가 빈 잔을 받으면 근시관은 잔과 주전자를 건네받아서 약간 뒤로 물러나 꿇어앉는다. 태자 이하는 머리를 숙이고 엎드렸다가 일어나 전에서 내려가 배위로 가서 집례관의 구령에 따라 태자 이하 시신은 재배하고 무도하고 다시 재배하고 무도하고 또 재배한다.

집례관이 궁신(躬身)하라고 말하면 추밀 이상은 모두 몸을 굽히고, 집례관이 별잔(別盞)으로 회사(迴賜)한다는 국왕의 명을 전하면 추밀 이상은 모두 재배한다.

근시관 2명이 함에 회사할 꽃과 봉약(封藥)·선과(宣果)·주전자·잔을 받들고 먼저 올라가면 태자는 어좌 왼편에 이르러 머리를 숙이고 엎드렸다가 꿇어앉는다.

승제(承制)가 꽃을 취해 올린 것을 국왕이 손수 하사하면 음악이 시작되고 태자가 머리에 꽂기를 마친 다음 머리를 숙이고 엎드렸다가 물러나 꿇어앉으면, 공·후·백·추밀이 차례로 나아가 꽃을 받는데 위의 의례와 같이 하기를 마치면 음악을 멈춘다.

태자가 어좌 왼편으로 이르러 머리를 숙이고 엎드렸다가 꿇어앉으면 승제가 봉약을 취해 꿇어앉아 올리고 국왕은 손수 하사한다. 태자가 받기를 마치면 승제가 주전자를 받들고, 근시관은 잔을 받드는데 승제가 술을 따르라고 말하면 태자는 약간 앞으로 나아와 잔을 받는다.

근시관이 잔을 전해 받아 전(殿) 동쪽 벽에 이르면 태자는 술 마시는 자리에 서고 또 승제는 선과를 태자에게 주는데, 태자는 받기를 마치면 머리를 숙이고 엎드렸다가 일어나 술 마시는 자리로 물러선다.

공·후·백·추밀도 차례로 나아가 회사를 받기를 위의 의례처럼 한다. 집례관이 마시라고 말하면 태자 이하는 어좌를 향해 읍하는데 이때 음악을 연주하고 마시기를 마치면 음악을 멈춘다.

근시관이 각각 빈 잔을 받으면 태자 이하는 읍하고 전에서 내려가 배위로 가서 구령에 따라 재배하고 무도하고 다시 재배한 뒤 각자의 자리로 간다.

다음으로 집례관이 좌·이 시신에게 국왕의 꽃과 술[花酒] 하사를 알리면 시신은 모두 재배한다.

근시관이 국왕이 내려준 꽃과 술, 선과(宣果)를 살피고 나면 시신은 머리에 꽃을 꽂고 잔을 잡는데 이때 음악이 시작되고 마시기를 다하면 음악을 멈추며, 시신은 다시 재배한다.

다음으로 시립(侍立) 원장(員將)에게 꽃과 술 하사를 알리고 다음으로 양부악관(兩府樂官) 및 산대악인(山臺樂人)에게도 꽃과 술 하사를 전하며 시봉군인(侍奉軍人)에게는 술과 과일 하사를 알린다.

이를 마치면 집례관은 왕명을 받들어 자리에 앉으라고 말하며, 태자 이하 시신은 재배하고 자리로 간다.

술과 음식이 나오면 태자 이하 시신은 술을 돌려 마시고 음식을 먹는데, 음악의 연주와 정지는 평상시의 의식과 같다.

별도의 술잔이 도착하면 시신은 헌수하는데 집례관은 시신을 인도하여 배위에 자리하게 하여 합반해 서도록 한다.

집례의 구령에 따라 시신은 재배하고 꿇어앉아 천만세수(千萬歲壽)를 바라는 술을 올릴 것을 청하면 집례관은 전에 올라 꿇어앉아 아뢰고 승제는 국왕의 명을 전한다. 시신이 관세(盥洗)하는 것은 모두 위의 의식과 같다.

국왕이 편차(便次)에 들어갔다가 잠시 후 나와 좌전하면 근시관이 주전자와 잔을 받들고 먼저 오르고 이어 시신이 전에 올라 차례로 헌수한다. 국왕이 잔을 들 때 악관(樂官)은 계단에 올라 음악을 연주하고 술을 다 마시고 나면 음악을 멈춘다.

시신은 전에서 내려가 배위로 가서 집례의 구령에 따라 시신은 재배하고 무도하고 다시 재배한다.

집례가 궁신(躬身)하라고 이르면 시신은 모두 몸을 구부리며, 집례가 국왕이 특별히 술잔을 회사(迴賜)하였다고 전하면 시신은 재배한다.

근시관이 함(函)에 넣은 봉약과 선과 및 잔과 주전자를 가지고 먼저 전에 오르고 시신도 전에 올라 어좌 왼편으로 가서 고개를 숙이고 엎드려 꿇어앉는다.

승제가 꿇어앉아 봉약을 취하여 올리면 국왕이 손수 받아 하사하고 시신이 이를 받는다.

이를 마치고 나면 근시관은 잔을 들고 승제가 술을 따르라고 구령하면 시신이 잔을 받아 잔을 받드는 이에게 전해 준다. 또 근시관이 선과를 시신에게 주면 받은 다음 머리를 숙이고 엎드렸다가 물러난다.

시신은 차례로 술과 봉약, 선과를 받기를 마치고 음위(飮位)로 가서 잔을 잡으면 음악을 연주하며 마시기를 마치면 음악을 멈춘다.

전에서 내려가 배위로 가서 집례의 구령에 따라 시신은 재배 무도하고 다시 재배하기를 마친 후 각기 자리로 간다.

다음으로 시립 원장과 양부악관과 시봉군인에게 술과 과일을 선사하는 것은 처음과 같다.

이를 마치면 다음으로 근시관이 술과 음식을 올리는 것, 그리고 태자 이하 시신에게 술을 돌리고 음식을 차려주는 것, 음악을 울리고 멈추는 것은 다른 의례와 같다.

의례를 마칠 때가 되면 국왕은 편차로 들어가고, 사례(謝禮)를 생략하라는 명이 있으면 태자 이하 공·후·백·추밀·시신은 읍하고 물러나며 집례관의 인도에 따라 나간다.

2) 등석(김부식)

* 출전 : 동문선 제12권 : 등석(燈夕) 칠언율시(七言律詩)

○ 燈夕[金富軾]
城闕深嚴更漏長。燈山火樹粲交光。
綺羅縹緲春風細。金碧鮮明曉月涼。
華盖正高天北極。玉爐相對殿中央。
君王恭默踈聲色。弟子休誇百寶粧。

○ 등석(燈夕) : 김부식
城闕深嚴更漏長 성과 궁궐의 깊고 엄숙함은 더욱 길게 흐르고
燈山火樹粲交光 등불 산과 불의 나무는 빼어나서 서로 빛나네
綺羅縹緲春風細 비단의 하늘거림은 봄바람같이 부드럽고
金碧鮮明曉月涼 단청의 선명함은 새벽달같이 맑네

華蓋正高天北極 어좌의 곧게 높음은 북극의 하늘이며

玉爐相對殿中央 옥로의 마주 봄은 중앙의 전각이네

君王恭默疏聲色 임금은 탁 트인 소리 색을 말없이 바라보며

弟子休誇百寶粧 제자는 백보장을 잠깐 쉬며 자랑하네

[설명]

- 『동문선(東文選)』에 실려 있는 김부식(金富軾, 1075~1151)의 칠언
  율시(七言律詩). 『동문선』은 성종(1478년)의 명으로 신라에서 조
  선 숙종대까지의 시를 모아 놓은 시문집이다.

- 등석(燈夕) : 국가적인 큰 행사가 있을 때 밤이 되면 연등을 켜거
  나 폭죽놀이를 하며 어두움을 밝히게 되는데, 이 저녁 행사를
  등석이라 하였다. 고려와 조선에서는 국가와 왕실에서 상원일이
  나 사월초파일이 되면 연등을 켰는데 저녁을 특히 등석이라고
  하여 온 백성이 즐기는 행사였으며, 국가와 백성이 소통하는 창
  구가 되었다.

- 화수(火樹) : 붉은 꽃의 나무가 활짝 피어 있는 모습. 대나무 장
  대와 같은 곳에 장식한 불꽃[焰火]을 가리킨다. 가득 걸린 등불
  [燈火]을 비유. 붉은 산호의 별명.

- 제자(弟子) : 당현종(唐玄宗)은 영인(伶人)들을 모아 이원(梨園)에
  서 음악을 가리켰는데, 이곳에서 공부하는 제자, 악공(樂工), 여
  기(女妓)들을 말한다.

- 백보장(百寶粧) : 고려 시대 악곡의 하나. 본래 당악곡(唐樂曲)의
  하나로 송(宋)의 사악(詞樂)으로 유입되었다. 한 가인(佳人)이 비
  파로 양주곡(梁州曲)을 타는 장면을 묘사함. 당악(唐樂)의 산사(散
  詞)에 속하고, 쌍조(雙調)에 107자의 구조이며, 『고려사』 악지(樂

志)에 전하고 있다.

〈百寶粧〉
一抹絃器。初宴畫堂。琵琶人把當頭。髻雲腰素。仍占絶風流。
輕攏慢撚。生情艷態。翠眉黛顰。無愁謾似愁。變新聲曲。自成獲
索。共聽一奏梁州。

彈到遍急敲穎。分明似語。爭知指面纖柔。坐中無語。惟斷續金
虯。曲終暗會王孫意。轉步蓮。徐徐卸鳳鈎。捧瑤觴。爲喜知音。勸
佳人。沉醉遲留。

백보장(百寶粧)
한 번 현악기(絃樂器)를 쓰다듬으니
그림 그려 장식한 좋은 방에서 잔치가 막 시작되고
비파(琵琶) 잡은 사람이 맨 앞에 있구나.
구름 같은 상투와 흰 천 같은 허리로
빼어난 풍류를 독차지하네.
가볍게 잡고 거만하게 손끝으로 튕기니
곱고 아름다운 자태에서 정이 생기고
검푸른 눈썹 찡그리니
근심이 없으면서도 근심이 있는 듯 속이는구나.
새롭게 변조(變調)한 곡조도
스스로 [현을] 더듬어 맞혀 이루니
모두 양주곡(梁州曲)을 타는 것을 듣네.

연주가 편(遍)에 이르면 빠르게 [비파] 자루를 두드리는데
마치 분명히 말하는 듯하니
어찌 알겠는가? 손가락의 면(面)이 섬세하고 부드럽다는 것을.
좌중은 말이 없고,
오직 비파 줄[金虯]만 이어졌다 끊어졌다 하는구나.
곡이 끝나니 슬며시 [양주곡에 담긴] 왕손(王孫)의 뜻을 알게 되누나.
아름다운 걸음을 천천히 옮기며 봉구(鳳鉤)를 내려놓네.
아름다운 술잔을 들고 음악 알아줌을 기뻐하며
가인(佳人)에게 흠뻑 취해 오랫동안 머물기를 권하는구나.

3) 등석(이인로)

* 출전 : 동문선 제20권 : 등석(燈夕) 칠언절구(七言絕句)

○燈夕[李仁老]
風細不教金燼落。更長漸見玉虫生。
須知一片丹心在。欲助重瞳日月明。
谷寒未放金鶯囀。風峭難教海燕來。
須信帝城春色早。銀花千樹徹宵開。

○등석(燈夕) : 이인로
風細不教金燼落 바람은 소소하여 황금화로의 불똥을 만들지 않지만
更長漸見玉蟲生 밤은 길어지며 비단벌레의 태어남을 점점 보이네

須知一片丹心在 오롯한 마음이 여기에 둠을 알아
欲助重瞳日月明 임금의 눈으로 일월 같이 밝음을 돕고자 하네

谷寒未放金鶯囀 계곡의 차가움은 황금 꾀꼬리의 지저김을 놓지 못
하고
風峭難敎海燕來 바람의 가파름은 바다 제비의 날아옴을 어렵게
하네
須信帝城春色早 모름지기 제성(帝城)의 봄빛을 이르다고 하나
銀花千樹徹宵開 등으로 장식한 수많은 나무는 밤을 밝혀버리네

[설명]
- 『동문선(東文選)』에 실려 있는 이인로(李仁老, 1152~1220)의 칠언
  절구(七言絶句).
- 중동(重瞳) : 중국 순(舜)의 눈에는 동자가 둘이었다는 이야기. 임
  금의 눈을 가리킴.
- 제성(帝城) : 중국 천자가 하늘에 제사지낸 성의 이름.
- 은화(銀花) : 화수(火樹)와 같이 불로 장식된 화려하고 아름다움
  을 비유하는 표현. 현란한 모습의 등불인 등화(燈火)나 불꽃인
  염화(焰火)를 비유. 화수은화(火樹銀花) 또는 화수기화(火樹琪花)
  라고도 쓰임.

4) 등석에 궐에 들어가 느낀 감흥(이규보)

* 출전 : 동국이상국집 제10권 : 등석입궐유감 2수(燈夕入闕有感) 고율시(古
  律詩)

○燈夕入闕有感 二首

兩部笙歌淸碎玉。九門燈火爛分星。

愚儒不及倡優輩。猶着緋袍入帝庭。

玉殿今宵宴侍臣。十分宣勸醉淋身。

蛾眉班上挿花容。未必純爲過我人。

○등석(燈夕)에 대궐에 들어가 느낀 감흥 2수

兩部笙歌淸碎玉 양부의 생황 소리 맑음은 옥을 바수는 듯하고

九門燈火爛分星 구문의 연등 불빛 찬란함은 별빛을 비추네

愚儒不及倡優輩 어리석은 선비는 광대 무리만도 못한데

猶着緋袍入帝庭 오히려 붉은 포(袍)를 입고 대궐 뜰에 들어가네

玉殿今宵宴侍臣 대궐에서 오늘 밤의 연회는 신하를 모으고

十分宣勸醉淋身 넉넉함에서 펴놓고 권하는 취기는 몸을 적시네

蛾眉班上挿花客 아미반 위에 꽃을 꽂은 손님도

未必純爲過我人 본래 마음은 나보다 나은 사람은 아닐레라

[설명]

- 동국이상국집(東國李相國集) : 이규보(李奎報, 1168~1241)의 시문집
  이다. 그의 아들 함(涵)이 1241년에 전집(全集) 41권, 다음 해에
  후집(後集) 12권을 편집하여 간행하고, 1251년에 고종(高宗)의 명
  령으로 손자 익배(益培)가 분사대장도감(分司大藏都監)에서 증보
  하여 다시 간행하였다.
- 등석(燈夕) : 음력 4월 8일 밤에 등대를 세우고 등을 달고서 석가

모니의 탄일(誕日)을 기념하는 날. 이날 베풀어지는 연회를 등석
연(燈夕宴)이라 함.
- 양부(兩部) : 당악(唐樂)과 향악(鄕樂)으로 구성하는 것을 말함. 『선
  화봉사고려도경(宣和奉使高麗圖經)』 악률(樂律)에 의하면, '고려의
  음악은 양부(兩部)로 되어 있는데 왼편에 있는 것은 당악(唐樂)
  으로 중국 음악이고, 오른편에 있는 것은 향악(鄕樂)으로 대체로
  오랑캐 음악이다. 그 중국 음악의 경우에는 악기가 모두 중국의
  제도와 같으며, 향악의 경우에는 고(鼓)·판(版)·생(笙)·우(竽)·필
  률(觱篥)·공후(箜篌)·오현금(五絃琴)·비파(琵琶)·쟁(箏)·적(笛)이 있
  는데 형태와 제작[形制]에 약간 차이가 있다'고 한다.
- 구문(九門) : 대궐(大闕)의 둘레에 있는 아홉 개 또는 아홉 겹의
  문(門).
- 아미반(蛾眉班) : 상원연등회(上元燃燈會)와 중동팔관회(仲冬八關
  會)는 절차가 서로 비슷하다. 크게 다른 점은 상원연등회는 봉
  은사에 나아가 고려 태조 진영에 배알하고, 중동팔관회는 다른
  나라의 조회를 받으며 꽃과 다과를 올리고 하사하는 절차가 있
  다. 꽃을 머리에 꽂고, 다과가 베풀어진다. 꽃은 꽃이 아름다운
  눈썹 위에 드리워진 모양을 그린 것으로 보아, 이 시는 중동팔
  관회의 등석연을 묘사하는 정경으로 추측할 수 있다.

5) 상원등석일에 문기장자와
   등롱의 시를 한림원에서 지어 올리다(이규보)

* 출전 : 동국이상국전집 제13권 : 상원등석(上元燈夕) 고율시(古律詩)

○上元燈夕。文機障子燈籠詩。翰林奏呈。

文機障子
夜勑金門九扇開。玉簫聲裡宴瑤臺。
百枝燈影搖宸仗。萬歲山光入壽杯。
踏席腰輕仙妓舞。緣橦跟絓伬童才。
太平多暇宜同樂。恩許千官徹曉陪。

燈籠詩
煌煌列燄花齊綻。薄薄輕紗水正澄。
炤却萬人同一影。始知眞箇大王燈。

○ 상원일(上元日) 등석(燈夕)에 문기장자(文機障子)와 등롱(燈籠)
의 시를 한림원(翰林院)에서 지어 올리다

문기장자(文機障子)
夜勑金門九扇開 밤에 칙령으로 금문의 아홉 사립문이 열리고
玉簫聲裏宴瑤臺 옥퉁소 소리 속에 요대(瑤臺)에서 잔치여네
百枝燈影搖宸仗 여러 가지 등불 그림자는 처마 석가래에 흔들리고
萬歲山光入壽杯 만세산의 빛은 천만세수(千萬歲壽)의 잔에 들어가네

踏席腰輕仙妓舞 내딛는 자리의 허리 날램은 신선의 요염한 춤이며
緣橦跟絓伬童才 솟대타기의 나아가는 경쾌함은 동자의 천진한 재

주네
太平多暇宜同樂 태평시절 흔한 한가로움은 함께 즐김이 마땅하여
恩許千官徹曉陪 모든 관원에게 밤을 새워 놀도록 은혜롭게 허락하
셨네

등롱시(燈籠詩)
煌煌列燄花齊綻 밝게 늘어선 불꽃같은 꽃은 가지런하게 피는 듯
하고
薄薄輕紗水正澄 엷고 가벼운 비단같은 물결은 정말 맑구나
炤却萬人同一影 밝게 비춤이여. 만 사람이 한 그림자로 같으니
始知眞箇大王燈 비로소 낱낱 하나하나 큰 왕등임을 알 수 있네

[설명]
- 상원일(上元日) : 음력 정월 15일을 말하는데, 금오(金吾)에게 분
  부하여 밤에 통행금지를 풀게 하고 전후(前後) 각 1일 동안 관등
  (觀燈)놀이를 하였다.
- 요대(瑤臺) : 옥으로 장식한 화려한 대(臺). 중국 하(夏)나라 걸왕
  (桀王)과 은(殷)나라 주왕(紂王)이 만든 대(臺)의 이름. 전설에 신
  선의 거처를 가리키며 아름다운 누대(樓臺)를 비유할 때 쓰임.
- 연동(緣橦) : 연등회 때 관람하는 솟대타기.
- 왕등(王燈) : 여러 가지 등불 중에 왕이라는 뜻이다. 불교에서 등
  을 켜는 인연에서 등(燈)은 출가자의 수행을 돕는 상징으로 인
  식한다. 또는 등왕(燈王)이라고도 함.

6) 매년 2월 보름 봉은행향(奉恩行香)한 후의 등석 풍경(최자)

* 출전 : 보한집 상권 : 每歲二月望爲燈夕

○ 每歲二月望爲燈夕。前一日駕幸奉恩寺。禮祖聖眞。號爲奉恩
行香。在舊都九街廣坦。白沙平鋪。大川溶溶流出兩廊間。至此夕。
百寮隨大小各結綵山。諸軍府亦以繪綵結絡。聯亘街陌。以畵幛書屛
張左右。競作伎樂。萬枝燈火。連天如白晝。

上行幸還。兩部伎女。着霓裳戴花冠。執樂迎蹕于昇平門外。奏還
宮樂。入興禮利賓門間。宮殿沈沈。高揪星斗。樂聲轟轟。如在半
天。仁廟朝魏闕火。興禮利賓門還宮樂廢。久矣。重營至十八年畢。
就是年燈夕。復舊樂入此門。上吟一絕云。

此地君臣樂。虛經十八年。

幸因匡弼力。旣醉復如前。

載此御製者因紀事。他皆類此。

○ 매년 2월 보름을 등석(燈夕)이라 한다. 하루 전날 임금은 봉은사
(奉恩寺)에 가서 조상과 성인의 진영(眞影)에 예를 올렸는데, 이를 봉
은행향(奉恩行香)이라 한다. 옛 서울 성문의 아홉 거리[九街]는 넓고
평탄하였으니, 흰 모래가 평평하게 깔려 있고, 큰 내가 넘실넘실 두
회랑 사이에서 흘러나왔다. 이날 저녁이 되면 모든 관리는 지위의 높
고 낮음에 따라 각각 비단산을 맺고, 여러 군부(軍府)도 비단[繪綵]으
로 낙(絡)을 엮어서 거리마다 끊어지지 않게 연결시키고, 그림 액자·

글씨 병풍을 좌우로 펼쳤다. 악기를 다투어 연주하였고, 온 나뭇가지의 등불이 하늘에 맞닿아 대낮 같았다.

임금의 행차가 돌아갈 적엔 양부(兩部)의 악기를 연주하는 여인들이 무지개 치마를 입고 화관(花冠)을 쓰고 악기를 든 채 승평문(昇平門) 밖에서 임금의 수레를 영접하며 환궁악(還宮樂)을 연주하였다. 임금의 수레가 흥례문(興禮門)과 이빈문(利賓門) 사이를 들어서면, 궁전은 어두컴컴하고, 별들은 높은 곳에서 반짝이고, 음악 소리 우렁찬 것이 하늘에 있는 듯하였다. 인종 때 위궐(魏闕)이 불에 타 흥례문과 이빈문의 환궁악을 폐지한 지 오래다. 중건을 18년 만에 마치자, 바로 이 해의 등석에서 옛 것을 복원하여 환궁악을 연주하며 이 문에 들어갔다.

임금께서 한 절(絶)을 읊으시기를,
　　　이 땅의 임금과 신하의 음악
　　　허망하게 18년이 지났구나.
　　　다행히 바로 하려는 신하들의 도움으로
　　　이미 흠뻑 취했으니, 예전처럼 회복되었네!
라고 하였다. 임금께서 지으신 것을 여기에 실은 것은 일을 기록하기 위해서이다. 다른 것도 모두 이와 같다.

[설명]
- 보한집(補閑集) : 최자(崔滋, 1188~1260)의 시화집으로 1254년 판각함. 상원연등회가 2월 보름에 열리기도 한 것을 알 수 있다.
- 봉은행향(奉恩行香) : 상원일이나 2월 보름에 봉은사에 모셔진

고려 태조 진영을 배알하기 위해서 나아가는 연등 행차를 말함. 특히 환궁할 때인 저녁에는 환궁악을 연주하며, 거리는 비단과 등불로 장식하고 있다. 고려 당시 연등회의 규모와 화려한 모습을 알 수 있게 한다.
- 위궐(魏闕) : 궁문 밖 양 끝에 높이 솟은 누관(樓觀)을 의미한다. 옛날, 백성들에게 알리기 위하여 법령을 게시하던 궁문 밖의 두 누각. 궁정 또는 조정(朝廷)을 의미하기도 함.

7) 사대부가 화산대를 설치하다(신돈)

* 출전 : 고려사 열전 : 叛逆 辛旽

○ 二十年。旽傔人。享旽于穿坂。王出涼廳望之。自侍中以下有爵者皆與。凡二百餘人。都人聚觀。謂之僉議餞送。權適又大享旽。設火山臺。旽不敢自安。乃移涼廳。請王觀之。旽初以僧行。見信於王。旣納蘭女。又畜妾無筭。卿大夫妻貌美者。必密招私之。凡在朝者。皆希恩畏威。爭獻臧獲·寶器。王猶以不受祿。不近色。不置田園。信重之。旽恣行威福。恩讎必復。世家大族。誅殺殆盡。人視若虎狼。至使仕者。夜直其第。論資授官。出則侍中以下。擁前後。道路爲之塡塞。市不開貨。奇顯·崔思遠爲腹心。春富·蘭爲羽翼。黨與滿朝。王亦有不自安之意。稱領相。而不敢官。

○ (공민왕(恭愍王)) 20년(1371) 신돈(辛旽)의 시종들이 천판(穿坂)에서 신돈에게 연향을 차렸는데, 왕이 양청(涼廳)에 나갔다가 그것을

멀리서 바라보니 시중(侍中)부터 그 이하 관작이 있는 자가 모두 참여하여 200여 인이나 되었다. 도성 사람들이 모여서 보며 첨의(僉議)를 전송하는 것이라고 하였다. 권적(權適)이 또 신돈에게 크게 잔치를 베풀어 화산대(火山臺)를 설치하자, 신돈이 스스로 편안하지 못하여 양청으로 옮겨 왕에게 그것을 보라고 청하였다. 신돈이 처음에 승려의 행실로서 왕에게 신임을 얻었으나, 이미 김란(金蘭)의 딸을 들이고도 셀 수 없이 첩을 두며 경대부(卿大夫)의 처라도 용모가 아름다운 자는 반드시 은밀히 불러 간음하였다. 조정에 있는 자들이 모두 은혜를 바라고 위세를 두려워하여 뇌물과 보배를 다투어 바쳤는데, 왕은 도리어 녹도 받지 않고 여색도 가까이하지 않으며 토지도 두지 않는다고 하며 신임하고 중히 여겼다. 신돈이 위복을 자행하고 은원이 있으면 반드시 갚으니, 세가대족(世家大族)이 거의 다 죽임을 당하여 사람들이 그를 범이나 이리처럼 보았고, 심지어 벼슬아치를 밤에 자기 집에서 숙직시키기도 하였으며 자질을 따져 벼슬을 주기도 하니, 나가면 시중 이하가 앞뒤를 에워싸서 도로가 막힐 지경이어서 시장에서는 물건도 벌여놓지 않았다. 기현(奇顯)과 최사원(崔思遠)이 심복이 되고 이춘부(李春富)와 김란(金蘭)이 양팔이 되었으며 그 무리가 조정에 가득 차니, 왕도 스스로 불안한 뜻이 있어 영상(領相)이라고만 칭하고 감히 관직명을 부르지 못하였다.

8) 산대놀이(이색)

* 출전 : 목은시고 제33권 : 山臺雜劇

○ 自東大門至闕門前。山臺雜劇。前所未見也。
山臺結綴似蓬萊。獻果仙人海上來。
雜客鼓鉦轟地動。處容衫袖逐風廻。
長竿倚漢如平地。瀑火衝天似疾雷。
欲寫大平眞氣像。老臣簪筆愧非才。

○ 동대문(東大門)에서부터 대궐 문 앞까지 늘어선 산대잡극(山臺雜劇)은 전에는 보지 못하던 것들이었다.

山臺結綴似蓬萊 산대를 얽어 놓음은 봉래산을 닮았고
獻果仙人海上來 과일 바치는 선인은 바다에서 오네
雜客鼓鉦轟地動 잡객의 북소리 징소리 땅을 뒤흔들고
處容衫袖逐風廻 처용의 소맷자락 바람을 돌아가네

長竿倚漢如平地 긴 장대의 의지한 놈은 땅에서 노니는 것 같고
瀑火衝天似疾雷 터진 폭죽의 하늘 찌름은 번갯불처럼 빠르네
欲寫太平眞氣像 태평 시대 이 분위기 그대로 전하고 싶다마는
老臣簪筆愧非才 사관(史官)인 늙은 신하 재주없어 부끄럽네

[설명]
- 이색(李穡, 1328~1396) : 고려말의 문신. 중국 원나라에 가서 과거에 급제하고 귀국하여 벼슬에 나아갔다. 삼은(三隱)의 한 사람이며, 제자에 권근과 변계량 등을 배출하였다. 조선 개국한 후에 조선 태조가 여러 번 불렀으나 나가지 않고 절개를 지켰다. 저

서에 『목은시고(牧隱詩藁)』, 『목은문고(牧隱文藁)』가 있다. 자는
영숙(穎叔)이며 호는 목은(牧隱)이다.

- 잠필(簪筆) : 사관(史官). 옛날 중국 사람은 일이 있을 때 쓰기 위
  하여 붓을 머리에 꽂고 홀(笏)이나 독(牘)을 몸에 지니고 다녔다
  는 고사에서 유래. 전하여 사필(史筆)을 가진 신하라는 뜻으로,
  승정원의 주서(注書)나 예문관의 검열(檢閱)을 말함.

- 산대잡극(山臺雜劇) : 이 시기에 처음 연행된 것이 아니라 종전에
  보지 못했던 더욱 새로워진 모습을 보였다는 의미로 해석해야
  적절하다. 『고려사』의 국가행사의 연회에는 양부악관(兩府樂官)
  과 산대악인(山臺樂人)이 나오는데, 음악을 전문적으로 연주하는
  악사가 있고, 또 산 모양의 높은 채붕의 산 모양[山臺, 산대]을
  만들어 여러 가지 기예를 보이는 기인(伎人)이 있었으며, 이들은
  전문적인 일을 하는 관인이었다. 고려 말에는 이러한 백희잡기
  (百戲雜技)의 놀이가 높은 수준에 도달했고 채붕을 설치하고 공
  연한 가무백희(歌舞百戲)를 산대잡극이라 불렀다. 고려 이후 조
  선에서도 국가의 행사에 채붕을 설치하고 공연하였는데, 이 높
  은 채붕을 산대라고 한 것에서 산대잡극이라 불렀다.

  시에서 산대잡극의 공연 규모와 종목, 무대 설치 등을 알 수 있
  으며, 다음과 같은 내용이었음을 추측할 수 있다. '산대, 봉래
  산'에서는 봉래산 모양의 산대에 인형 잡상(雜像)을 설치하여
  신선의 고사를 재현했다는 것을 보여 준다. '과일, 선인'에서는
  산대잡극에서 헌선도(獻仙桃)가 연행되었음을 알 수 있다. 헌선
  도는 고려 문종(文宗, 재위 1046~1083) 때 송나라로부터 들여온
  교방악의 하나로, 정월 보름날 가회(嘉會)에서 군왕을 송수(頌
  壽)하기 위해 공연한 가무희이다. 서왕모(西王母)가 선계에서 내
  려와 군왕에게 선도(仙桃)를 드리는 내용으로 구성한다. '북과

징소리, 처용'에서는 속악가무(俗樂歌舞)인 처용무를 추었음을 알 수 있다.『고려사』악지(樂志)에 처용무가 소개되어 있고, 고려와 조선시대를 지나며 궁중을 비롯한 상층의 무용으로 정착되었다. 주로 섣달그믐 잡귀를 쫓는 나례의식에서 행해졌으며, 중국 사신 영접 행사나 궁중 다례 등에서 연희되었다. '장대'의 장면은 솟대타기를 솟대 위에서 마치 평지를 걷는 듯이 다리를 움직이는 모습을 연출하고 있다. 고려시대의 솟대타기는 임금이 행차하는 국가적인 행사, 연등회(燃燈會), 수희(水戲) 등에서 연행되었다. 고려에서는 연동(緣橦)과 심당(尋橦)은 모두 솟대타기의 일종이며, 줄타기[走索]도 행해졌다. '폭화(瀑火)'는 폭죽놀이인데, 산대잡극에서도 화희(火戲)를 행했다. 화희는 화약이 터질 때 나는 소리와 꽃잎처럼 퍼지는 불꽃을 즐기는 연희로 군대에서는 화약의 위력을 보이고, 그 중요성을 강조하기 위해 행해졌다. 13세기 후반부터 등놀이를 할 때 불꽃놀이를 하였다는 기록이 나타나기 시작하며 연말 연초, 사신 접대, 나례(儺禮) 등에서 벽사(辟邪)의 의미로 행해졌다.

9) 섣달그믐에 역귀 몰아내기(이색)

* 출전 : 목은시고 제21권 : 驅儺行

○驅儺行聞之。敬書上送史官。
天地之動何冥冥。有善有惡紛流形。
或爲禎祥或祅蘖。雜糅豈得人心寧。
辟除邪惡古有禮。十又二神恒赫靈。

國家大置屛障房。 歲歲掌行清內庭。
黃門偎子聲相連。 掃去不祥如迅霆。
司平有府備巡警。 烈士成林皆五丁。
忠義所激代屛障。 畢陳怪詭趨群伶。
舞五方鬼踊白澤。 吐出回祿吞靑萍。
金天之精有古月。 或黑或黃目靑熒。
其中老者傴而長。 衆共驚嗟南極星。
江南賈客語侏離。 進退輕捷風中螢。
新羅處容帶七寶。 花枝壓頭香露零。
低回長袖舞太平。 醉臉爛赤猶未醒。
黃犬踏碓龍爭珠。 蹌蹌百獸如堯庭。
君王端拱八角殿。 群臣侍立圍疏屛。
侍中稱觴上萬歲。 幸哉臣等逢千齡。
海東天子古樂府。 願繼一童傳汗靑。
病餘無力阻趨班。 破窗盡日風冷冷。

○구나행(驅儺行) 의식을 한다는 말을 듣고 삼가 써서 사관(史官)
에게 올려 보내다.
天地之動何冥冥 하늘과 땅의 움직임 어찌 그리 아득한지
有善有惡紛流形 선과 악의 어지러움은 모양내어 흐르네
或爲禎祥或祆孼 혹은 상서로움이 되고 혹은 요사스러움이 되어
雜糅豈得人心寧 서로 뒤섞이니 어찌 사람 마음의 편함을 얻으리오

辟除邪惡古有禮　삿된 악을 막고 물리침에 옛부터 체(體)가 있다했
　　　　　　　　으니
十又二神恒赫靈　열 그리고 두 신은 항상 신령함을 떨치네
國家大置屏障房　나라에서 가림막을 방마다 크게 놓으니
歲歲掌行淸內庭　해마다 구나행을 부려서 왕실을 깨끗이 하네

黃門侲子聲相連　궁궐문에는 남자아이[侲子] 소리 서로 이어지고
掃去不祥如迅霆　쓸고 지나가자 흩어짐이 마치 천둥같네
司平有府備巡警　사평(司平)에는 부(府)가 있어 순찰을 돌지만
烈士成林皆五丁　열사들이 숲을 이루니 모두가 오정역사네

忠義所激代屏障　충의심에 격앙되어 액막이를 대신하니
畢陳怪詭趨群伶　기괴한 걸 다 베풀고 뭇 광대를 따르네
舞五方鬼踊白澤　오방귀를 춤추고 백택을 튀어 오르게 하고
吐出回祿呑靑萍　불 토해 내기 칼 삼키기의 묘기를 펼치네

金天之精有古月　서역의 나라 사람 고월(古月)의 가면극에는
或黑或黃目靑熒　혹은 검고 혹은 누렇고 눈은 새파란데
其中老者傴而長　그중 늙은이는 굽은 허리에 키가 커서
衆共驚嗟南極星　모두가 남극 노인이라고 경탄하네

江南賈客語侏離　강남 장사꾼이 부르는 소리는 노래같고
進退輕捷風中螢　밀고 당기는 가벼운 물건은 바람 속의 반딧불같네

新羅處容帶七寶 신라의 처용은 칠보를 몸에 장식하고
花枝壓頭香露零 꽃 가지가 머리에 붙어있음은 이슬맺혀 향기롭네

低回長袖舞太平 긴 소매 천천히 돌려 태평무를 추는데
醉臉爛赤猶未醒 발갛게 취한 뺨은 술이 아직 안 깬 듯하고
黃犬踏碓龍爭珠 누런 개는 방아를 찧고 용은 여의주 다투니
蹌蹌百獸如堯庭 춤추는 온갖 짐승이 요 임금 뜰에 있는 것 같네

君王端拱八角殿 군왕은 팔각전에 단정하게 나오시고
群臣侍立圍疎屛 신하는 병풍을 에워싸듯 시립하네
侍中稱觴上萬歲 시중은 술잔 들어서 만세를 축수하니
幸哉臣等逢千齡 다행이어라. 신들은 천년을 만났음이여

海東天子古樂府 해동의 천자에게는 고악부가 있는데
願繼一章傳汗靑 이 한 소절을 꿰매서 기록으로 전하고자 하지만
病餘無力阻趨班 병든 몸 힘이 없어 조반에도 못 나간 채
破窓盡日風泠泠 온종일 찢어진 창에 바람만 썰렁하구려

[설명]
- 구나행(驅儺行) : 구나(驅儺)는 세모(歲暮)에 역귀(疫鬼)를 몰아내
는 의식이다. 『후한서(後漢書)』 예의지(禮儀志)에 의하면, 대략 10
세 이상, 12세 이하인 중황문 자제(中黃門子弟) 120인을 아이초라
니[侲子]로 삼고, 방상시(方相氏)는 황금사목(黃金四目)의 가면(假
面)을 쓰고, 십이수(十二獸)의 가면극(假面劇)을 벌이면서, 갑작(甲

作), 필위(腓胃), 웅백(雄伯), 등간(騰簡), 남저(攬諸), 백기(伯奇), 강량(強梁), 조명(祖明), 위수(委隨), 착단(錯斷), 궁기(窮奇), 등근(騰根) 등 십이신(十二神)을 시켜 금중(禁中)의 악귀(惡鬼)들을 몰아낸다고 한다.

- 정상(禎祥) :『중용(中庸)』에 나오는 말로, 좋은 징조 또는 경사스러운 징조를 뜻한다.

- 진자(侲子) : 음력 섣달 그믐날 밤에 귀신을 쫓기 위한 나례의식을 거행하던 12~16세의 남자아이를 말하며, 탈과 붉은 건(巾)을 쓰고 붉은 치마를 입는다. 나자(儺者)의 하나. 아이초라니라고 함.

- 사평부(司平府) : 고려 때 도둑을 방지하고 풍속의 어지러움을 금지[防盜禁亂]할 목적으로 설치한 기관, 즉 사평순위부(司平巡衛府)의 약칭이다.

- 오정(五丁) : 전국 시대 촉(蜀)나라의 뛰어난 역사(力士) 다섯 사람을 오정역사(五丁力士)라 한다.

- 백택(白澤) : 전설상의 신수(神獸)의 이름이다.

- 금천(金天) : 가을 하늘 또는 서쪽 하늘을 말함.

- 고월(古月) : 호(胡)자를 쪼개서 古와 月로 파자(破字)한 것으로, 서역의 호인(胡人)을 가리킨다.

- 처용(處容) : 신라(新羅) 헌강왕(憲康王) 때의 처용랑(處容郎)을 가리킨다. 처용랑의 설화(說話)로 인해서 역대로 나례(儺禮) 때에는 반드시 처용무(處容舞)가 등장했다고 한다.

- 주리(侏離) : 고대 우리음악을 가리키는 말. 주(侏)라고도 하며, 우리 춤을 주리무(侏離舞)라고 부른다.

- 창창(蹌蹌) :『서경(書經)』익직(益稷)에 나오는 이야기이다. 요순(堯舜) 때의 악관(樂官)인 기(夔)의 말에, "생과 용을 간간이 사용하니, 새와 짐승들이 서로 춤을 추었다.[笙鏞以間 鳥獸蹌蹌]"라는

데서 온 말이다.

- 한청(汗靑) : 역사책 또는 기록.
- 산대잡극과 나례희(儺禮戲)는 내용이 같은 대상을 다른 용어로 표현한 것이다. 고려시대 산대잡극의 모습을 보여 주는 자료이다. 이 구나행은 나례에서 연행된 연희들을 구체적으로 묘사하는데, 전반부(1구~14구)는 12지신과 진자들이 역귀를 쫓는 의식을 묘사하는 내용이고, 후반부(15구~28구)는 의식이 끝난 후 연희자들이 각종 잡희를 하는 두 부분으로 나뉜다. 다시 말하면, 처음 3수(12구)는 12신이 내려와서 이루어지는 의식의 묘사이고, 4번째 1수(4구)에서 액막이가 이루어졌으므로 분위기를 전환하며 오방귀와 신수가 잡희로 나아가 흥을 돋우는 변화이며, 5~7수(12구)는 산대잡극의 나례희가 이루어진 후의 모두 즐기는 놀이의 내용이며, 마지막 2수(8구)는 국가와 왕실에 대한 축원의 성격이 짙다.

나례(儺禮)에서 구역(驅疫)이 끝난 뒤에 행해진 연희의 첫 순서는 오방귀무와 사자무가 진행되었고, 이후 불 토해 내기, 칼 삼키기, 서역의 호인희(胡人戲), 줄타기, 처용무, 각종 동물로 분장한 가면희 등이 묘사되어 있다. 『고려사』 1165년(의종 19) 4월조에 의하면, 우번(右番)의 내시들이 채붕을 설치하고 이국인이 고려에 와서 공물을 바치는 광경을 흉내 내는 공물바치기 놀이를 연출했다는 내용이 있다. 이 내용에서 우번에 귀족의 자제들도 이를 흉내냈으며, 서역인이 직접 등장해 연희를 펼친 것을 짐작할 수 있다.

3. 조선시대 자료

1) 군기감에서 화산대를 관리하다(태종실록)

* 출전 : 조선왕조실록 태종 7년(1407) 정해 12월 30일(기유)

○賜軍器監火藥匠三十三名各米一石。除夜。軍器監設火山臺于闕中。火藥之烈。倍於前日。倭使來觀。莫不驚怖。諸色匠人。亦賜麤布五十匹。

○군기감(軍器監) 화약장(火藥匠) 33명에게 각각 쌀 1석씩을 내려 주었다. 제야(除夜)에 군기감에서 화산대(火山臺)를 대궐 가운데 베풀었는데, 화약의 맹렬하기가 전날에 배나 되어, 왜사(倭使)가 와서 보고 놀라고 두려워하지 않는 자가 없었다. 제색(諸色) 장인(匠人)에게도 추포(麤布) 50필을 내려 주었다.

　　[설명]
　　- 군기감(軍器監) : 군사조직으로 화약 재료를 관장하는 군기관.

2) 숯을 만드는 군역인 기인(其人)제도를 논의하다(성종실록)

* 출전 : 조선왕조실록 성종 즉위년 기축(1469) 12월 10일 己未

○先是。命議復立其人便否。院相申叔舟·韓明澮·崔恒·洪允成·

曹錫文・金礩・金國光議 今革其人。而責諸邑貢燒木及炬。未及上納。
則國用必乏。 姑復立。何如。大王大妃傳曰 大行所立之法。予可革也。
其人。世祖所革。無大利害。而今遽復之。無乃不可乎。叔舟等曰 臣等
亦非欲變法。今有國恤。明年則天使又來。用度甚廣。司宰。繕工兩
司。奴婢數少。若無其人。則炭燒木進排。極難。 過明年後。依『大典』。
革之非晚也。傳曰 國家多事。其人姑仍舊。勿革。

○ 이보다 앞서 기인(其人)을 다시 정하는 것이 편리한가 편리하지
않은가를 의논하도록 명했더니, 원상(院相) 신숙주(申叔舟)・한명회(韓
明澮)・최항(崔恒)・홍윤성(洪允成)・조석문(曹錫文)・김질(金礩)・김국광
(金國光)이 의논하기를, "지금 기인(其人)을 혁파(革罷)하고서 여러 고
을에 소목(燒木)과 홰[炬]를 담책(擔責)시켰다가 미처 상납(上納)하지
못한다면 국용(國用)이 반드시 모자랄 것이니, 잠정적으로 다시 기인
(其人)을 정하는 것이 어떻겠습니까?"하니 대왕 대비가 전교(傳教)하
기를, "대행왕(大行王)이 제정한 법은 내가 혁파(革罷)할 수가 있지만,
기인은 세조(世祖)께서 혁파하였고, 큰 이해(利害)가 없는데도 지금 갑
자기 회복시키는 것은 옳지 않음이 없겠는가?"하였다. 신숙주 등이 아
뢰기를, "신(臣) 등도 또한 법을 변경하려고 하는 것은 아닙니다. 지금
은 국상(國喪)이 있고, 명년에는 명(明)나라 사신이 또 오게 되어 용도
(用度)가 매우 많은데, 사재(司宰)・선상(繕上) 두 관사(官司)의 노비(奴
婢)의 수효가 적으니, 만약 기인(其人)이 없으면 탄소목(炭燒木)을 진
배(進排)하기가 매우 어렵겠습니다. 명년이 지난 후에『대전(大典)』에
의거하여 이를 혁파(革罷)하더라도 늦지는 않을 것입니다."하니 전교

(傳敎)하기를, "국가에서 일이 많으니, 기인(其人)은 잠정적으로 그전대로 두고 혁파(革罷)하지 말도록 하라."하였다.

[설명]
- 기인(其人) : 신라의 상수리(上守吏)에서 유래하여, 고려 초기에 향리(鄕吏)의 자제(子弟)를 뽑아 서울에 데려와서 볼모로 삼고, 출신 지방의 고문(顧問)으로 응하게 하였다. 조선에 들어와서도 궁중에서 노예와 같은 여러 가지 고역(苦役)에 역사되다가 태종(太宗) 9년(1409) 이후에는 주로 소목(燒木)을 바치는 역(役)을 담당하였다. 이는 지방 세력을 견제하고 중앙 집권을 강화하기 위한 정책이다. 소목(燒木)은 숯을 말하는데, 화약의 재료로 쓰이는 숯을 만드는 군역을 가리키게 된다.

3) 화산대(火山臺)를 설치하고 관화(觀火)하는 의미를 논의하다(성종실록)

* 출전 : 조선왕조실록 성종 8년 정유(1477) 12월 21일 갑인(甲寅)

○御經筵。講訖。上曰 藥匠死傷者多。心有未安。欲停觀火何如。領事尹士昕。金國光對曰 機械已具。觀火無妨。知事姜希孟曰 臣親見燒死者。臣心慘然。無以爲懷。但功役旣訖。後不可復用。今若中止。則皆爲虛棄矣。此軍國重事。不可停也。大司憲李繼孫啓曰 後苑觀火。乃是戲玩之事。不必行之。況今人多燒死。大是變異。請停之。上曰 此是係關軍務。謂之戲玩可乎。若欲爲戲。則豈無他戲。而必欲爲火戲乎。予今欲停者。特以人死耳。其可指爲戲玩而請停乎。繼孫曰

火山臺。非禦敵之具。豈必急急。獻納金塊曰 宦官申雲與金磋之罪無
異。而申雲只附過。曺疹。安仲敬敎授。臣以爲過輕。上曰 申雲爲首
而仲敬與疹爲從。故罪之有差耳。司憲府大司憲李繼孫等上箚子曰 火
山臺固非禦敵之具利民之資。而所費不貲。且近戲玩。雖無大災。猶
不可爲。矧今人多死傷。此實大災。殿下當戒懼修省。弔祭死者。謝天
恤民。豈可必爲近戲之事乎。古者人君刑一人。必輟樂減膳。況今死於
非命者四人哉。伏望亟命罷役。以答天譴。不聽。

○ 경연에 나아갔다. 강하기를 마치자, 임금이 말하기를, "약장(藥
匠)의 사상자가 많아서 마음이 편안치 못하다. 관화(觀火)를 그만두려
고 하는데, 어떻겠는가?"하니, 영사(領事) 윤사흔(尹士昕)과 김국광(金
國光)이 대답하기를, "기계(機械)가 이미 갖추어졌으니, 관화는 무방합
니다."하였다. 지사(知事) 강희맹(姜希孟)이 아뢰기를, "신은 친히 소
사(燒死)한 자를 보아서 신의 마음이 참람하여 마음이 내키지 않습니
다마는, 공역(功役)이 이미 끝나서 뒤에 다시 쓸 수가 없으니, 지금 만
약 중지한다면 모두 헛되이 버리게 됩니다. 이는 군국(軍國)의 중대한
일이니, 정지할 수 없습니다."하고, 대사헌 이계손(李繼孫)이 아뢰기
를, "후원(後苑)의 관화는 곧 놀이[戲玩]하는 일이니, 반드시 행해야
하는 것은 아닙니다. 하물며 지금 사람이 많이 소사한 것은 큰 변괴이
니, 청컨대 정지하소서."하니, 임금이 말하기를, "이것은 군무(軍務)에
관계되는 일인데, 놀이라고 해도 되겠는가? 만약에 놀이를 하려고 한
다면, 어찌 다른 놀이가 없어서 꼭 화희(火戲)를 하려고 하겠는가? 내
가 지금 정지하고자 하는 것은 다만 사람이 죽어서일 뿐이다. 이것을

놀이라고 지적해서 정지하도록 청하는 것이 옳은가?"하니, 이계손이 아뢰기를, "화산대(火山臺)는 적을 막는 기구가 아닌데, 어찌 꼭 급급(急急)한 것이라고 하겠습니까?"하였다. 헌납(獻納) 김괴(金塊)가 아뢰기를, "환관 신운은 김작의 죄와 다름이 없는데, 신운을 다만 부과(附過)하게 하시고, 조진과 안중경은 잘못만 가르쳐 주게 하셨으니, 신은 너무 가볍다고 생각합니다."하니, 임금이 말하기를, "신운은 수범(首犯)이 되나, 안중경과 조진은 종범(從犯)이 되기 때문에, 죄의 차이가 있다."하였다.

사헌부 대사헌 이계손 등이 차자(箚子)를 올려 아뢰기를, "화산대(火山臺)는 진실로 적을 막는 기구도 아니고, 백성을 이롭게 하는 재물도 아닌데, 소비하는 것이 적지 아니하고, 또, 놀이에 가까우니, 비록 큰 재앙이 없다 하더라도 오히려 할 만한 것이 못됩니다. 하물며 지금 사상자가 많으니, 이는 진실로 큰 재앙입니다. 전하께서 마땅히 계구(戒懼)하고 수성(修省)하시며, 죽은 자에게 조제(弔祭)하시어, 하늘에 사죄하고 백성을 불쌍히 여기셔야 할 터인데, 어찌 반드시 놀이에 가까운 일을 하셔야 되겠습니까? 옛적에 인군(人君)은 한 사람을 벌하고도 반드시 음악을 거두고, 반찬을 감(減)했었습니다. 하물며 지금은 비명(非命)에 죽은 자가 4명인 데이겠습니까? 엎드려 바라건대, 즉시 역사(役事)를 파하도록 명하시어 하늘의 견책에 답하소서."하였으나, 들어주지 않았다.

[설명]
- 관화(觀火) : 궁중(宮中)의 후원(後苑)에서 열던 불꽃놀이. 대궐의 후원에 여러 가지 종류의 화약을 재어 넣은 많은 포통(砲筒)을

설치하고, 야간에 임금과 문무 2품 이상의 관원이 지켜보는 가
운데 이를 터뜨림.
- 화산대(火山臺) : 화희(火戲)를 하는 궁정의 무대 모양으로 만든
대(臺).

4) 화산대(火山臺)는 나례(儺禮)와 같이 왕실의 악귀를 쫓는 큰 행사이다(성종실록)

* 출전 : 조선왕조실록 성종 21년 경술(1490) 12월 24일 신미(辛未)

○弘文館副提學李誼等上箚子曰

伏見殿下。近以星文之變。省躬罪己。減膳求言。其祗畏天戒至
矣。然而火山臺之設。出於戲玩。儺雖古禮。亦近於戲。古者方相氏
掌之逐疫而止。若人主因儺而觀雜戲。則古未聞也。 有司欲踵前例。
殿下從之。其在謹天戒之時。有此玩細娛之具。是豈敬天之誠乎。況
聞今月十七日。忠淸道 稷山。有雷電震人之異。雷旣不時。震人亦甚
矣。災不虛應。必有所召。伏望殿下。更加兢惕。觀儺觀火會禮等
事。竝令停罷。克盡遇災應天之實。不勝幸甚。

傳曰 火山臺之設。雖近於戲。亦是軍國重事。觀儺逐疫。雖戲事。
皆消災闢邪之具。縱有星變雷電。奚由於此。會禮宴。非爲一己之
樂。上有兩大妃。欲獻壽盃耳。誼等啓曰 臣等所言。災變非由此事而
作。時方減膳求言。修省恐懼之日。如此等事。所宜一切停罷。嚴加
敬畏。以答天譴云耳。會禮宴。則殿下欲獻壽於兩大妃。臣不敢更言
矣。傳曰 爾等所言。深有義理。然觀儺觀火。非以玩戲而爲之。只

爲兩殿逐邪耳。會禮宴。則當元日獻壽兩宮。仍與群臣慶會。可謂兩
全。何過之有。

○홍문관 부제학(弘文館副提學) 이집(李諿) 등이 차자(箚子)를 올
리기를, "삼가 보건대, 전하께서 요즈음 성문(星文)의 변이(變異)로 인
하여 허물을 반성하고 몸을 닦으며, 감선(減膳)하고 구언(求言)하셨으
니, 하늘의 경계를 두려워하심이 지극하십니다. 그러나 화산대(火山
臺)를 설치함은 유희(遊戱)에서 나온 것이고, 나례(儺禮)는 비록 옛 제
도이기는 합니다만, 역시 유희에 가까운 것이므로, 옛날에는 방상씨
(方相氏)가 담당하여 역귀(役鬼)를 쫓는 것뿐이었고, 임금이 나례로 인
하여 잡희(雜戱)를 구경하였다는 것을 예전에 듣지 못하였습니다. 유
사(有司)들은 전례(前例)를 그대로 답습하고자 하는데, 전하께서는 이
를 따르시니, 하늘의 경계를 삼가야 할 때에 즐기기 위한 놀이 준비를
하는 것이 어찌 하늘을 경계하는 성의하고 할 수 있겠습니까? 더구나
듣자니, 이달 17일에 충청도(忠淸道) 직산(稷山)에, 천둥과 번개가 치
고 사람에게 벼락이 떨어진 이변(異變)이 있었다 하니, 천둥도 칠 때가
아닌데도 사람에게 벼락을 친 것은 심한 것입니다. 재앙은 헛되이 응
하는 것이 아니고 반드시 불러들인 원인이 있는 것입니다. 삼가 바건
대, 전하께서는 다시 더 삼가도록 하소서. 나례와 불꽃놀이를 구경하
는 것과 회례연(會禮宴) 등의 일은 모두 중지하시고 재앙을 만나 하늘
의 경계에 대응하는 실재의 뜻을 다해 주시면 더 없는 다행이겠습니
다."하였는데,
전교하기를, "화산대를 설치한 것은 비록 유희에 가깝다. 그러나 역

시 군대와 나라의 중대한 일이며, 나례를 구경하고 역귀를 쫓는 것이 비록 유희의 일이라고 하나 모두 재앙을 없애고 사귀(邪鬼)를 물리치기 위한 것들인데, 비록 성변(星變)이나 천둥 번개가 있었다고 한들 어찌 그로 말미암은 것이겠는가? 회례연(會禮宴)은 나 한 몸을 즐기기 위한 것이 아니다. 위로 두 대비(大妃)가 계시기 때문에 축수(祝壽)하는 술잔을 올리고자 함이다."하므로, 이 집 등이 아뢰기를, "신 등이 말한 것은 재변(災變)이 그로 말미암아서 생겼다는 것이 아니고, 지금 바야흐로 감선(減膳)하고 구언(求言)하며 몸을 닦고 마음을 가다듬어 두려워하고 있는 때이므로, 그러한 일은 마땅히 일체 중지시켜서 엄숙하게 더 공격하여 하늘의 견책(譴責)에 대응해야 한다고 한 것입니다. 회례연은 전하께서 두 대비에게 축수를 드리고자 함이니, 신은 감히 다시 말하지 않겠습니다."하니, 전교하기를, "그대들이 말한 것은 매우 의리(義理)가 있다. 그러나 나례와 불꽃놀이를 구경하는 것은 즐거운 놀이를 하기 위한 것이 아니고 다만 양전(兩殿)을 위해서 사귀(邪鬼)를 쫓기 위함이다. 회례연은 원일(元日)에 양궁(兩宮)에 축수를 드리고 이어 군신(群臣)과 경사스럽게 모이는 것이므로, 두 가지 뜻이 다 갖추어졌다고 할 수 있는데, 무슨 잘못이 있겠는가?"하였다.

[설명]
- 방상씨(方相氏) : 주대(周代)의 벼슬 이름. 하관(下官)에 속함.
- 양전(兩殿) : 두 대비.

5) 관화(觀火)를 위한 재료·종류·방법 그리고 행사를 주관하는 곳은 군기시(軍器寺)이다(성현)

* 출전 : 용재총화 제1권 : 관화(觀火)

○ 觀火之禮。軍器寺主之。預先設具於後園。有大中小例。所費甚廣。其法以厚紙疊裹砲筒。中納石硫黃鹽硝班猫柳灰等物。堅塞築之。付火其端。則須臾烟生火熾。筒紙皆破。聲振天地。其始也埋置火矢於東遠山。以千萬計。火入則矢無數抽上射于天。隨破有聲。狀如流星。滿空燁燁。又樹長竿數十於苑中。竿頭設小包。御前懸彩籠。自籠底結長繩屬諸竿。橫縱連亘。每繩頭置矢。軍器寺正奉火遂納籠中。須臾火起。焰落于繩。矢從繩而馳觸于竿。竿有小包。包折火光回幹。如轉輪之狀。矢又從繩而馳。觸于他竿。如是馳觸相繼不絕。又作伏龜形。火從龜口而出。烟焰亂瀉如水流下。龜上立萬壽碑。火明碑裡牌面字亦昭灼。又於竿上捲畫簇。以繩結之。火從繩而上。火盛繩絕。則畫簇下張。簇中書字。歷歷可辨。

又作長林。刻爲花葉蒲萄之形。火生一隅。須臾冒焚林樹。火盡烟滅。則紅葩翠葉。馬乳下垂之狀。眞僞莫辨。

又優人蒙假面。背上負木板。板上設包。包折火盡。猶自呼舞。曾不畏怕。

此其大略也。上御後園松岡。命召文武二品以上宰樞入侍。夜深乃罷。

○ 관화(觀火)의 예는 군기시(軍器寺)에서 주관한다. 미리 기구를

뒤뜰에 설치하는데, 대·중·소의 예가 있고, 비용이 많이 든다. 그 방법은 두꺼운 종이로 포통(砲筒)을 겹으로 싸고, 그 속에 석류황(石硫黃)·반묘(班猫)·유회(柳灰) 등을 넣어 단단히 막고 이를 다진다. 그 끝에 불을 붙이면 조금 있다가 연기가 나고 불이 번쩍하면서 통과하면 종이가 모두 터지는데, 소리가 천지를 흔든다. 시작할 때에 수많은 불화살을 동원산(東遠山)에 묻어놓아 불을 붙이면 수많은 화살이 하늘로 뛰어 오른다. 터질 때마다 소리가 나고 그 모양은 마치 유성(流星)과 같아서 온 하늘이 환하다. 또 긴 장대 수십 개를 원중(苑中)에 세우고, 그 장대 끝에 조그만 주머니를 단다. 임금님 앞에는 채색한 채롱[燈籠]을 달아 놓는데, 채롱 밑으로부터 긴 끈으로 여러 장대를 얽어 종횡으로 서로 연결하게 하고, 끈 꼭지마다 화살을 꽂는다. 군기시 정(軍器寺正)이 불을 받들어 채롱 속에 넣으면 잠깐 사이에 불이 일어나고 화염이 끈에 떨어지면 화살이 끈을 따라 달려 장대에 닿는다. 장대에 조그만 주머니가 달려 있는데, 끊어지며 불빛이 빙빙 돌고, 마치 돌아가는 수레바퀴의 모양과 같다. 화살은 또 끈을 따라 달려 다른 장대에 닿는다. 이와 같이 달려 닿기를 서로 계속하여 그치지 않는다. 또 엎드린 거북 모양을 만들어 불이 거북의 입으로부터 나오는데, 연기와 불꽃이 흐르는 불처럼 어지럽게 쏟아져 나온다. 거북 위에다 만수비(萬壽碑)를 세우고 불을 비(碑) 속에 밝혀 비면의 글자를 똑똑히 비치게 한다. 또 장대 위에는 그림 족자(簇子)를 말아서 끈으로 매어 놓으면 불이 끈을 타고 올라가 불이 활활 타 끈이 끊어지고 그림 족자가 떨어지면서 펼쳐져 족자 속의 글자를 똑똑히 분별할 수 있다.

또 긴 수풀을 만들고, 꽃잎과 포도의 모양을 새겨 놓는다. 불이 한

구석에서 일어나면 잠깐 사이에 수풀을 불태우고, 불이 다 타고 연기가 없어지면 붉은 꽃봉우리와 푸른 나뭇잎의 모양이 아래로 늘어진 쥐방울 열매[馬乳]처럼 되는데, 진짜인지 가짜인지 분간하기 어렵다.

또 가면을 쓴 광대가 등 위에 목판을 지는데 목판 위에 주머니를 단다. 불이 댕기어 주머니가 터지고 불이 다 타도록 소리치며 춤추되 조금도 두려워하지 않는다.

이런 것이 그 대략인데, 임금님은 후원의 소나무 언덕에 납시어 문·무 2품 이상의 재상들을 불러 입시하게 하고, 밤이 깊어서야 파한다.

[설명]
- 용재총화(慵齋叢話) : 성현(成俔, 1439~1504)의 문집으로 아들 세창이 편집하여 간행하였다. 성현의 저술로는 『허백당집』, 『악학궤범』, 『부휴자담론』 등이 있다. 이 관화의 설명은 이규경(1788~1856)의 『오주연문장전산고』에 그대로 인용되어 있어, 화약제조를 연구하는데 매우 유용한 자료가 된다. 특히 이 화약제조법은 고대부터 사용해온 흑색화약의 제조법으로 다이너마이트를 발명하기 전까지 세계적으로 사용하던 방법이다. 폭죽놀이의 방법과 의미를 연구하는 근거가 된다.
- 관화는 화약으로 만든 폭죽놀이를 위해 준비하고, 구경하는 모든 것을 의미하는 말임을 알 수 있다.

6) 구나(驅儺)를 위한 준비·놀이방법·종류 그리고 행사를
   주관하는 곳은 날씨와 천측을 담당하는 관상감(觀象監)이
   다(성현)

* 출전 : 용재총화 제1권 : 구나(驅儺)

○ 驅儺之事。觀象監主之。除夕前夜。入昌德昌慶闕庭。其爲制
也。樂工一人爲唱師朱衣着假面。方相氏四人黃金四目蒙熊皮執戈擊
杭。指軍五人朱衣假面着畫笠。判官五人綠衣假面着畫笠。竈王神四
人靑袍襆頭木笏着假面。小梅數人着女衫假面上衣下裳皆紅綠執長竿
幢。十二神各着其神假面。如子神着鼠形。丑神着牛形也。又樂工十
餘人。執桃苅從之。揀兒童數十。朱衣朱巾着假面爲侲子。唱師呼
曰。甲作食凶。佛胄食虎。雄伯食魅。騰簡食不祥。攬諸食姑伯。奇
食夢强梁祖。明共食磔死寄生。委陷食櫬。錯斷食拒窮奇騰。根共食
蠱。惟爾十二神。急去莫留。如或留連。當嚇汝軀。泣汝幹節。解汝
肉。抽汝肝腸。其無悔。侲子曰喻。叩頭服罪。諸人唱鼓鑼時。驅逐
出之。

○ 구나(驅儺)의 일은 관상감(觀象監)이 주관하는 것인데, 섣달그믐
전날 밤에 창덕궁과 창경궁의 뜰에서 한다. 그 규제(規制)는 붉은 옷에
가면을 쓴 악공(樂工) 한 사람은 창사(唱師)가 되고, 황금빛 네 눈의
곰껍질을 쓴 방상인(方相人) 네 사람은 창을 잡고 서로 친다. 지군(指
軍) 5명은 붉은 옷과 가면에 화립(畫笠)을 쓰며 판관(判官) 5명은 푸른
옷과 가면에 화립을 쓴다. 조왕신(竈王神) 4명은 푸른 도포·박두(襆

頭)·목홀(木笏)에 가면을 쓰고, 소매(小梅) 몇 사람은 여삼(女衫)을 입고 가면을 쓰고 저고리 치마를 모두 홍록(紅綠)으로 하고, 손에 긴 장대[竿幢]를 잡는다. 12신(神)은 모두 귀신의 가면을 쓰는데, 예를 들면 자신(子神)은 쥐 모양의 가면을 쓰고, 축신(丑神)은 소 모양의 가면을 쓴다. 또 악공 10여 명은 복숭아나무 가지를 들고 이를 따른다. 아이들 수십 명을 뽑아서 붉은 옷과 붉은 두건(頭巾)으로 가면을 씌워 진자(侲子)로 삼는다. 창사가 큰 소리로, "갑작(甲作)은 흉(殃)먹고, 불주(佛胄)는 범을 먹으며, 웅백(雄伯)은 매(魅)를 먹고, 등간(騰簡)은 불상(不祥)을 먹고, 남제(攬諸)는 고백(姑伯)을 먹고, 기(奇)는 몽강양조(夢强梁祖)을 먹으며, 명공(明公)은 책사기생(磔死寄生)을 먹고, 위함(委陷)은 츤(櫬)을 먹고, 착단(錯斷)은 거궁기등(拒窮奇騰)을 먹으며, 근공(根共)은 충(蠱)을 먹을지니, 오직 너희들 12신은 급히 가되 머무르지 말라. 만약 더 머무르면 네 몸을 으르대고 너의 간절(幹節)을 부글부글 끓여 너의 고기를 헤쳐서 너의 간장을 뽑아 내리니 그때 후회함이 없도록 하라."하면 진자(侲子)가, "예"하고 머리를 조아리며 복죄(服罪)하는데 여러 사람이, "북과 징을 쳐라." 하면서 이들을 쫓아낸다.

[설명]
- 구나(驅儺)를 행하는 목적은 국가와 왕실의 악귀를 물리치고 왕실의 안녕을 기원하는 기능을 하고 있다. 신라나 고려시대에는 세시풍습으로 행해졌지만, 조선에 들어서는 천문을 살피는 기관에서 주관하고 있다. 삿된 악귀를 몰아내는 기능을 하지만, 구나행에 대한 인식이 변화한 것을 알 수 있다.

7) 화약재료인 숯을 만들기 위한 매탄군(埋炭軍)제도(인조)

* 출전 : 승정원일기 인조 3년 을축(1625) 4월 26일 계묘

○ 李植。以訓鍊都監言啓曰。都監軍器打造所需炭石。他無出處。自初以楊州西山居民人。抄定埋炭軍。各給復自己所耕田結。使之無弊進排。一名一朔所納炭七石。通計一年。則至於八十四石之多。役之倍重。莫過於此。而渠等居在山下。業炭爲生。艱以應役。癸亥年裁省廳濫觴復戶裁減時。此人等亦在其中。故宣惠廳收米。與凡民一樣督捧。甲子五月。枚擧入啓。捧承傳于宣惠廳。則只給四十卜。以此尤不得支保。二十九人中四名逃去。其存者二十五名。此人若相繼逃散。則都監莫重役事。勢將停罷。極爲悶慮。請令宣惠廳。依前規各給一結。俾得保存事。捧承傳施行宜當。敢啓。傳曰。知道。

○ 이식이 훈련도감의 말로 아뢰기를, "도감의 군기(軍器)를 타제(打製)하는 데 필요한 탄석(炭石)은 달리 나올 곳이 없었으므로, 처음부터 양주(楊州)의 서산(西山)에 거주하는 백성들을 매탄군(埋炭軍)으로 선정하고 각각 그들이 경작하는 전결(田結)에 대해 급복(給復)해 줌으로써 폐단없이 진배(進排)하게 하였습니다. 그런데 한 명이 한 달 동안 납부하는 탄(炭)이 7석(石)이므로 1년 치를 합산하면 84석이나 되는 많은 양입니다. 부역이 과중하더라도 이보다 지나칠 수는 없는데, 그들이 산 아래에 거주하며 시탄(柴炭)으로 생계를 꾸리는 상황에서 부역에 응하기는 참으로 어렵습니다. 계해년에 재생청(裁省廳)에서 지나친 복호(復戶)를 줄일 때 이 사람들도 거기에 속하였습니다. 그래

서 선혜청에서 쌀을 거둘 때에 일반 백성들과 똑같이 독봉(督捧)하게 되었고, 갑자년 5월에 일일이 거론해서 입계(入啓)한 다음 선혜청에서 승전을 받들었는데, 그 결과 단지 40복(卜)만 급복을 받았습니다. 이 때문에 더욱 생계를 지탱해 갈 수 없게 되어 29명 중에 4명이 도망가고 현재 남아 있는 자가 25명입니다. 이 사람들마저 연달아 도망가면 도감의 막중한 역사(役事)가 장차 정지되는 상황이 초래될 것이므로 매우 답답하고 염려스럽습니다. 선혜청으로 하여금 이전 규례대로 각각 1결을 급복해 주어 생계를 보존할 수 있도록 승전을 받들어 시행하는 것이 합당하겠습니다. 감히 아룁니다."하니, 알았다고 전교하였다.

8) 전라도에 매탄군을 설치하다(인조)

* 출전 : 승정원일기 인조 15년 정축(1637) 11월 24일 무자

○ 李弘望以備邊司言啓曰。今日引見時。全羅道潰軍。先爲上送者。遠道與否考見事。傳敎矣。取考成册。則訓鍊都監及摠戎廳埋炭軍各一百名。皆是靈巖·綾州遠地之人也。敢啓。傳曰。知道。勅使時所用役軍。何邑軍耶。

○ 이홍망이 비변사의 말로 아뢰기를, "오늘 인견(引見)하였을 때 먼저 올려보낸 전라도의 궤산(潰散)한 군사들이 먼 도에서 왔는지를 살펴보도록 전교하셨습니다. 성책(成册)을 가져다 살펴보니 훈련도감과 총융청의 매탄군(埋炭軍) 각 100명이 모두 먼 곳인 영암(靈巖), 능

주(綾州)의 사람이었습니다. 감히 아룁니다.”하니, 전교하기를, “알았다. 칙사 때 쓰는 역군(役軍)은 어느 읍(邑) 군사인가?”하였다.

9) 화약재료인 염초를 위해 토목군과 매탄군을 두다(인조)

* 출전 : 승정원일기 인조 15년 정축(1637) 11월 26일 경인

○十一月二十六日卯時。上御養和堂。大臣·備局堂上請對。引見。領議政李弘冑。右議政申景禛。館伴金蓋國。兵曹判書具宏。禮曹判書韓汝溭。吏曹判書李顯英。知訓鍊具仁垕。工曹判書李時白。行副提學李景奭。吏曹參判全湜。左副承旨金尙。注書李垶。事變假注書李枝茂。史官金振·申翊全。入侍。---중략--- 時白啓曰。湖南潰軍。自上有京城某役調用之敎。軍器寺焰硝煮取時。土木軍及埋炭軍。自本寺萬無辦出之路。湖軍潰軍。除出給之。何如。上曰。言于該曹。退出。

○묘시(卯時)에 상이 양화당(養和堂)에 나아가 청대(請對)한 대신과 비국 당상을 인견하였다. 영의정 이홍주(李弘冑), 우의정 신경진(申景禛), 관반 김신국(金蓋國), 병조 판서 구굉(具宏), 예조 판서 한여직(韓汝溭), 이조 판서 이현영(李顯英), 지훈련원사 구인후(具仁垕), 공조 판서 이시백(李時白), 행 부제학 이경석(李景奭), 이조 참판 전식(全湜), 좌부승지 김상(金尙), 주서 이성(李垶), 사변가주서 이지무(李枝茂), 사관(史官) 김진(金振)·신익전(申翊全)이 입시하였다. ---중략---이

시백이 아뢰기를, "호남의 궤산한 군사는 상께서 경성의 어떤 역(役)에 조용(調用)하라고 하교하셨습니다. 군기시에서 염초(焰硝)를 구워 만들 때 토목군(土木軍)과 매탄군(埋炭軍)을 본시에서 마련해 낼 길이 전혀 없습니다. 호남의 궤산한 군사를 덜어내어 주는 것이 어떻겠습니까?"하니, 상이 이르기를, "해조에 말하라."하였다. 물러 나갔다.

10) 종이(이응희)

* 출전 : 옥담사집 만물편(萬物篇) 문방류(文房類) : 紙

○ 紙
出自溪藤質。香皮古有名。雪花凝百片。雲絮擣千更。
筆下龍蛇走。書成虎豹驚。松箋與絹帛。難可並嘉聲。

○ 종이
出自溪藤質 계등의 재질에서 나온 것이라
香皮古有名 향기로운 종이 예부터 유명해라
雪花凝百片 눈 꽃 같은 것 백 조각을 뭉치고
雲絮擣千更 구름 솜 같은 것 천 번이나 찧었네

筆下龍蛇走 붓이 내려지면 용과 뱀이 달리고
書成虎豹驚 글이 이뤄지면 범과 표범 놀란다
松箋與絹帛 송화전과 생 비단의 누런색

難可並嘉聲 아름다움 칭송소리 다투기 어려워라

[설명]

- 옥담시집(玉潭詩集) : 이응희(李應禧, 1579~1651)의 시집이다. 자는
  자수(子綏), 호는 옥담(玉潭)이다. 시집의 만물편(萬物篇)에는 곡
  물, 채소 등도 정리되어 있으며, 문방류(文房類)에는 종이, 먹 등
  의 내용으로 시로 지어 놓았다.

- 계등(溪藤) : 섬계(剡溪)의 등(藤)나무란 뜻으로 종이의 별칭이다.
  중국 절강성에 섬계라는 시내가 있는데, 그 시냇물이 종이를 만
  들기에 좋다. 이 물에다 부근에서 나는 등나무 껍질로 만든 종
  이가 유명하므로 붙여진 이름이다.

- 송전(松箋) : 송화전(松花牋) 또는 송화지(松花紙)라 하는 좋은 종
  이로 빛깔은 담황색이다. 당(唐)나라 원화(元和) 연간에 원진(元
  稹)이 촉(蜀) 땅에 사신으로 갔을 때 완화계(浣花溪) 가에 살던
  기생 설도(薛陶)가 만들어 준 종이라 한다. 설도는 설도(薛濤)라
  고도 부른다. 그래서 이 종이를 설도전(薛陶牋) 또는 설도전(薛濤
  牋)이라 한다.

- 견백(絹帛) : 비단 또는 견직물을 말하지만, 가공하지 않은 생 명
  주를 가리킨다. 생 명주는 누런빛을 낸다.

11) 춘천에 열리는 나무시장[柴場]과 매탄(영조)

* 출전 : 승정원일기 영조 6년 경술(1730) 8월 27일 계해

○ 金浩。以經理廳言啓曰。山城軍器諸需中。炭石最爲緊急。而

北漢則無所儲置矣。春川地。有本廳所管柴場。而場內樹木。每年徒
歸耗費。故發遣摠攝。備給物力。埋炭以來之意。曾已陳稟矣。卽聞
已爲埋炭者。至於二千餘石。今方送船。連次運來。而元數旣多。轉
運亦難云。出浦之役。則依例令其地方官。從便擧行。俾無遠地狼狽
之患。何如。傳曰。允。

○ 김호가 경리청(經理廳)의 말로 아뢰기를, "산성(山城)의 군기(軍
器)에 필요한 물품 중에 탄석(炭石)이 가장 긴급한데, 북한산성(北漢
山城)에는 저치(儲置)해 둔 것이 없습니다. 춘천(春川)에 본청이 관장
하는 시장(柴場)이 있는데, 시장 안의 나무가 해마다 낭비되고 말기 때
문에 총섭(摠攝)을 보내서 물력(物力)을 갖추어 주어 매탄(埋炭)하고
오도록 하자는 뜻을 전에 이미 아뢰었습니다. 방금 들으니 이미 매탄
한 것이 2천여 섬에 이르렀으므로 지금 막 배를 보내 여러 차례 계속
해서 운반해 오려고 하는데, 원래의 수량이 이미 많아서 전운(轉運)하
기도 어렵다고 합니다. 포구(浦口)로 내는 일은 전례대로 해당 지방관
으로 하여금 편한 대로 거행하게 하여 먼 지역이 낭패를 보는 문제가
없도록 하는 것이 어떻겠습니까?"하니, 윤허한다고 전교하였다.

[설명]
- 시장(柴場) : 나무를 사고파는 시장.

12) 사월초파일에 연등을 다는 관등과 등석(영조 실록)

* 출전 : 조선왕조실록 영조 42년(1766) 4월 7일 丙午

○(丙午)　命初八日。依例觀燈時。以院直未撤。不懸燈。上聞之
日。吾民幾朔用心。今已向差。燈夕觀燈。依例爲之。命各司。依例
開坐。

○(영조 42년 4월 7일 丙午) 초파일에는 전례(前例)에 의하여 관등
(觀燈)하라고 명하였는데, 이때 원직(院直)을 폐하지 않아 등(燈)을 달
지 않았기 때문에, 임금이 이를 듣고 말하기를, "우리 백성이 몇 달
동안 마음을 써서 이제 이미 병이 나아가니, 등석(燈夕)의 관등(觀燈)
은 전례에 따라 거행하라."하고, 각사(各司)에 명하여 전례에 의하여
개좌(開坐)하게 하였다.

[설명]
- 원직(院直) : 내의원 숙직.
- 등석(燈夕) : 초파일 저녁.

13) 연행사(燕行使)의 눈에 비친 중국의 여러 가지 등불놀이 (미상)

* 출전 : 계산기정(薊山紀程) 제3권 갑자년(1804) 1월 13일 계묘

○(甲子年) 十三日 癸卯
乍陰乍灑雪。壽安寺二十里朝餐。圓明園民人王姓家宿。
天明。入天安門。卽三座門外也。
…(중략)…

燈戲

　衆燈畢呈。天色向暝。於是。令張燈閣簷及庭欄。皆列羊角燈。簷際兩旁。各立彩棚閣。閣中有靑石假山。而左右前後。亦皆此燈也。又兩邊立飛簷一大柱。八面懸八行數十層燈。燈脚飜風。獵獵有聲。又設一架。如碑門形。而懸一大鼓。鼓底垂火繩而燃之。一燃而繩盡。則鼓底一板。打開自落。而鼓中一塊紙裹。飛破四散。忽焉有彩衣仙童丹楹畫榭奇禽異獸。層生而疊出。皆是燈形之不同。而不可名狀。於焉間大光自燃。一時齊明于百十燈中。正如銀禾點綴。散落於空中。又火盡。則先出者盡墮于庭。又有層出如前。而或有瓶燈，西瓜燈，樽燈。鼓內每一下。皆不下十數。而行凡十餘。如是者又三四層。而復替懸方鼓。不圖一鼓中藏置累千百燈也。又於兩邊之架。各懸大橫形。橫中所出者。則形如列磬之架。火明光白。層列井井。其奇巧之狀。誠而所難測也。又於庭東西。各設一間彩閣。以錦緞障面。及復齊捲。則燈火狀人形。晶熒若仙人。衣上滿身着琉璃玉佩。又庭前羅立者。各捧紅園燈。每設一架於一燈。其跪起進退。一如獻壽之狀。又有百數人。各奉方燈一顆。或羅立。或跪坐。或分列周行。終又登列卓之上。層層羅立。而最上頭奉一燈。形如人首。其左右次第。作全身形。奉燈者。皆呼嘉慶万万歲。又有塔燈，七寶燈。火燃于七寶。若金縷而紗籠者。又作落火戲。列植紅紙筒于庭。如箭筒形。燃火繩于筒口。則火自筒中噓起怱怱之聲。如雷轟天。而鈴鈴飛散。散而復落于庭。若一圍風爐。覆自空中而散下。蓋計其糜費。非但十万爲計。雖有千万之費。不可學得者。其奇技妙法也。

　燃燈存古俗。春閣駐龍旂。日吉三元會。人從百里畿。

結棚圓似蓋。　張架錦爲衣。　玉縷迤邐走。　珠星燦爛輝。
月沈昏少頃。　風動暖些微。　彩閣重重出。　仙禽對對飛。
皎通銀漢瀉。　紅綴繡簾圍。　演戲爭爲巧。　環觀古亦稀。
廣陵紅道起。　天筑雨花霏。　管籥重開宴。　千官放夜歸。

○ (갑자년) 13일(계묘)

잠깐 흐리다가 잠깐 눈뿌리다 함. 수안사(壽安寺)에서 20리 떨어진 지점에서 조반을 들고 원명원(圓明園)에 사는 왕씨(王氏) 성을 가진 사람의 집에서 잤다.

해 뜰 무렵 천안문(天安門)에 들어갔는데 거기는 바로 셋째 문밖이었다.

…(중략)…

등불놀이[燈戲]

모든 등(燈)은 다 바쳐지고 날은 어두워 갔다. 이때 등을 달게 했다. 전각 처마 및 뜰 난간엔 모두 양각등(羊角燈)을 벌여 달았다.

처마 가 양쪽 곁엔 각각 채붕각(彩棚閣)을 세우고 채붕각 안엔 푸른 돌로 가산(假山)을 만들었다. 그리고, 좌우전후에도 역시 이 양각등을 다 달았다.

또, 양쪽 변두리엔 처마가 날아갈 듯이 엎혀진 큰 기둥 하나를 세우고 8면에는 여덟 줄로 수십 층 등을 달았는데, 등들은 바람에 건들거려 찌걱찌걱 소리가 났다.

또, 비문(碑門) 모양으로 가목(架木) 하나를 설치하고 하나의 큰 상자를 달았으며, 상자 밑에는 화승(火繩)을 드리워서 불을 붙였다. 불이 타서 화승이 다하면, 상자 밑의 한 판자가 열려서 저절로 떨어지고 상자 속에서 한 덩어리 종이 뭉치가 날아나 쪼개져서 사방으로 흩어진다.

그리하여, 갑자기 채의(彩衣) 입은 선동(仙童) 및 단영(丹楹)·화사(畫樹)·기금(奇禽)·이수(異獸) 등이 첩첩이 생겨 나왔다. 그는 모두 등의 형태가 동일하지 않은 것들이었는데, 뭐라고 형언할 수 없었다.

어느덧 큰 화광이 저절로 훨훨 타서 일시에 수많은 등 속이 밝아졌다. 그것은 마치 수은(水銀)이 잇달아 공중에 흩어져 떨어진 것과 같았다.

또, 불이 다 타면 먼저 나온 것은 모두 뜰에 떨어지고, 또 앞서처럼 층층이 쏟아져 나왔는데, 그 중에는 더러 병처럼 생긴 등도, 수박처럼 생긴 등도, 동이처럼 생긴 등도 있었다.

북 속에서는 매양 하나씩 쏟아져 내렸는데, 그 수효는 모두 10여 개 이상이었고, 줄 수는 대범 10여 줄이었다. 이와 같은 것이 또 3, 4층이었고, 게다가 다시 모진 북을 번갈아 달았으니, 한 북 속에 수천 등을 장치해 놓았으리라곤 미처 생각지 못했던 것이다.

또, 양쪽 가의 가목엔 각각 큰 궤짝을 달았는데, 궤짝 속에서 쏟아져 나온 것들은 형상이 마치 경쇠[磬]를 벌여놓은 시렁과 같았다. 불빛은 휘영청하게 밝고 층층 대열은 질서정연하였으니, 참으로 측정하기 어려운 것이었다.

또, 뜰 동쪽과 서쪽에는 각각 1칸 채각(彩閣)을 설립하고 비단폭으로 전면을 가렸다. 그리하여, 그것을 일제히 걷을라치면, 등불이 확 비치므로 사람의 얼굴은 마치 신선처럼 깨끗하고 밝았으며, 그들은 옷 위에다 온몸 가득히 유리 옥패(琉璃玉佩)를 부착하였다. 또, 뜰 앞에 벌여 선 자들은 각기 홍원등(紅園燈)을 받들었고, 매양 한 가목을 한

등에 설립했다. 그들의 궤기(跪起)·진퇴(進退)하는 동작은 마치 헌수(獻壽)하는 형상과 동일하였다.

또, 100여 인이 각기 모난 등 하나씩을 받들고는, 혹은 벌여 서기도 하고 혹은 꿇어앉기도 하고, 혹은 대열을 나눠서 두루 다니기도 했다.

그리하여, 그들은 마침내 또, 벌여놓은 탁자 위로 올라가서 층층이 벌여 선 다음, 맨 위의 머리엔 등 하나를 받들었는데, 형상은 마치 사람 머리와 같았으며, 그 좌우에선 차례로 전신(全身)의 형체를 만들었다. 그리고, 등을 받든 자들은 모두 '가경 만만세(嘉慶萬萬歲)' 하고 외쳤다.

또, 탑등(塔燈), 칠보등(七寶燈)이라는 게 있었는데, 칠보등에 켜진 불은 마치 금루(金縷) 또는 사롱(紗籠)과 같았다.

또, 낙화(落火) 놀이를 했는데, 마치 전통(箭筒) 모양처럼 생긴 붉은 지통(紙筒)을 뜰에 벌여 세운 다음, 화승을 지통 입에다 태우니, 불은 지통 속으로부터 훨훨 일어났으며, 우당탕하는 소리는 마치 우레치는 소리와 같았다. 그리고, 그 불꽃이 이리저리 날아 흩어지고, 흩어졌다간 다시 뜰에 떨어졌다. 그 광경은 마치 풍로(風爐)가 공중으로부터 엎어져서 흩어져 내리는 것과 같았다. 아마 그 비용을 계산한다면 비단 10만 냥에 그치지 않았을 것이다. 설사 천만 냥을 들인다 하더라도 배워서 얻을 수 없는 것은 그 기기한 묘법이었다.

　　燃燈存古俗　연등놀이엔 옛 풍속 담겨 있고
　　春閣駐龍旂　봄 전각엔 용기 펄럭이네
　　日吉三元會　날짜 좋은 정월 초하루에

人從百里畿 사람들 모여든다 서울 거리로

結棚圓似蓋 임시 만든 누각은 우산처럼 둥글고
張架錦爲衣 가로지른 시렁엔 비단으로 옷을 입혔구나
玉縷迆灑走 옥으로 장식된 실띠 연달아 달리고
珠星燦爛輝 구슬처럼 놓인 별 찬란히 빛나도다

月沉昏少頃 달 잠기니 어둠 잠시 동안 깔리고
風動暖些微 바람 이니 따사함 조금 미세하이
彩閣重重出 채색 전각은 첩첩 솟아나고
仙禽對對飛 두루미는 쌍쌍이 나는구나

皎通銀漢瀉 밝은 빛 깔리는 건 은하수가 쏟아지듯
紅綴繡簾圍 붉은빛 점철된 건 수놓은 주렴이 에운 듯
演戲爭爲巧 연기 놀이 시새워 기교 부리니
環觀古亦稀 구경꾼 모임 옛적에 역시 드문 일이리라

廣陵紅道起 광릉엔 홍도 일어나고
天筑雨花霏 천축엔 우화 날리네
管籥重開宴 관악 소리와 함께 흐뭇이 잔치 열고
千官放夜歸 벼슬아치들 밤에 돌아들 가는구나

[설명]
- 계산기정(薊山紀程) : 조선 순조 때 동지사의 서장관 서장보(徐長

輔)를 따라 연경(燕京)을 다녀온 필자 미상의 사행 기록.
- 칠향거(七香車) : 각종 향나무로 만든 수레이다.
- 계인(鷄人) : 『주례(周禮)』 춘관(春官)에 나오는 주(周) 나라 때 벼슬 이름이다. 계생(雞牲) 등을 담당하고, 큰 제사가 있을 때 밤에 닭울음을 해서 모든 벼슬아치들을 일어나게 한다.
- 수륜(繡輪) : 수놓은 비단으로 장식한 수레를 뜻한다.
- 황륵(黃勒) : 황금륵(黃金勒)의 약이니, 황제의 수레를 가리킨다.
- 간우(干羽) : 『주례(周禮)』 춘관(春官)에 나노는 악사(樂師)로 간척무(干戚舞)와 우모무(羽旄舞)를 말한다. 간척무는 방패와 도끼를 손에 쥐고 추는 춤으로 무무(武舞)이고, 우모무는 꿩깃과 쇠꼬리를 손에 쥐고 추는 춤으로 문무(文舞)이다.

14) 등석에 연등하는데 대한 변증설(이규경)

* 출전 : 오주연문장전산고 경사편 논사류 풍속 : 燈夕燃燈辨證說

○燈夕燃燈辨證說

中原與我東。日本。燃燈之俗。皆有古事。操觚者相傳。而蒙士則亦不知。故略爲辨證焉。

類書。燃燈之俗。自漢武祀泰一。通宵燃燈。明如白晝以祈福云。上元燃燈。唐玄宗時。正月望。胡人婆陀。請燃百千燈。帝御延喜門縱觀。閱月不息。嚴挺之上疏陳五不可。玄宗。上元夜。於常春殿。張臨光宴。白鷺轉花。黃龍吐水。金鳧銀燕。洞攢星閣。皆燈光也。奏月光分曲。又散金荔支千顆。令宮女爭拾。多者賞紅圈綠暈衫。禪史。唐睿宗。元夕。於長楊門。作燈樹。可數十丈。令宮女數

百。衣羅綺曳錦繡。竝長安民家少婦美女千餘。燈樹下。踏歌三日
夜。復命朝士賦詩作文。以記其勝。踏歌聲調。鏗鏘悠遠。直入雲
中。此是燈竿揭燈故事也。今中原。則燈不揭竿。懸於簷頭。而我東
獨樹長竿。圍幹數把。高至十餘丈。竿頭飾以雉尾・朱旄・彩旗・風磬
之屬。此卽自高麗舊風而沿襲唐制也。麗朝舊俗。二月望。張燈祀天
神。如中國上元。至恭愍王。妖僧辛旽。請王以四月初八日。乃佛生
日也。以是日燃燈。緣此成俗。以至于今。按『石林燕語』。高麗王王
徽嘗誦『華嚴經』。祈願生中國。舊俗以二月望。張燈祀天神。如中國
上元。一夕夢京師觀燈。見城邑宮至之美盛。覺而慕之。乃爲詩記之
云。詳見『詩家點燈』。

上元然燈者。道家以正月十五日。爲上元賜福天官日。故張燈以祈
福也。二月望燃燈。『內典』。如來以二月十五日夜入寂。爲之燃燈以
祀者也。乃佛忌日也。四月八日揭燈者。以佛生辰也。釋家。號浴佛
日也。日本以七月十五日揭燈者。卽道家言七月十五日爲中元赦罪地
官。具因釋氏。四月十五日。天下僧尼。就禪刹搭掛。謂之結夏。又
謂之結制。【蓋方長養之辰出外。恐傷草木蟲蟻。故九十日安居。】 至
七月十五日。始盡散去。謂之解夏。又曰解制。我東以是日爲百種。
詳見長箋辨證說。

朱彝尊『日下舊聞』。京師僧俗。念佛號者。輒以豆識其數。至四
月八日佛誕生之辰。煮豆微撒以鹽。邀人于路請食之。以爲結緣也。
今我俗亦以八日爲浴佛日。必煮黑豆拌微鹽相饋遺。卽結緣之俗也。
我東燃燈故事。詳載柳泠齋得恭『漢都雜誌』中可考也。

○등석(燈夕)에 연등(燃燈)하는 데 대한 변증설

중국을 위시하여 우리나라와 일본의 연등하는 풍속이 다 고사(故事)에 기인되어 붓을 잡은 이들이 서로 전해 왔는데, 어리석은 선비들은 알지 못하고 있으므로 대충 변증하려 한다.

『유서(類書)』에, "연등하는 풍속은 한 무제(漢武帝)가 태일(太一, 가장 존귀한 천신(天神)의 이름)에게 제사할 때 밤새도록 연등하여 대낮처럼 만들어 놓고 복(福)을 기원한 데서 시작되었다."하였는데, 원소(元宵)에 연등하는 데 대하여는 당 현종(唐玄宗) 때 정월 15일에 호인(胡人) 바타(婆陀)가 수많은 등불을 켜자고 주청하여 현종이 연희문(延喜門)에 거둥, 구경에 도취되어 한 달이 넘어도 그만둘 줄 모르므로 엄정지(嚴挺之)가 소(疏)를 올려 다섯 가지 불가한 것을 아뢰었다. 또 현종이 원소에 상춘전(常春殿)에 거둥하여 임광연(臨光宴)을 베풀었을 때 '백로(白露)가 밤에 맴도는 것 같다.' '황룡(黃龍)이 물을 토해내는 것 같다.' 금빛 물오리나 은빛 제비와 같다.' 온 별들이 누각(樓閣)을 형성한 것 같다.'는 등의 표현은 다 등불의 빛을 말한 것이다. 이어 월광분곡(月光分曲)을 연주하게 하고 금예자(金荔子, 과일 이름) 1천 개를 흩어놓은 다음, 궁녀들로 하여금 서로 줍게 하여, 많이 주운 자에게는 홍권녹훈삼(紅圈綠暈杉)을 상으로 내렸다.

패사(稗史)에, "당 예종(唐睿宗)이 원소에 장양문(長楊門)에다 수십 장 높이의 등대[燈竿]를 세운 다음, 비단옷에 수놓은 신을 신은 궁녀 수백 명과 장안(長安) 민가(民家)의 소부(少婦)·미녀(美女) 1천여 명을 동원하여 3일 동안 등불 아래서 제자리걸음하면서 박자를 맞추어 노래를 부르게 하고 다시 조사(朝士)들에 명하여 시부(詩賦)를 지어 그

성황(盛況)을 기념하게 하였는데, 제자리걸음 하면서 부르는 노래 소리가 어찌나 또렷하고 유원(悠遠)하던지, 곧장 구름 속까지 피어올라 갔다."하였으니, 이는 등대에다 등불을 달던 고사이다.

지금 중국에서는 등대를 사용하지 않고 처마 머리에 달아 놓는데, 우리나라에서만이 몇 움큼의 둘레에 높이 10여 장이나 되는 등대를 사용하여 등대 머리에 치미(雉尾)·주모(朱旄)·채기(彩旗)·풍경(風磬) 따위를 장식하니, 이는 곧 고려의 옛 풍속으로 당나라의 제도를 인습한 것이다. 고려의 옛 풍속에, 2월 15일에 등불을 켜놓고 천신(天神)에게 제사하기를 중국 원소(元宵)의 행사처럼 해 오다가 공민왕(恭愍王) 때에 이르러 요승(妖僧) 신돈(辛旽)이 왕에게 4월 8일로 행사하기를 주청, 이날은 석가여래의 생일(生日)이라 하여 연등하기 시작하였는데, 이것이 습속이 되어 지금에 이르렀다. 『석림연어(石林燕語)』에 보면, "고려왕(高麗王) 왕휘(王徽 문종)가 일찍이 『화엄경(華嚴經)』을 외면서 중국에 환생(還生)하기를 기원하였다. 고려의 옛 풍속에, 2월 15일에 등불을 켜놓고 천신에게 제사하기를 중국 원소의 행사처럼 해 왔는데, 어느 날 밤에 왕휘가 중국 경도(京都)에 가서 등불을 구경하다가 그곳의 아름답고 굉장한 성읍(城邑)과 궁실(宮室)들을 본 꿈을 꾸고 나서 내심 사모하여 시(詩)를 지어 기념했다."하였는데, 그 시가 『시가 점등(詩家點燈)』에 자세히 보인다.

원소에 연등하는 데 대하여는 도가(道家)에서, 1월 15일을 상원사복천관일(上元賜福天官日)로 삼은 때문에 등불을 켜놓고 복을 기원하게 된 것이고, 2월 15일에 연등하는 데 대하여는 불전(佛典)에 '석가여래가 2월 15일 밤에 입적(入寂)했다.'고 한 때문에 등불을 켜놓고 제사하게 된 것이니 곧 부처의 기일(忌日)이고, 4월 8일에 등불을 켜게 된 것은 부처의 생일인 때문이니 불가(佛家)에서 욕불일(浴佛日)이라 하고, 일본(日本)에서 7월 15일에 등불을 켜게 된 것은 곧 도가에서 이날을 중원사죄지관일(中元赦罪地官日)로 삼는 때문이다. 이는 다 불가에서, 4월 15일이 되면 천하의 승니(僧尼)가 선원(禪院)에 들어 외출을 금하는 것을 결하(結夏), 또는 결제(結制) 이는 만물(萬物)이 한창 생장하는 시기에 외출하다가는 초목(草木)이나 충류(蟲類)들을 상해할까 염려한 때문에 90일 동안 안거(安倨)해 있는 제도이다.라 하고, 7월 15일이 되어야 비로소 해산하는 것을 해하(解夏), 또는 해제(解制)라 한 데서 기인된 것이다. 우리나라에서는 7월 15일을 백중날[百種日]이라 하는데, 본서(本書) 백종일변증설(百種日辨證說)에 자세히 보인다.

주이준(朱彝尊)의 『일하구문(日下舊聞)』에, "지금 경도(京都)에서 중들이 염불할 때 팥알을 가지고 그 숫자를 세다가 4월 8일, 즉 부처의 생일이 되면 그 팥을 삶아서 약간의 소금을 넣어 가지고 길가는 사람들에게 주어 먹도록 하는데, 이것을 결연(結緣)이라 한다."하였다. 우리나라 풍속에도 4월 8일을 욕불일(浴佛日)이라 하여 으레 검은 팥을 삶아 약간의 소금을 넣어 가지고 서로 주고받으니, 곧 결연의 풍속이다. 우리나라의 연등에 대한 고사는 영재(泠齋) 유득공(柳得恭)의 『한도잡지(漢都雜誌)』에 자세히 기재되어 있어 다 상고할 만하다.

[설명]
- 오주연문장전산고 : 이규경(李圭景, 1788년~1863년)이 그의 할아버지 이덕무(李德懋, 1741년~1793년)의 학문을 계승하여 실학의 영역을 넓혀 저술한 백과전서이다. 특히 주제를 변증법적으로

논증하는 형식을 취하고 있고, 經史篇 論史類 風俗에는 우리나라 교유의 풍습을 풀이하고 있어 매우 귀중한 자료이다.

15) 중국과 우리나라의 불놀이에 대한 변증설(이규경)

* 출전 : 오주연문장전산고 경사편 논사류 풍속 : 華東火戲辨證說

○ 華東火戲辨證說

以火爲戲。如溯其原。則別無所考。然『物理小識』。唐有火樹銀花。想已有火爆也。【火爆。今火藥也。】 按此則火戲。自唐已有其漸。蓋或緣上元燃燈而仍成火戲者也。中原火戲有花火。元宵爲之。近代最盛。其名甚多。有火梨花·千枝梅·孩兒枝花·一丈菊·千丈梅花·白菊花·金絲菊·垂葉柳·酒蜜蜂·寶珠茶·小葉梨·一丈梨·石榴花·葵花·珍珠傘·牧丹花·紫葡萄·木樨花·菊揷·枯梅·各有樂料。花火之外。又有製結煙法。靑煙法。白煙法。紅煙法。紫煙法。亦各有藥。

按『堯山堂外記』。寧封子。黃帝時爲陶正。能出五色煙。或倣此而有此五色煙之戲歟。

又有五彩花法。嘗見遊燕人所記。云燕中皇帝設火戲。其神妙不可名狀。殆與化翁爭能也。

其記曰。正月十三日。皇帝設火戲。四面琉璃燈點火。階上置紅桌三坐。桌上置爐子。侍者點火爐中。少焉爐中火發。金花迸散。散如雨下。又有盒子燈戲。有二人執鐵鉤。上梯而立。點火於中間大盒下藥線。火及盒下。蓋落於地。火又上燃。有一帖紙落焉。繡榻高四五尺。榻上有美人四五。謦折而立。四面小貼紙。隨火而落。皆團圓綉

扇也。火燃大索。則繡榻與美人落地。諸人急曳而出。又有圓燈數
百。自空出來皆點燭。因藥線而然也。兩邊小紅門亦點火。有方繡籠
一隻出。其下絡樂線累百行。如眞珠點點光明。俄而砲聲大發。繡籠
迸裂。而更無所見。又有煙火法。卽埋火也。有藥線自殿上點火。如
流星而去。少焉火焰漲天霹靂地而已無見。其神攻非人所思也。

我東亦有火戲。中宗三十四年己亥。【皇明世宗嘉靖十八年】 宴詔
使于慶會樓。【在景福宮石池中】觀魚于池。仍共步至後苑序賢亭。兩
吏謂通事曰。名亭以序賢。所謂序賓以賢者耶。環坐池邊。日將暮。
上請觀火。簇子‧葡萄等火。一時俱發。兩使歎曰。此豈人爲哉。故
事觀火禮。軍器寺主之。預先具設於後苑。有中小例。所費甚廣。

其法。以厚紙疊裹砲筒。筒中納硫磺‧焰硝‧斑猫‧柳炭等物。堅塞
築之。付火其端。則須臾煙生火熾。筒紙皆破。聲振天地。其始埋火
矢。火東遠山。以千萬計。火之則矢無數抽上向天。隨破有聲。狀若
流星滿空。又樹長竿數十於苑中。竿頭設小包。御前縣綵籠。自籠底
結長繩屬諸竿。縱橫連亘。每繩頭置矢。軍器寺正。奉火熾納籠中。
須臾火起。焰落于繩而馳觸于竿。竿頭小包亦圻。火光回斡。如轉輪
之狀。又從繩而馳觸于他竿。如是馳觸。相繼不絕。又作伏龜形。火
從龜口而出。煙焰亂瀉。如水流下。龜口立萬壽牌。火明牌裏。牌面
字亦照灼。又於竿上捲畫簇。以繩結之。火從繩而上。火盛繩絕。則
畫簇中書字。歷歷可辨。又作長林刻爲花葉葡萄之形。火生一偶。須
臾冒焚林樹。火盡煙滅。紅葩翠葉。馬乳下垂。又優人蒙假面。背上
負木板。板上設包。包圻火振。猶自呼舞。略不畏怕。亦可壯觀。此
我國火戲之大略也。

大槪火戲。匪徒一時戲玩之具。亦臨敵設機。可爲詆賊賺盜之術。如『玄女黃帝兵鈐』。有如火戲者。略辨其槪。

『兵鈐』有太乙心槍法。用於戰陣。則自槍中出奇形異狀之女。令彼軍見之。神昏心迷。眴亂自敗。有玉宸圓箭及玉輪杖。自箭中生異惡煙。遍滿敵陣。竟被毒氣而死者枕藉。此卽『武備志』中。神火毒煙之術也。爲將者。臨亂禦敵。不可不知也。竝及之。

兼附水戲。此水戲。非弄潮競渡汋游等戲。而亦以水爲戲。故名焉。有春毬者。一名水圈戲。『物理小識』引劉若愚言曰。熹宗【皇明熹宗皇帝】能戲。以水抛空中成團。此卽水圈戲。

其法。濃釃水入松香末。蘸小蔑揮之。大小毬飛去。此『物理小識』所記。又有『古今祕苑』所傳方。向空結泡。大如飯碗。五色飛揚可玩。名春毬。

黃履莊『奇器圖·水法』。可作水戲者。有龍尾車【卽水車】因水車。有一線泉·柳枝泉【制法不等。水上射復下。如柳枝然。】 山鳥鳴【因水車聲如山鳥也】 鸞鳳吟【因水車聲鸞鳳也】 報時水【因水車。隨時刻而滴。】 瀑布水【因水車。如流瀑布也】。鄧玉函『奇器圖說·序』有水琴【亦因水如琴聲也】。『唐書』。佛菻當暑。激水上屋。溜簷取涼。李文達公『賜遊西苑記』。西南小山。殿倚之有洞。洞上石巖橫列密孔。泉出迸流而下。曰水簾。其淙散激射。飛薄濺灑。最爲可玩。周密言乾淳中。納涼在翠寒堂。層巒寒瀑。飛空下注。火池皆激引者。朴燕巖『熱河日記』【乾隆庚子。游燕所著。】有乘龜仙人行雨【作龜形。乘仙人。吹飛雨。滿庭霏微。】。此皆水戲者也。

○ 중국과 우리나라의 불놀이에 대한 변증설

불놀이에 대해 그 근원을 소급해 보면 별로 상고할 데가 없다. 그러나 『물리소지(物理小識)』에, "당 나라에 화수은화(火樹銀花)가 있었으니, 그때에 이미 화폭(火爆)이 있었던 것 같다."하였으니, 화폭은 지금의 화약(火藥)이다. 이를 상고해 보면 당 나라 때부터 이미 그 조짐이 있었거나, 아니면 원소(元宵 정월 보름날 밤)의 연등(燃燈) 행사에 의해 불놀이가 생긴 것 같다. 중국의 불놀이에 화화(花火 화포(火砲))놀이가 원소(元宵)에 행해져 오다가 근대에는 가장 성행되고 그 명칭도 매우 많아서, 화이화(火梨花)·천지매(千枝梅)·해아지화(孩兒枝花)·일장국(一丈菊)·천장매화(千丈梅花)·백국화(白菊花)·금사국(金絲菊)·수엽류(垂葉柳)·주밀봉(酒蜜蜂)·보주다(寶珠茶)·소엽리(小葉梨)·일장리(一丈梨)·석류화(石榴花)·규화(葵花)·진주산(珍珠傘)·모란화(牧丹花)·자포도(紫葡萄)·목서화(木犀花)·삽고매(揷枯梅) 등이 있는데, 여기에 각기 소요되는 약재(藥材)가 있고 화화(花火) 이외에도 연염(煙焰)을 만드는 법, 즉 청연(靑煙)·백연(白煙)·홍연(紅煙)·자연(紫煙) 법 등이 있는데, 여기에도 각기 소요되는 약재가 있다.

『요산당외기(堯山堂外記)』에 '영봉자(寧封子)는 황제(黃帝) 시대에 도정(陶正 벼슬 이름)이 되었는데, 능히 오색(五色)의 연기[煙]를 낼 수 있었다.' 하였으니, 혹 이를 모방하여 오색 연기의 놀이가 생겼는지도 모른다.

또 오채화법(五彩花法)이 있다. 일찍이 연경(燕京)에 다녀온 사람의 기록에 보면, "연경에서 황제가 불놀이를 벌였는데, 그 신묘함을 이루 표현할 수 없어 조화옹(造化翁)과 맞서서 그 고하(高下)를 겨룰 만했다."하였다. 그 기록에, "정월 13일에 황제가 불놀이를 벌였는데, 사면(四面)의 유리등(琉璃燈)에 불이 켜진 가운데, 계단 위에는 세 개의 홍색 탁자를, 탁자 위에는 각기 화로를 설치한 다음, 시자(侍者)가 화로에 불을 붙인 지 잠시 후에 화로에서 불이 폭발, 금화(金花)가 발산하여 마치 폭우처럼 쏟아져내렸다. 또 합자등(盒子燈)놀이가 있는데, 두 사람이 철갈고리[鐵鉤]를 들고 사닥다리에 올라서서, 중간에 설치한 큰 합(盒) 밑에 연결된 약선(藥線)에 불을 붙이자, 불이 합 밑에서 탈 적에는 합의 뚜껑이 벗겨져 땅바닥으로 떨어지고 불이 위로 탈 적에는 한 개의 첩지(貼紙)가 땅바닥으로 떨어진다. 또 3~4척(尺) 높이의 수탑(繡榻 비단으로 꾸민 탑)이 세워지고 수탑 위에는 4~5명의 미인(美人)이 허리를 구부린 채 서 있는 가운데 사면(四面)에서 조그만 첩지(貼紙)들이 불길을 따라 떨어져 내리는데, 이 첩지는 다 원형(圓形)의 수선(繡扇 비단으로 만든 부채)이다. 이어 불길이 큰 밧줄까지 타들어가 수탑과 미인들이 땅바닥으로 넘어지면 여러 사람이 달려들어 미인들을 끌어내었다. 또 원형으로 된 등롱(燈籠) 수백 개가 공중으로부터 출현하면서 일제히 불이 켜지는데, 이는 약선(藥線)이 서로 연결된 때문이다. 그리고 양편의 작은 홍색문(紅色門)에서도 불이 켜지면서 방형(方形)으로 된 수롱(繡籠 비단으로 꾸민 등롱) 한 개가 출현하는데, 수롱 밑에는 수백 개의 약선이 연결되어 있어, 불빛이 마치 진주(眞珠)처럼 환하다가 잠시 후에 포(砲) 소리가 크게 터지면서 수롱이 갈기갈기 찢겨져 아무 흔적도 없어졌다. 또 연화법(煙火法)이 있었는데, 곧 매화법(埋火法)이다. 역시 약선을 연결해 놓고 전(殿) 위에서 불을 붙이면 불길이 마치 유성(流星)처럼 타들어가다가 잠시 후에는 화염(火焰)이 하늘을 가리고 벽력(霹靂)이 지축(地軸)을 울리면서 아무 흔적도 없어졌으니, 그 신교(神巧)함은 사람으로서는 상상할 수가 없었다."하였다.

우리나라에도 불놀이가 있었다. 중종 34년(1539) 명 세종(明世宗) 가정(嘉靖) 18년이다. 에 경회루(慶會樓) 경복궁(景福宮) 석지(石池) 안에 있다. 에서 잔치를 베풀고 명 나라의 두 사신을 접대하면서 석지(石池)에서 노는 물고기를 구경하다가 두 사신과 함께 걸어서 후원(後苑) 서현정(序賢亭)에 당도하였을 때 두 사신이 통사(通事)에게 '정자(亭子) 이름을 서현(序賢)이라 하였으니, 이른바 서빈이현(序賓以賢)이란 뜻이 아니냐?' 하였다. 이어 석지 가에 둘러앉아 놀다가 해가 어둑어둑해졌을 때 중종이 두 사신에게 불놀이를 구경하자고 제청, 족자화(簇子火)와 포도화(葡萄火) 등이 일시에 폭발되자 두 사신이 보고 '이 어찌 사람의 힘으로 될 일인가.' 감탄하였다. 우리나라 고사(故事)에, 불놀이에 대한 의식은 일체 군기시(軍器寺)에서 주관하여 미리 후원에 설치하게 되어 있는데, 중(中)·소(小)의 규모가 다르고 또 그 경비도 매우 많이 소요된다.

설치하는 법은 다음과 같다. 두꺼운 종이로 포통(砲筒)을 단단히 싸고 포통 속에 유황(硫黃)·염초(焰硝)·반묘(班猫)·유탄(柳炭) 등의 재료를 쟁여 단단히 봉한 다음 그 끝에 불을 붙이면 잠깐 사이에 연기가 나면서 불이 번져 포통과 종이가 모두 폭파되고 그 굉음이 천지를 진동시킨다. 그리고 이보다 먼저 땅속에 화시(火矢)를 묻어놓는데, 그 불빛이 먼 산(山)까지 비추어서 천만 개의 화시처럼 보인다. 즉 화시에 불을 붙이면 화시가 수없이 뽑혀 공중을 향해 날면서 폭파되는 대로 굉음이 나는데, 그 모양이 허공에 가득 찬 유성(流星)과도 같다. 또 긴 간대[竿] 수십 개를 원중(苑中)에 세우고 간대 머리에는 조그만 포대(包袋)를 설치한다. 그리고 어전(御前)에 채롱(綵籠)을 달고 채롱 밑 부분에 긴 밧줄을 달아 여러 간대와 연결하여 가로 세로 연관시킨 다음, 밧줄 머리마다 화시(火矢)를 설치하고 군기시 정(軍器寺正)이 부싯깃에 불을 붙여 채롱 속에 넣으면 잠깐 사이에 불이 일어나 밧줄에 붙고 밧줄에서 곧 간대로 번지면서 간대 머리에 설치된 포대가 폭파되고, 불길은 마치 구르는 수레바퀴처럼 회전하면서 다시 밧줄을 타고 다른 간대로 번져간다. 불길은 이런 차서와 속도로 잇달아 번져 끊임이 없다. 또 엎드린 거북이 모양을 만들어 놓고 그 거북이 입에서 불길이 뿜어나오게 하는데, 연기와 불꽃이 마치 흐르는 물처럼 마구 발산되는 가운데 거북이 입에 꽂아 놓은 만수패(萬壽牌)가 불길에 비쳐 만수패 세 글자가 환히 보인다. 또 간대 머리에 그림 족자[畫簇]를 걸어 놓고 밧줄을 부착시킨 다음, 밧줄에 불을 붙여 위로 번져가게 하면, 밧줄이 다 타서 끊어질 때까지 족자에 쓰인 글자가 환히 보인다. 또 길다란 모양의 숲[林]을 만들고 꽃·잎과 포도(葡萄) 송이를 조각하여 숲에 부착시킨 다음, 한쪽에서 불을 붙이면 잠깐 사이에 온 숲이 다 타다가 불이 꺼지고 연기가 없어진 뒤에는 붉은 꽃봉오리와 파란 잎, 그리고 아래로 드리워진 포도송이만 보기 좋게 남아 있다. 또 가면을 쓴 광대[俳優]가 등에 널빤지를 짊어지고 널빤지 위에는 포대(包袋)를 설치한 다음, 불을 붙여 포대가 폭파되고 불길이 거세어도 그대로 소리를 지르고 춤을 추면서 전혀 두려워하지 않으니, 이 또한 구경할 만하다. 이것이 우리나라 불놀이의 대충이다.

대저 불놀이는 한때 구경거리의 도구로만 이용될 뿐 아니라 적(敵)과 대치하여 전략을 세울 때 적을 속이는 술책으로도 이용될 수 있다. 예를 들면 『황제현녀병검(黃帝玄女兵鈐)』에도 불놀이와 비슷한 법이 있으므로, 지금 그 대충만 변증하려 한다. 『황제현녀병검』에, "태을심창법(太乙心槍法)은 싸움에 사용하면 창(槍) 속에서 기이한 모양의 여자가 나타나므로, 적군에 보이기만 하면 그 심신(心神)이 혼란해져 저절로 패망하게 된다. 또 옥신원통법(玉宸圓筒法)과 옥륜장(玉輪杖) 가운데 옥신원통법은 통(筒) 속에서 기이한 악연(惡煙)이 나와 적진을 휩싸므로, 적군이 그 독기를 들이마시고 죽는 자가 잇달았다."하였으니, 이는 곧 『무비지(武備志)』에 말한 신화독연(神火毒煙)과 같은 술책이다. 장수된 자가 난세를 만나 적을 방어하는 데 있어 반드시 알아두어야 할 일이므로 아울러 언급하는 바이다.

　　물놀이에 대해서도 아울러 기록하려 한다. 지금 말하려는 물놀이는 뱃놀이나 헤엄놀이 따위가 아니지만, 물로써 놀이하는 때문에 명칭을 물놀이라 한 것이다. 그중에 춘구(春毬)란 일명(一名) 수권희(水圈戱)라 하는데, 『물리소지(物理小識)』에 인용된 유약우(劉若愚)의 말에 '희종(熹宗) 명 나라 희종 황제. 이 이 놀이에 능하여, 물을 공중에 던지면 둥근 물방울로 형성된다.' 하였으니, 이것이 곧 수권희이다. "그 법은 짙은 소금물에 송향(松香) 가루를 타서 작은 대나무 통에 넣고 휘두르면 크고 작은 구(毬)가 형성되어 난다."하였으니, 이는 『물리소지』에 보이는 말이다. 또 『고금비원(古今秘苑)』에, "공중을 향하여 물거품을 형성, 크기는 밥사발만하고 오색(五色)이 드날려서 구경할 만한데 이름을 춘구(春毬)라 한다."하였다.

황이장(黃履莊)의 『기기도(奇器圖)』 수법(水法)에, "물놀이를 할 만한 도구로는 용미차(龍尾車 수차(水車))가 있는데, 수차를 이용한 일선천(一線泉)·유지천(柳枝泉) 만드는 법은 동일하지 않는데, 물줄기가 위로 솟구쳤다가 아래로 드리워지는 모양이 버드나무 가지와 같기 때문이다. 산조명(山鳥鳴) 수차를 이용, 그 소리가 산새와 같기 때문이다. 난봉음(鸞鳳吟) 수차를 이용, 그 소리가 난봉과 같기 때문이다. 보시수(報時水) 수차를 이용, 물방울이 시각(時刻)에 맞춰 떨어지기 때문이다. 폭포수(瀑布水) 수차를 이용, 그 모양이 폭포와 같기 때문이다. 등의 놀이가 있다."하였고, 등옥함(鄧玉函)의 『기기도설(奇器圖說)』서(序)에, "수금(水琴) 수차를 이용, 그 소리가 거문고와 같기 때문이다. 이 있다."하였고, 『당서(唐書)』에, "불림국(佛林國)에서는 무더위가 오면 물을 처마 위로 들어올려 더위를 피한다."하였고, 이 문달공(李文達公 문달은 명 나라 이현(李賢)의 시호)의 사유서원기(賜遊西苑記)에, "서남편 조그만 산전(山殿 산 속에 지어진 전당(殿堂)) 옆에 동굴이 있고 동굴 위에는 바위가 가로놓였고 바위 구멍에서는 샘물이 마구 흘러나오므로 이름을 수첨(水簷)이라 하는데, 그 물줄기가 사방으로 튕겨나가기도 하고 가늘게 뿌려지기도 하여 매우 구경할 만하다."하였고, 주밀(周密)의 말에, "건도(乾道)·순희(淳熙 건도와 순희는 남송 효종(南宋孝宗)의 연호) 연간에 취한당(翠寒堂)에서 더위를 피하는데, 몇 겹의 산봉우리에서 시원한 폭포가 마치 공중에서 내리붓듯하여, 그 밑의 큰 못[池]이 온통 뒤집힌다."하였고, 박연암(朴燕巖)의 『열하일기(熱河日記)』청 고종(淸高宗) 건륭(乾隆) 45년(1780)에 연경(燕京)에서 노닐 때 지었다.에 '거북이를 탄 선인(仙人)이 비를 뿌렸다.' 조각된 거북이에 조각된 선인을 태우고 비를 뿌려서, 온 뜨락에 가랑비가 내린 것 같다는 뜻이다. 하였으니, 이는 다 물놀이에 해당하는 것이다.

[설명]
- 화수은화(火樹銀花) : 나무에 등을 달아서 아름답거나, 화폭(火爆)이 터져서 퍼지는 모양을 비유하는 말. 폭죽놀이를 가리킨다. 관등, 관화, 등석 등을 보고 즐기는 감상을 이야기하는 시에서 자주 사용함.
- 서빈이현(序賓以賢) : 손[賓]의 선후(先後)를 재능[賢]으로써 정한다는 뜻임. 재능이란 투호(投壺)놀이에서 화살을 가장 많이 맞힌 것을 말한다.

16) 정월 대보름날 밤에 두 수를 읊다(황현)

* 출전 : 매천집 제4권 : 임인고(壬寅稿) 詩 元宵二詠

○ 임인고(壬寅稿) 元宵二詠
金可流石可焦。靑天有月誰能燒。
村童相傳有奇術。枯槎敗薪撑岧嶤。
東風吹火聲爆爆。黃雲夭矯迷山椒。
嫦娥非是畏熱焰。遲捲重簾羞和嬌。
故放陰精倍寒凜。瑪瑙大槃摩氷綃。
桂下聞有弄斧人。至今不見刊枝條。
況是下界螢微。一點何曾到重霄。

東方之俗無燈夕。聊將燒月參風謠。

右燒月

鬼火無焰虎火靑。　野火一種奇其形。

驛堠兀兀孤炬燃。　佛國晃晃千燈熒。

遲延有似蠶食葉。　驟闊又如風開萍。

環城催驅絳繒牛。　滿天交織熒惑星。

坡陀近遠都不辨。　但聞歆歆來風霆。

野叟不關今宵月。　儘放烟焰迷靑冥。

道是一炬策奇勳。　燒淨艸根灰蝗螟。

虞衡烈山追古典。　田祖畀炎歌詩經。

君不聞

野燒不盡春復生。　詩家情恨連郊坰。

從此

和烟和雨爲芳艸　東風要我吟魂醒。

右野火

○대보름 밤에 두 수를 읊다(元宵二詠)

金可流石可焦　　쇠도 녹일 수 있고 돌도 태울 수 있지만

靑天有月誰能燒　푸른 하늘에 걸린 달은 누가 태우랴

村童相傳有奇術　시골 아이들은 기이한 기술 서로 전해지니

枯槎敗薪撑岌嶪　마른 등걸 썩은 땔감 높다랗게 쌓았네

東風吹火聲爆爆　동쪽의 바람은 불을 붙여 타닥타닥 소리 내고
黃雲天矯迷山椒　누런 구름이 피어오르니 매케함으로 어지럽네
嫦娥非是畏熱焰　항아는 아니라지만 뜨거운 불꽃을 두려워하고
遲捲重簾羞和嬌　말아 오르며 발을 치지만 아리따움과는 차이있네

故放陰精倍寒凜　짐짓 음의 정기 놓으니 싸늘함을 더하고
瑪瑙大槃摩氷綃　커다란 마노 쟁반은 얼음 비단을 만지듯하네
桂下聞有弄斧人　계수나무 아래에 도끼질하는 이 있다던데
至今不見刊枝條　아직껏 잘라 낸 가지 보지 못했네

況是下界螢微　더구나 하계는 반딧불같이 희미하니
一點何曾到重霄　이 한점이 언젠들 하늘에 닿으랴
東方之俗無燈夕　동방의 풍속엔 등석이 없는지라
聊將燒月參風謠　달집태우기를 풍요에 넣었을 따름이지
右燒月　　　　　이상은 달집태우기이다.

鬼火無焰虎火靑　귀신불은 불꽃이 없고 호랑 불은 푸른데
野火一種奇其形　쥐불도 똑같이 그 모양이 기이하네
驛堠兀兀孤炬燃　역후[土壇]처럼 오뚝 솟아 홀로 횃불 타오르고
佛國晃晃千燈燨　불국처럼 찬란하게 천개 등불 성하네

遲延有似蠶食葉　누에가 뽕잎 먹듯 천천히 타들어 가다가도
驟闊又如風開萍　또 바람이 부평초를 흩는 듯 확 번지네

環城催驅絳繒牛　성을 포위하여 붉은 비단 소를 내몰 듯하고
滿天交織熒惑星　하늘 가득하게 붉은 반딧불을 수 놓는 듯하네

坡陀近遠都不辨　원근을 막론하고 두렁마다 다 그러하니
但聞歘欻來風霆　바람 우레 휘몰아치는 소리만 들리네
野叟不關今宵月　시골 늙은이야 오늘 밤 달과 상관없으니
儘放烟焰迷靑冥　하늘이 가리도록 연기 화염 한껏 피우네

儘放烟焰迷靑冥　말하기로는, 횃불 하나로 기이한 공훈 세워
燒淨艸根灰蝗螟　풀뿌리를 말끔히 태워 해충을 박멸한다 하네
虞衡烈山追古典　옛 전적 모방하여 우형처럼 산 태우고
田祖畀炎歌詩經　『시경』을 노래하며 전조처럼 불 속에 던지네

君不聞　　　　　자네는 듣지 못했는가!
野燒不盡春復生　들불에도 다하지 않고 봄에 다시 돋아난다고
詩家情恨連郊坰　시인의 정과 한은 교외 밖으로 이어지네
從此　　　　　　이로부터
和烟和雨爲芳艸　안개와 비에 화답함은 방초되기 위함이며
東風要我吟魂醒　동풍은 나에게 마음 일깨우려 두두리네
右野火　　　　　이상은 쥐불놀이이다.

[설명]
- 매천집(梅泉集) : 황현(黃玹, 1855~1910)의 시문집. 원집은 1911년
  김택영(金澤榮)의 편집(編輯)으로 중국 상해에서 간행되었으며,

1913년 속집이 간행되었다. 격동을 거쳐 망국에 이르는 구한말의 모든 과정을 살고 지켜본 인물이다. 20대의 청춘부터 별세에 이르기까지 그의 삶은 험난한 근대화를 알리는 개항(1876. 21세)으로 시작되어 임오군란(1882. 27세)·갑신정변(1884. 29세)·갑오경장(1894. 39세)을 거쳐 나라의 멸망과 함께 마감되었다.

- 임인고(壬寅稿) ; 매천집 제4권의 시(詩)는 임인고(壬寅稿)라고 하고 있어, 1902년(광무6), 매천이 48세 되던 해에 지은 시들임을 알 수 있다. 정월 대보름날 밤에 들에서 달집태우기[燒月]와 쥐불놀이[野火]를 하는 정경이 떠오르게 한다.

- 산초(山椒) : 산초는 매운 맛을 내는 향신료이다. 고추가 유입되이전에는 매운맛을 이 산초로 내었다.

- 항아(嫦娥) :『淮南子』覽冥訓에 나오는 이야기로, 중국 고대 전설의 여신이며, 달을 상징한다. 전설에 의하면 활을 잘 쏘는 후예(后羿)의 아내였는데, 남편이 서왕모(西王母)에게서 훔쳐 온 불사약을 몰래 훔쳐 먹었다가 발각되어 달로 도망쳤다고 한다.

- 부인(斧人) : 당(唐)나라의 단성식(段成式)이 지은『유양잡조(酉陽雜俎)』권1 천지(天呎)에 "달의 계수나무는 높이가 500장(丈)인데 그 아래에서 어떤 사람이 항상 도끼로 찍어 대는데, 나무는 상처가 났다가 곧 다시 아문다. 그 사람의 성은 오(吳)이고, 이름은 강서(剛西)로, 선학(仙學)을 배우다가 잘못을 저질렀으므로 귀양을 보내 나무를 벌채하게 하였던 것이다."라는 이야기이다.

- 등석(燈夕) : 동아시아에서는 정월 대보름에 연등을 가리키는 풍습을 말하지만 때로는 이날 행하는 관등놀이를 가리키기도 한다.

- 역후(驛堠) : 도로 가에 세운 토단(土壇)으로 이정표가 되었다.

- 불국(佛國) : 부처가 사는 극락정토(極樂淨土)를 가리킨다.

- 강중우(絳繒牛) :『사기』전단열전(田單列傳)의 이야기. 전국 시대

제(齊)나라 혜왕(惠王) 때의 장수 전단(田單)은 즉묵(卽墨)에서 연(燕)나라 군대를 물리치기 위하여 한밤중에 소 1000여 마리에게 붉은 비단옷을 입히고 오채(五彩)의 용무늬를 그린 뒤 그 뿔에 칼날을 묶고 꼬리에도 기름 먹인 갈대를 묶은 뒤 불을 붙여 공격하여 승리하였다.

- 형혹성(熒惑星) : 화성(火星)을 말함. 화성은 재화(災禍)나 병란(兵亂)의 징조를 보여 주는 별이라 하여 이르는 말.
- 우형(虞衡) :『맹자』등문공(縢文公)의 이야기. 고대 중국에서 산림(山林)과 천택(川澤)을 관리하던 관원이다. 순(舜) 임금이 익(益)으로 하여금 우형의 직임을 맡게 하고 불을 관장하게 하였는데, 익이 산택(山澤)에 불을 질러 태워 버리자 인간에게 해를 끼치던 금수(禽獸)들이 모두 도망하여 숨었던 고사.
- 전조(田祖) : 농사를 관장하는 전설상의 신으로, 처음으로 농사를 짓는 법을 개발했던 신농씨를 가리키고 있다.『시경』보전(甫田)에서 전록(田祿)을 소유한 공경(公卿)이 농사에 힘써서 방사(方社)와 전조의 제사를 받드는 것을 노래하였다.
- 야화소(野火燒) : 당(唐)나라 시인 백거이(白居易)의 부득고원초송별(賦得古原草送別)에, "무성한 저 언덕 위의 풀이여, 한 해에 한 번씩 났다가 시드는구나. 들불로 태워도 다 타지 않아 봄바람 불 때면 다시 생기네.(離離原上草 一歲一枯榮 野火燒不盡 春風吹又生)"를 가리킨다.

참고문헌

1. 사료 및 경전류

金富軾,『三國史記』.

那連提耶舍,『佛說施燈功德經』, 대정장16.

道宣,『廣弘明集』, 대정장 52.

道世,『諸經要集』, 대정장 54.

東國大學校,『韓國佛教全書』第4冊 : 高麗時代篇 1, 1979.

李圭景,『五洲衍文長箋散稿』, 經史篇 論史類 風俗.

李應禧,『玉潭時集』.

李瀷,『星湖僿說』, 萬物門.

미상,『薊山紀程』.

法顯,『摩訶僧祇律』, 대정장 22,

寶思惟,『佛說隨求卽得大自在陀羅尼神呪經』, 대정장 20.

菩提流志,『佛說文殊師利法寶藏陀羅尼經』대정장 20.

不空,『大寶廣博樓閣善住祕密陀羅尼經』, 대정장 19.

不空,『普遍光明清淨熾盛如意寶印心無能勝大明王大隨求陀羅尼經』, 대
        정장 20.

不空,『佛說金剛頂瑜伽最勝祕密成佛隨求卽得神變加持成就陀羅尼儀軌』,
        대정장 20.

不空,『聖閣曼德迦威怒王立成大神驗念誦法』, 대정장 21.

善無畏,『대일경』, 대정장 18.

成俔,『慵齋叢話』.

영평사 소장본 『五大眞言集』 및 『靈驗略抄』.

一然, 『三國遺事』.

贊寧, 『大宋僧史略』, 대정장 54.

黃玹, 『梅泉集』.

『高麗史節要』, 恭愍王.

『高麗史』, 列傳(世家 太祖/恭愍王/叛逆 崔忠獻/禑王).

『高麗史』, 志 禮 嘉禮雜儀(仲冬八關會儀/上元燃燈會儀).

『조선왕조실록』 성종실록/태종실록.

『周禮』.

2. 단행본 및 논문

고운기, 『한국 1930년대의 눈동자-무라야마가 본 조선민속』, 이회, 2003.

국립무형유산원, 『천 갈래의 비, 연등회』, 국립무형유산원, 2020.

국립진주물관, 『조선무기조사연구보고서 I』, 국립전주박물관, 2019.

김무봉, 「영험약초언해 연구」, 한국어문학연구학회, 『한국어문학연구』 제57집, 2011년.

김용덕, 『한국불교민속문화의 현장적 고찰』, 민속원, 2014.

김익두, 「'낙화놀이'의 지역적 분포와 유형에 관한 민족지적 고찰」, 한국민속학회, 韓國民俗學 48호, 2008.

孟元老, 김민호 옮김, 『東京夢華錄』, 소명출판사, 2011.

무라야마 지준(村山 智順), 『朝鮮の鄕土娛樂』, 朝鮮總督府, 1941(민속원, 2002년 영인본).

민병만, 『한국화약의 역사』, 아이워크북, 2014.

민태영 외1, 『경전 속 불교식물』, 아담북스, 2011.

상기숙, 『형초세시기』, 집문당, 1996.

서윤길, 『한국밀교사상사』, 운주사, 2006.

세종특별자치시, 「낙화역사고증 학술연구용역」, 세종특별자치시, 2018.

수원화성박물관 소장(영인본 사진), 득중정어사도(원본 도쿄예술대학미
　　　술관 소장).

안지원, 「高麗 燃燈會의 기원과 성립」, 『진단학보』 제88집, 1999.

이윤수, 『연등회의 역사와 문화콘텐츠』, 민속원, 2014.

조선총독부, 정두식·김영두 옮김, 『조선의 습속』, 민속원, 2014.

최연주, 「中世 불교행사로서의 觀燈과 변화 양상」, 동의대학교 동아시
　　　아문물연구소, 『문물연구』 제30집, 2016.

한국불교민속학회·연등회보존위원회, 『연등회의 종합적 고찰』, 민속원,
　　　2013.

허일범, 『한국의 진언문화』, 해인행, 2008.

호림박물관 소장본, 보물 제1838호 초조본 『법원주림』 권82(初雕本 法
　　　苑珠林 卷八十二).

3. 데이터베이스 자료

동아일보 1921년 3월 16일 기사 : 平壤觀火大會復舊

매일신보 1918년 5월 19일 기사 : 落火의 盛行

고려대학교 해외한국학자료센터 : http://kostma.korea.ac.kr/

한국고전번역원 : http://db.itkc.or.kr/

한국사데이터베이스 : http://db.history.go.kr/

한국역사정보통합시스템 : http://www.koreanhistory.or.kr/

부록 __ 영평사 소장본

『오대진언집(五大眞言集)』(영인본)

3 불교의례 낙화법(落火法)의 기원과 형성과정

忠清右道公州麻谷寺梅花堂冊主道弘次棒

壬寅四月十七日五大呪經道弘誌書

五大呪經道泓誌書

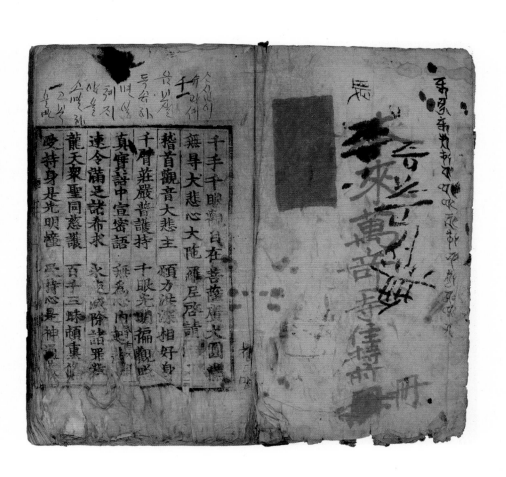

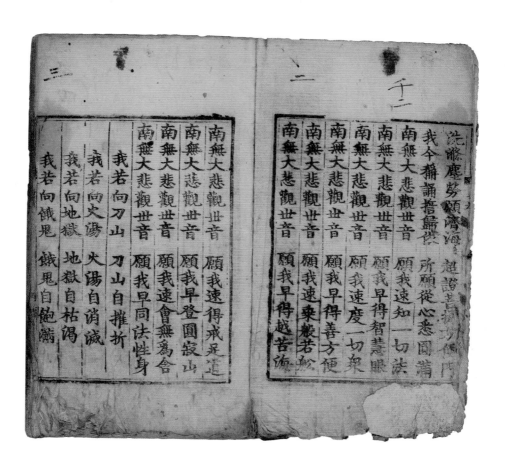

洗滌塵勞願濟海　超證菩提方便門

我今稱誦誓歸依　所願從心悉圓滿

南無大悲觀世音　願我速知一切法

南無大悲觀世音　願我早得智慧眼

南無大悲觀世音　願我速度一切眾

南無大悲觀世音　願我早得善方便

南無大悲觀世音　願我速乘般若船

南無大悲觀世音　願我早得越苦海

南無大悲觀世音　願我速會無為舍

南無大悲觀世音　願我早同法性身

我若向刀山　刀山自摧折

我若向火湯　火湯自消滅

我若向地獄　地獄自枯渴

我若向餓鬼　餓鬼自飽滿

三卷 뿌리쑤
뮝卷
五卷 곳곳과
六卷 낫츠로
七卷 씨지한
八卷 눌흘
五 사로

四

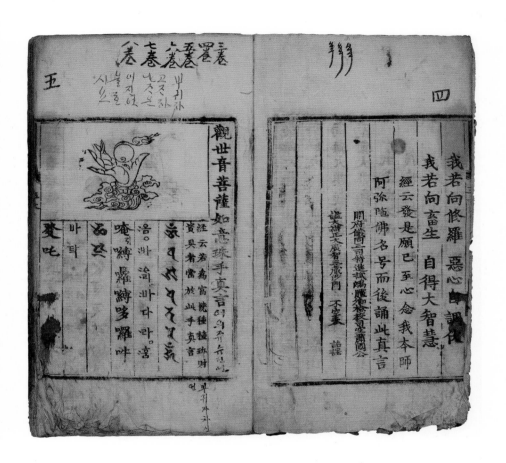

觀世音菩薩如意珠手真言

我若向修羅　惡心自調伏

我若向畜生　自得大智慧

經云發是願已至心念我本師

阿弥陁佛名号而後誦此真言

開府儀同三司特進試鴻臚卿肅國公

賜紫贈司空大鑒正號大廣智三藏沙門不空奉　詔譯

唵引縛囉縛哆囉吽

發吒

바탁

唵引 옴。빠

縛囉 올ᄒᆡ 빠다 마훙

縛哆 ○罕

羅吽 ○꾬

經云若為富饒種種珍財資具者當於此手真言이ᄋᆞ슈진어니

부리가라져기
연

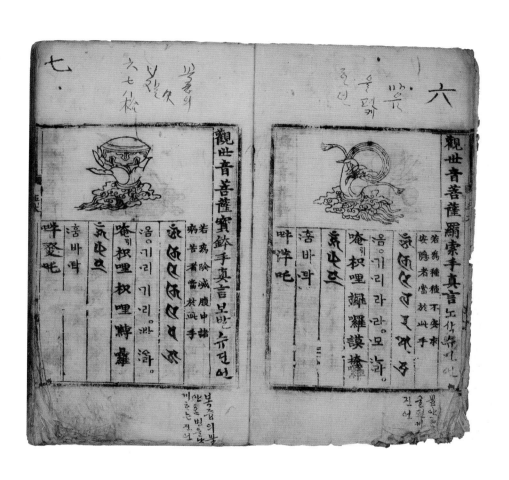

觀世音菩薩寶鉢手真言 보발슈진언

若為除滅腹中諸
病苦者當於此手

옴○기리기리ᄲᅡ嚂涾○

唵기 枳哩 枳哩 嚩羅

흠바탁

바癹吒

봉발의발
받들빈슈로
계흐는진선

觀世音菩薩羂索手真言 노삭슈진언

若為種種不安隱
者當於此手

옴○기리라랑모○라。

唵옴 枳哩 攞攞 護擈

흠바탁

바癹吒

불안케
줄돌게
진선

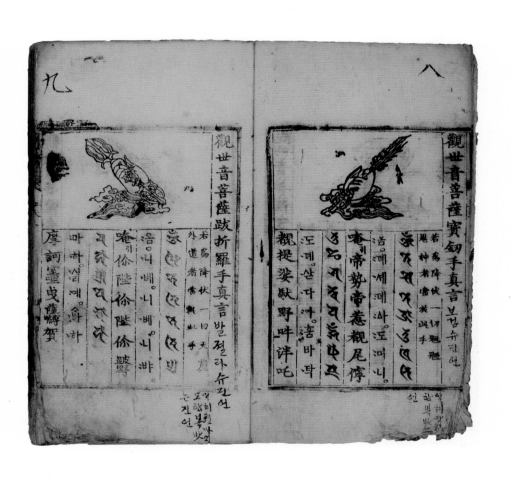

觀世音菩薩跋折羅手真言
발절라슈진언

若爲降伏一切天魔
外道者當剌此手

若爲降伏一切鬼魅
思神者當剌此手

觀世音菩薩寶劒手真言
보검슈진언

唵引你倻你倻
鉢囉你倻
摩訶室囉曳薩嚩賀

옴。니 베。니 베
니 빠。
마하싈레。슈하

옴。레 셰 레。도 끼 니。
도 끼 산 다 야。홈 바 탁

唵引帝勢帝惹觀尾傳
觀提婆馱野吽泮吒

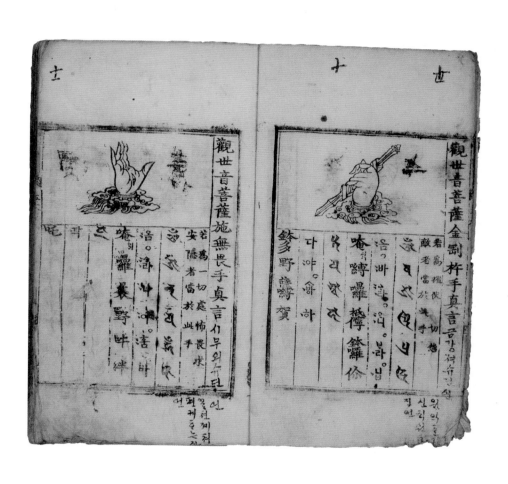

觀世音菩薩金剛杵手真言 ᄭᅥ릭김지손이라

若爲摧伏
一切怨敵
者當於此手

唵引縛曰羅扺傳鉢囉儜伱

多野薩嚩賀

觀世音菩薩施無畏手真言ᄭᅥ무외슈단

若爲一切
處怖畏不
安隱者當於此手

唵引縛羅曩野吽癹

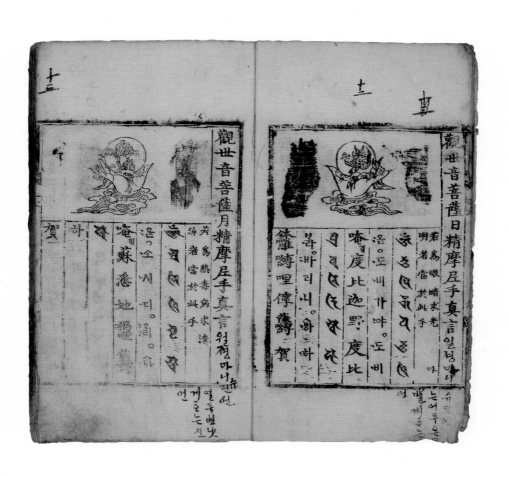

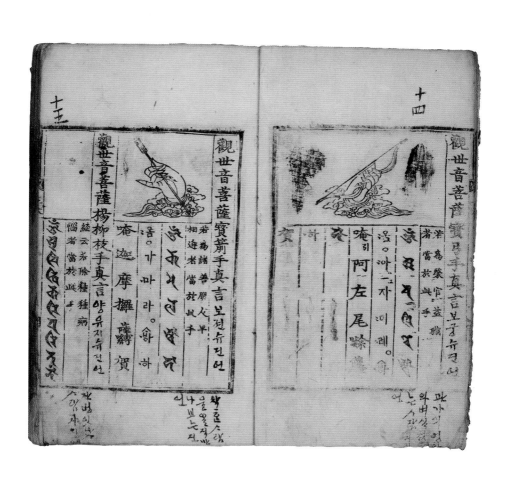

觀世音菩薩寶篋手眞言보협슈진언

若爲諸善朋人早
相逢者當於此手

唵 迦 摩 羅 薩縛 賀

곰ㅇ가마라。슈하

觀世音菩薩揚柳枝手眞言양유지슈진션

繼云若除種種病
惱者當於此手

唵 迦 摩 羅 薩縛 賀

觀世音菩薩寶弓手眞言보궁슈진산

若爲榮實官益職
者當於此手

唵 阿 左 尾 薩縛賀

옴인아ㅡ자리례。

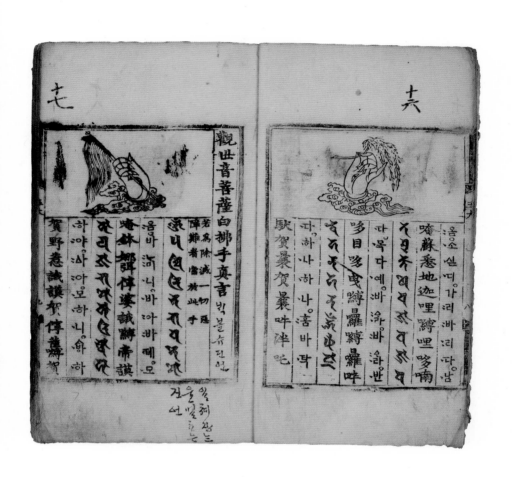

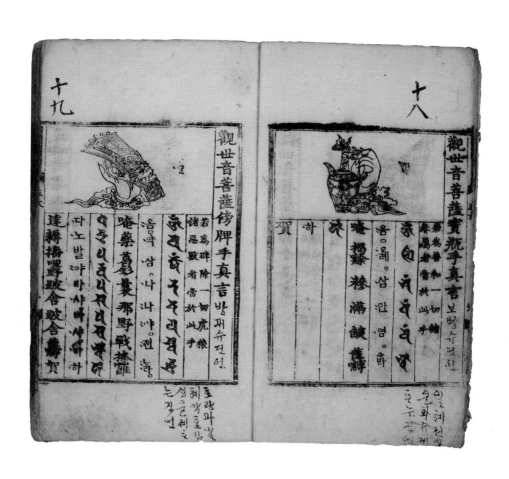

觀世音菩薩傍牌手真言 방픽슈진언

觀世音菩薩寶缾手真言 보병슈진언

若爲除一切虎狼諸惡獸者当於此手

嗡의삼마나까뎐 광

唵藥葛釤曩那野戰捺羅

다노발야마사뺘뺘하

達耕播嘌跛舍皎舍壽賀

若爲一切善和合者当於此手

唵揭隸糝滿鹽縛

옴쀄삼만염슈

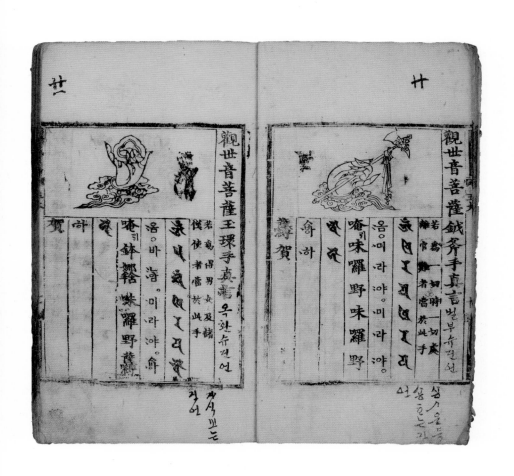

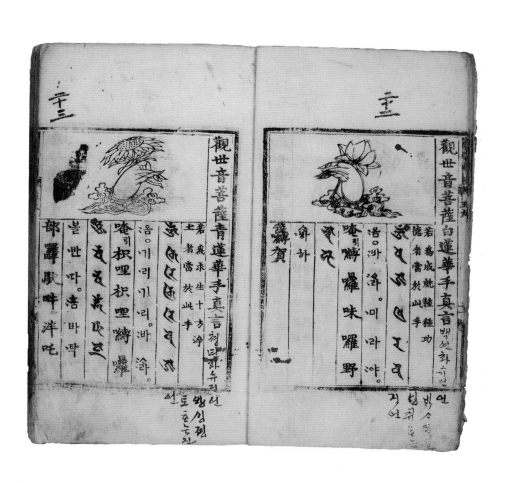

觀世音菩薩青蓮華手真言 쳥년화슈진언

若為求生十方淨土者當於此手

唵 枳哩枳哩嚩囉
옴 기리기리빠라

불빤다。浩바탁

部囉馱喃吽泮吒

觀世音菩薩白蓮華手真言 백년화슈진언

若為成就種種功德者當於此手

唵 嚩囉味囉野
옴 빠라미라야

娑嚩賀

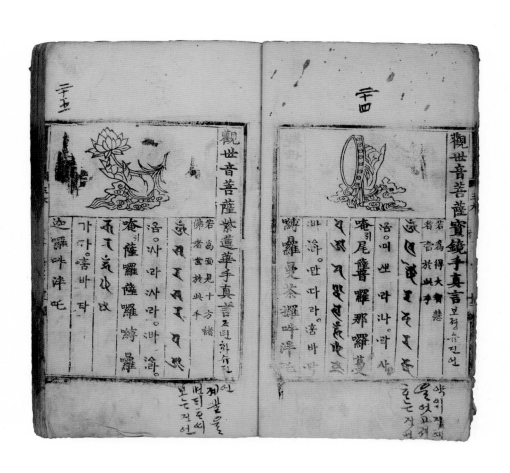

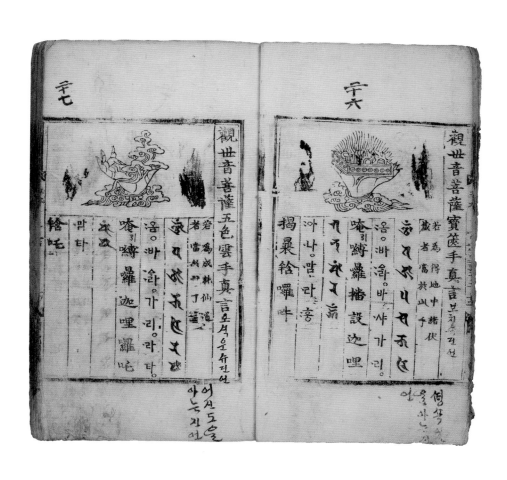

宁七

宁六

觀世音菩薩五色雲手真言 오색운슈진언

觀世音菩薩寶篋手真言 보협슈진언

若為成就仙道者當於其山手

若為得地中諸伏藏者當於其山手

唵引 嚩囉迦哩羅吒
막타
鈐吒
옴 바라 가 리라 당
者當然 仙道
어신도을
아뉵기언

唵引 嚩囉播設迦哩
揭㘑鈐囉吒
아냐 말라 훙
옴 바 가리
어슬 얼나 훙
어슬 가언

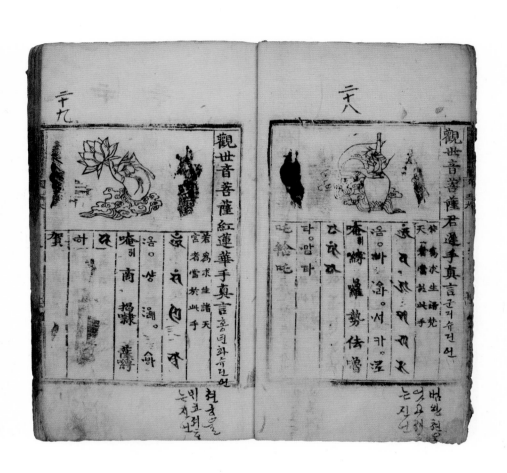

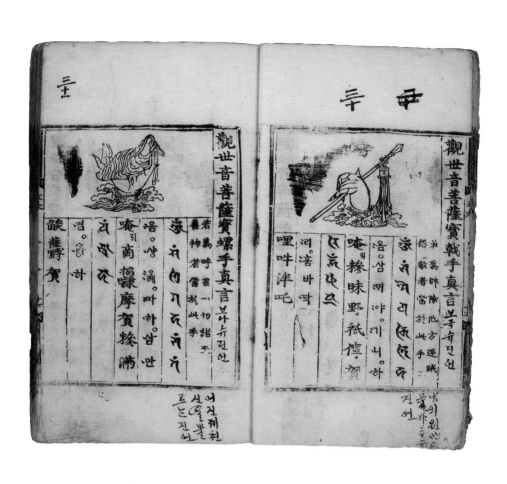

觀世音菩薩寶螺手真言 보라슈진언

若爲呼召一切諸天
善神者當於此手

唵引商揭隸摩賀縒滿
옴。샹。게。마。하。삼。만

多曳薩婆賀
다예。ᄉᆞᆯ하

염。슈하

唵引商揭隸摩賀縒滿

薩縛賀

觀世音菩薩寶戟手真言 보국슈진언

若爲除他方逆賊
恐敬者當於此手

唵糝眜野祇儜賀
옴。삼。ᄆᆡ야。기ᄂᆡ。하

哩吽泮吒
리훔。바닥

진언

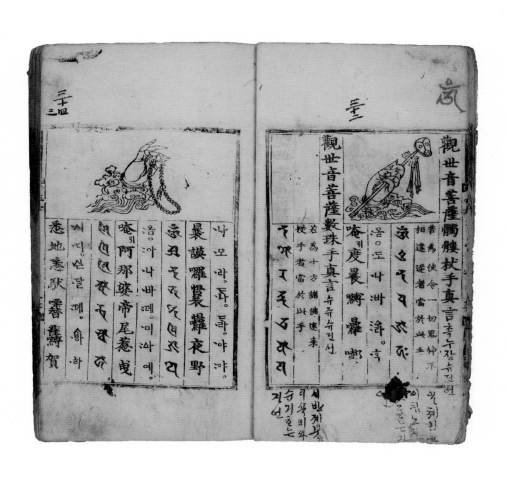

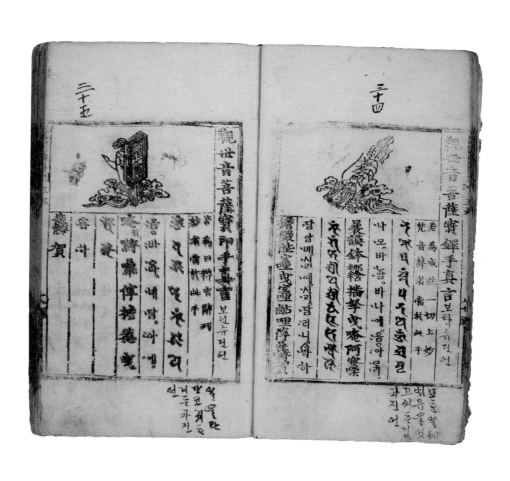

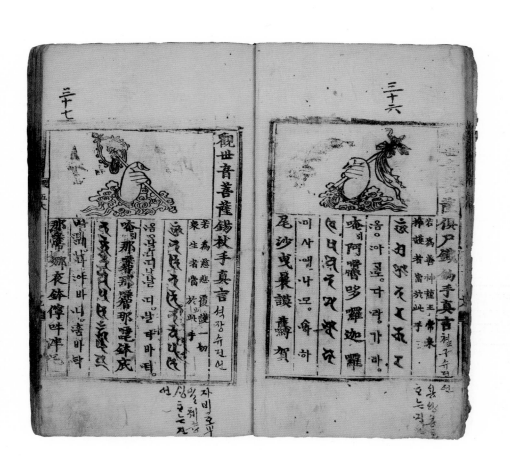

23   불교의례 낙화법(落火法)의 기원과 형성과정

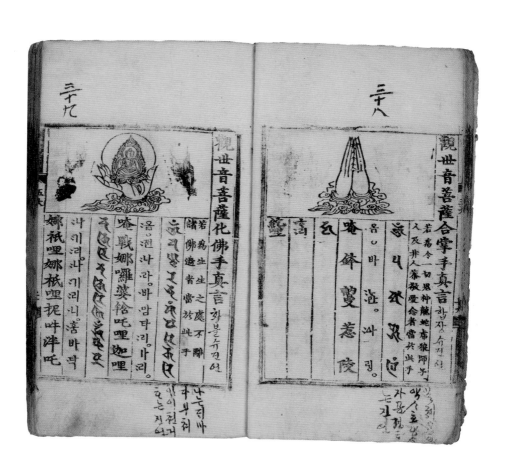

觀世音菩薩化佛手真言

觀世音菩薩合掌手真言

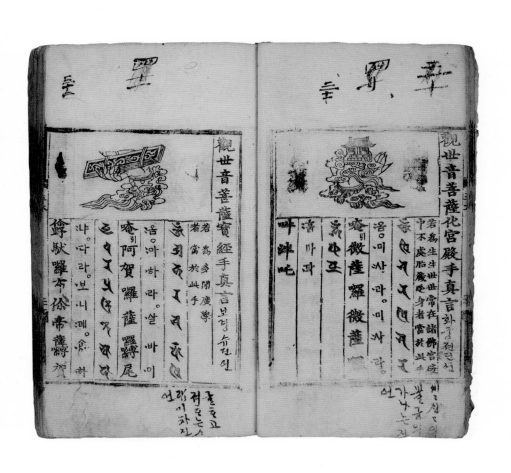

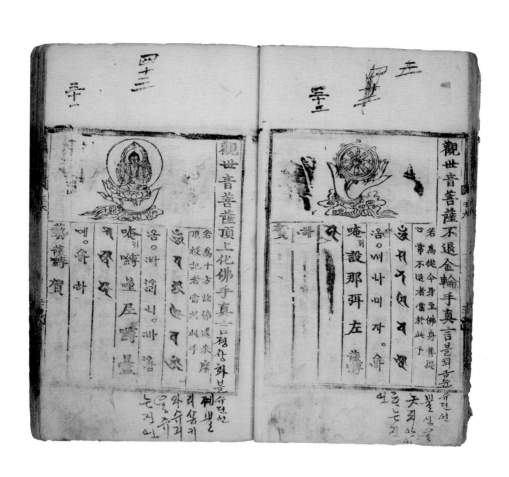

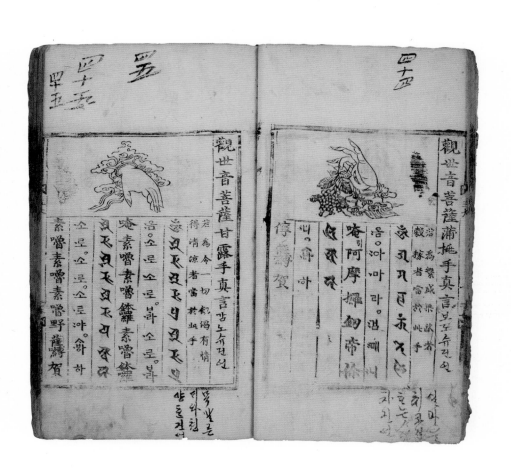

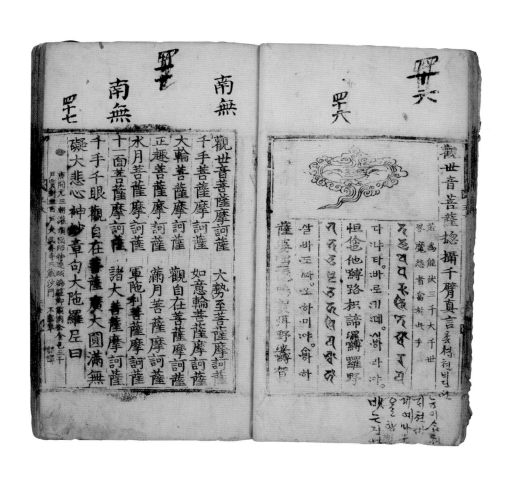

觀世音菩薩 揔攝千臂真言

若為能伏三千大千世界怨敵當於此手

怛儞他 嚩路枳諦 抧諦緤囉野

薩嚩努瑟吒鄔嚩羿野娑嚩賀

다냐타 바로기제 새바 라야

살 바 도 싸 오 하 미 야 하

南無
南無

觀世音菩薩摩訶薩
千手菩薩摩訶薩
大輪菩薩摩訶薩
正趣菩薩摩訶薩
水月菩薩摩訶薩
十一面菩薩摩訶薩
千手千眼觀自在菩薩
礙大悲心神妙章句大陀羅尼曰

大勢至菩薩摩訶薩
如意輪菩薩摩訶薩
觀自在菩薩摩訶薩
蒲月菩薩摩訶薩
軍陀利菩薩摩訶薩
諸大菩薩摩訶薩
大圓滿無

南閻元三朝湖南國師伸遠敬戶廣劋雕西戶大業寺二藏沙門不空等

다라야 나모가라

曩謨囉怛曩怛囉 나모라 다라야 야 막 약

娑賀迦嚕增捉迦野 마하가로니가 야 옴 살바바에

諦濕嚩囉野冒地薩縛野摩賀薩縛野

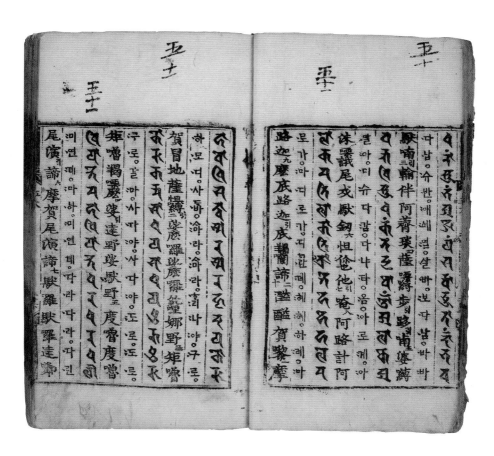

〔右頁〕

獻三輪　伴　阿蒢瑻薩　嚩　步　哺婆
다남이　冷　반에　셰　염　살　빠　뵤　다　남바바

誐嚩
다　앙이　슈　다　깜이　움　오　로　계아

誅孽尾戈　獻鉤怛他　唵　阿　路　計阿
쳐　얼미혜　헌구다　하　렬아　옴　아　헤　례이계

路迦九　麼底　路迦　底　鞠闍諦二　醯　賀鞠摩
모　가까　마　디　로　강지　로　졔　졔이　혜　하졔마

〔左頁〕

尾演諦　摩賀尾演諦七　獸羅獸羅達㗚
미연　졔이　마하미연　졔치　獸　라　다라다린

矩嚕羯囉叟達野叟㗚度瞥度瞥
구로　갈　까사　다야사　㗚　토　瞥　로　瞥　로

賀冒地薩嚩嚩底囉叟囉籠娜野矩瞥
하모　댱　사　뱽　냐　로냐　홰리　나　양구　롱

（한글 독음）
미연　졔이　마　하　미연

虎嚕賀黎鉢攞娑嚩羅娑嚩羅十惡哩

左攞尾灑尾曩捨野虎嚕虎嚕麽攞

尾曩捨野䟦濕尾灑尾曩捨野

攞母嚩譆曀覽四路計濕縛攞譆識二尾灑

䟦濕尾灑羅左攞摩攞阿摩

慈哩素嚕素嚕野俊鑿冒獄野冒

다야먜 드릭 야오니 라 간 타가 마 사놀 사 남

馱野昧疃野顙攞建姝麂寫撚噤南

바라모라나 야오마 낭야 하신 다 야오좀 하오니

鋒攞 賀囉㖿 野 摩諾㘅攞 賀兂 悉馱 攞縛 摩

하오니 다 야오좀 하오니 항

賀 悉馱 野二縛 賀 悉馱 愉藝 爆縛 攞野品 縛攞縛

나 가ᄋ싼 타 야오슘 하오니 라 하오뭇 캉의 하오슈

顙攞 建姝 野縛 賀 縛攞 賀 目佉 僧 賀目

가 야오좀 하오바 海의 다 야오좀 하오자 라오슈

法 野昧縛 賀 鈢 攞賀 盎里 縛縛攞縛 作錫攞法

다 야오아 하오ᄉ상 강이ᄂ 디 씌으ᄆ 다 다라 오ᄉ슈 항

馱野 縛縛賀 高 佉 撚縣 冒 處 襲野 皿攞

부록_영평사 소장본 『오대진언집(五大眞言集)』(영인본)　32

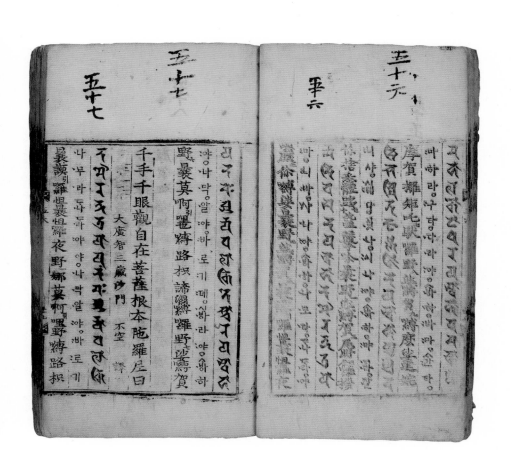

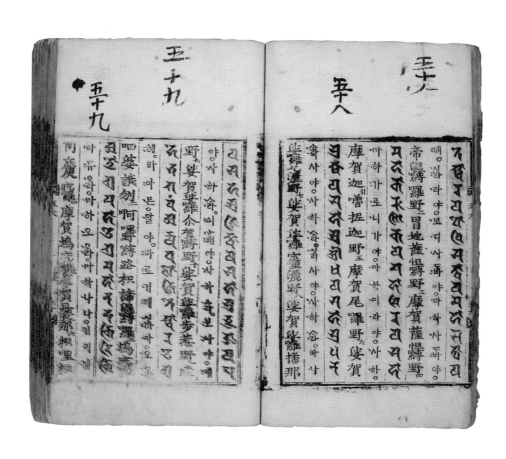

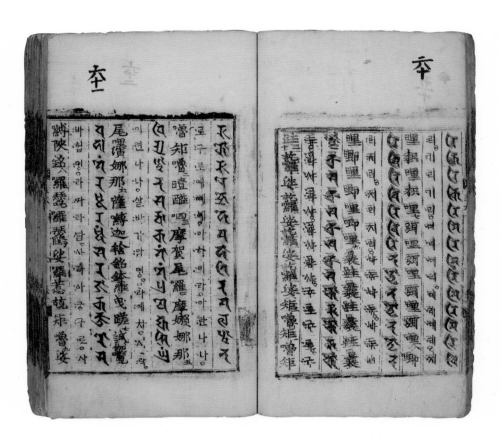

右側:

賀嚩羅步惹十娑賀娑嚩羅尾娑路嚩路嚩
하슬 보 사 하 삭 미 라 로 바 랑

馱野娑娜羝朕鉻娑嚩羅努婆嚩
다야 사 나 뎡 명 바 라 노 바 바

阿虞嚕婆嚩研五庵曩謨蜜塔帝婆誐列六
아우 루 바 바 연 암 나 모 밀 탑 뎨 바 아 렬

左側:

阿哩野嚩路枳帝濕嚩羅鉢羅波野鉢羅枲娜
알 아 바로 가 뎨 시바 라 바 라 바 야 바 라 시 나

歛嚩羅努摩瑜摩婆嚩四嚩誐賀 甲戌
얌 바라 노 마 마 바 소 화 하

佛說金剛頂瑜伽最勝祕密成佛隨
求即得神變加持成就陁羅尼啓請
稽首蓮華胎藏敎無邊淸淨惣持門

普遍光明照十方　餧馭應化三千界
如意寶印從心現　無能勝主大明王
常住如來三昧中　超諸瑜伽圓覺位
毗盧遮那尊演說　金剛手捧妙明印
流傳密語與眾生　悉地功修成熟法
五濁愚迷心覺悟　誓求無上大菩提
一常贊念此微詮　得證如來無偏智
諦想觀心月輪際　凝然不動觀本尊
所求願滿稱其心　故号隨求能自在

依教念滿洛叉遍　能攘宿罪及災神
生生值此陁羅尼　世世獲居安樂地
見世不遭諸抂橫　火焚水溺及災殃
不被軍陣損身形　盗賊相逢自安樂
繼犯波羅十惡罪　五逆根本及七遮
聞誦隨求陁羅尼　應尺諸惡皆消滅
陁羅尼力功無量　故我發心常誦詩
願迴勝力施含靈　同得無為超悉地
佛說一切如來普遍光明餧馭清淨

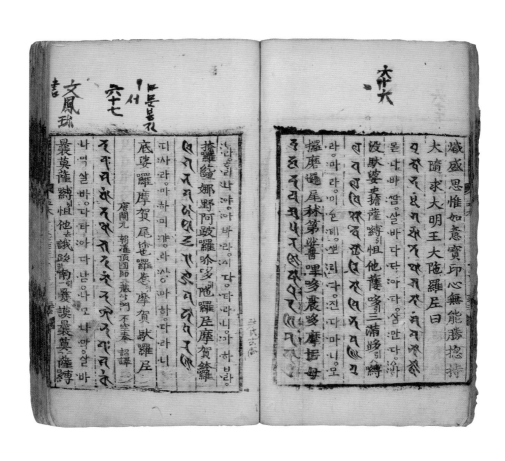

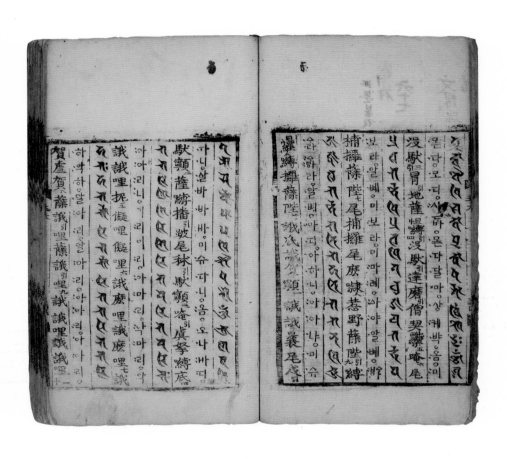

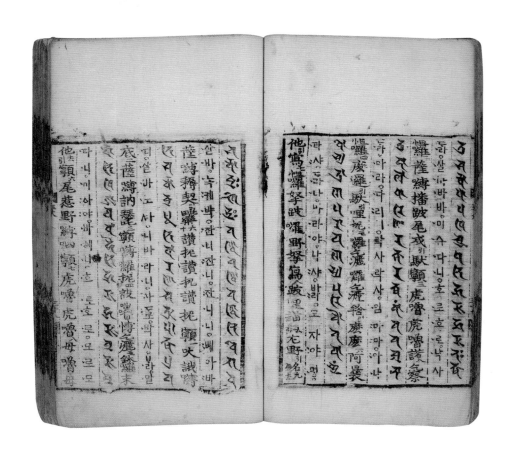

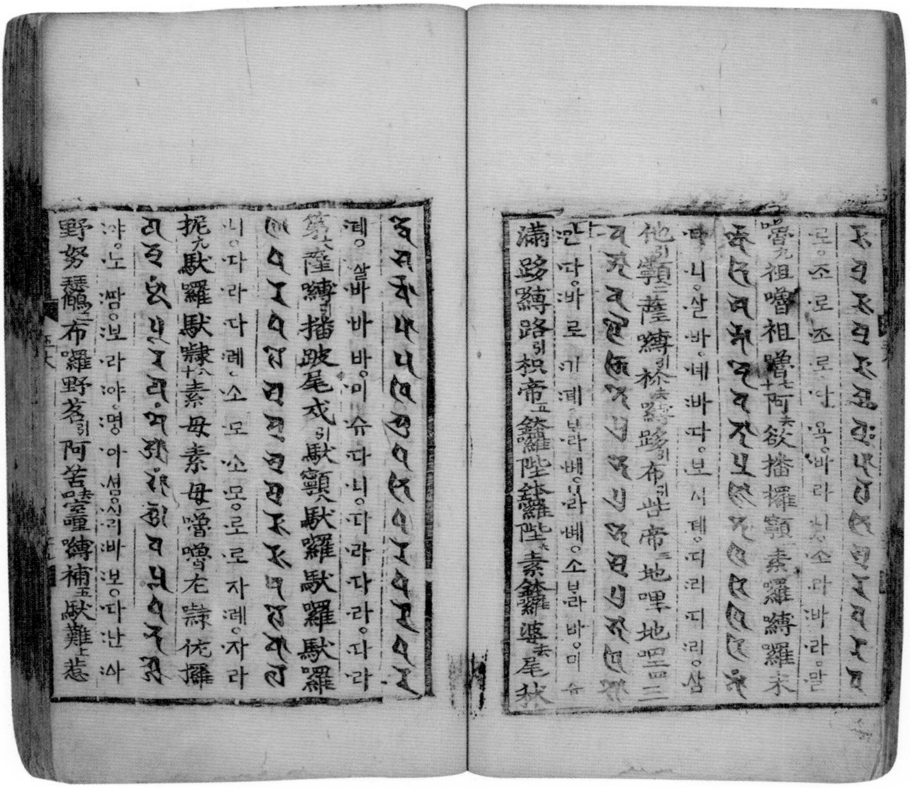

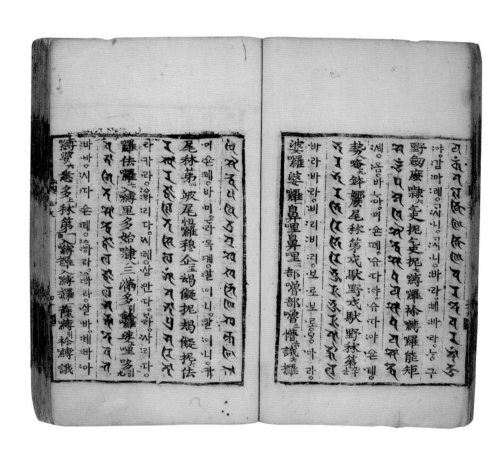

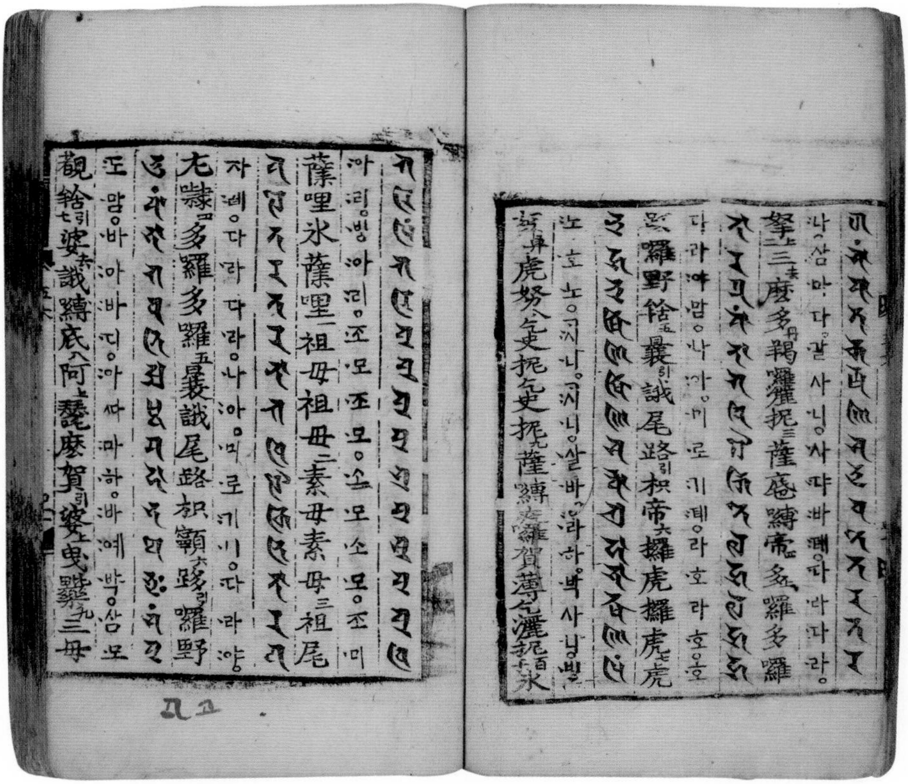

가라밍아라ㅁㅈㅗㅁㅗㅈㅗㅁㅣ

蘖哩水蘖哩一祖母祖母二素母素母三祖尾

尤隷多羅多曩誐尾路枳穎蹉羅野

觀鈴七婆誐誐底阿甕麼賀引婆引虬羅九三母

자례다 다라야 로기이다 라야

나ㅅ삼마 다괄 사닝사 따빠빼아 나다라ㅇ

蘖二三麼多羯羅捉薩麼縛嚕多羅

다라ㅑ깜ㅂ나 가ㅣ 데아로라 호라 호옹

曩野鈴曩誐尾路枳帝大擢虎擢虎虎

蘖哩虎努曳捉曳捉薩縛賀引薄

노호 노ㅇㄱ지나ㅣㅇ지나ㅣ살빠ㅇ 과하약사 남빌

（梵呪・陀羅尼）

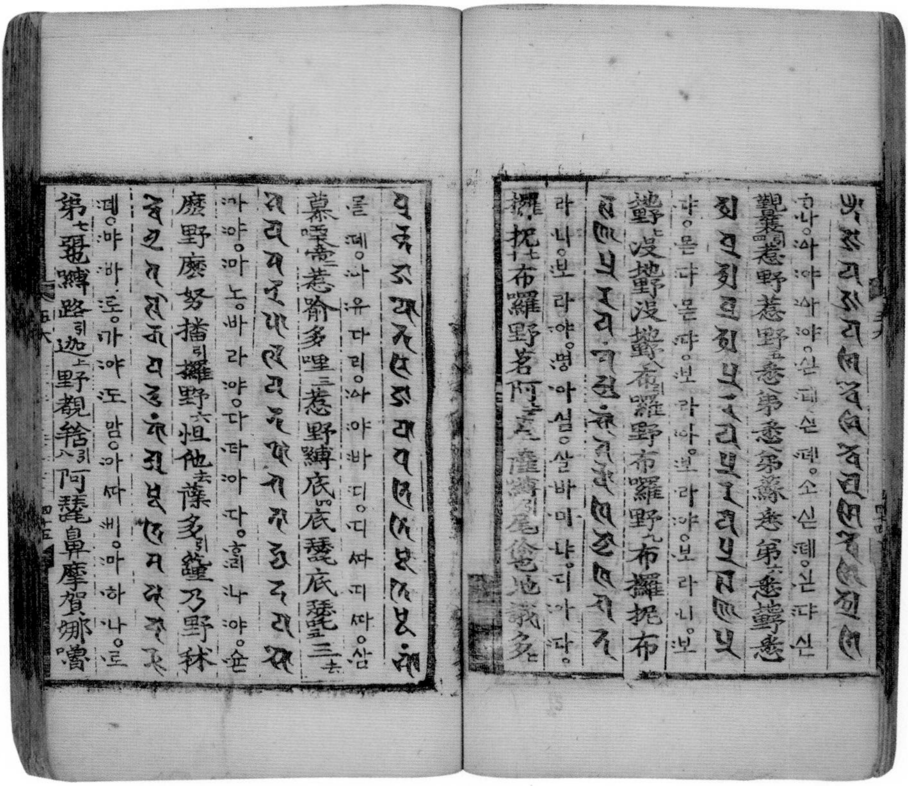

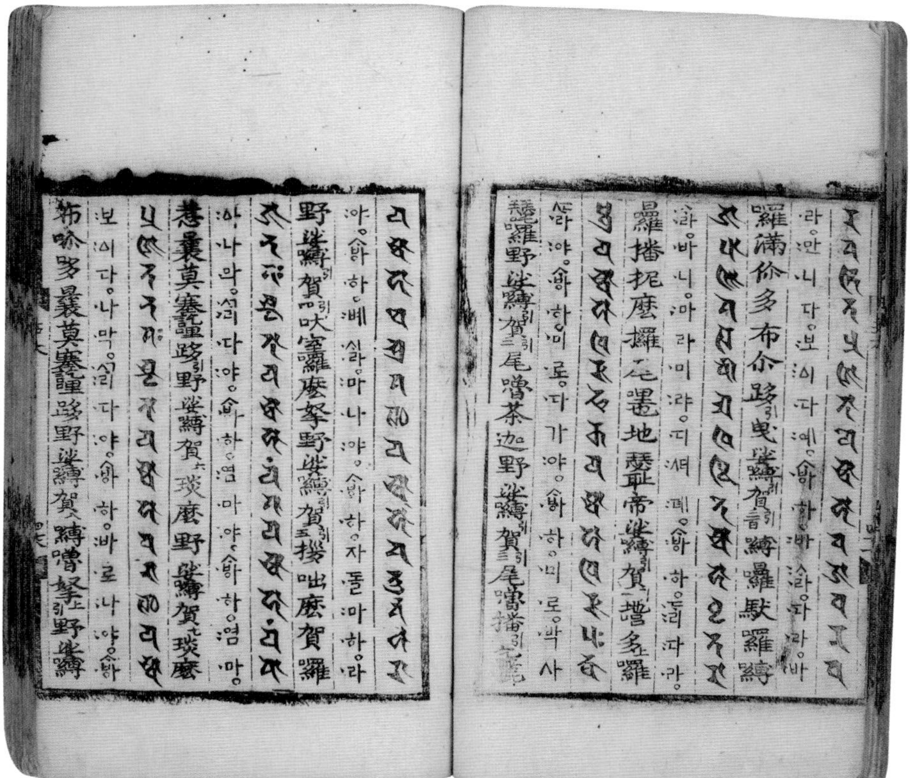

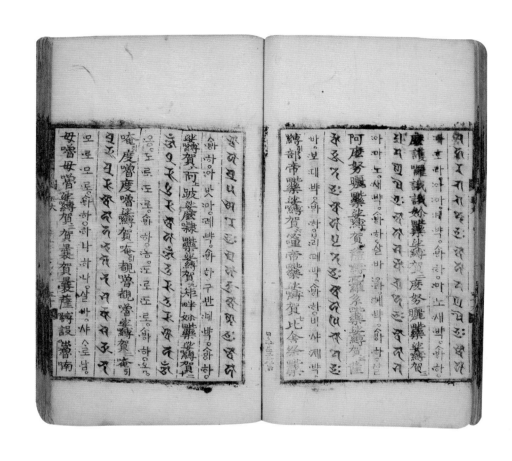

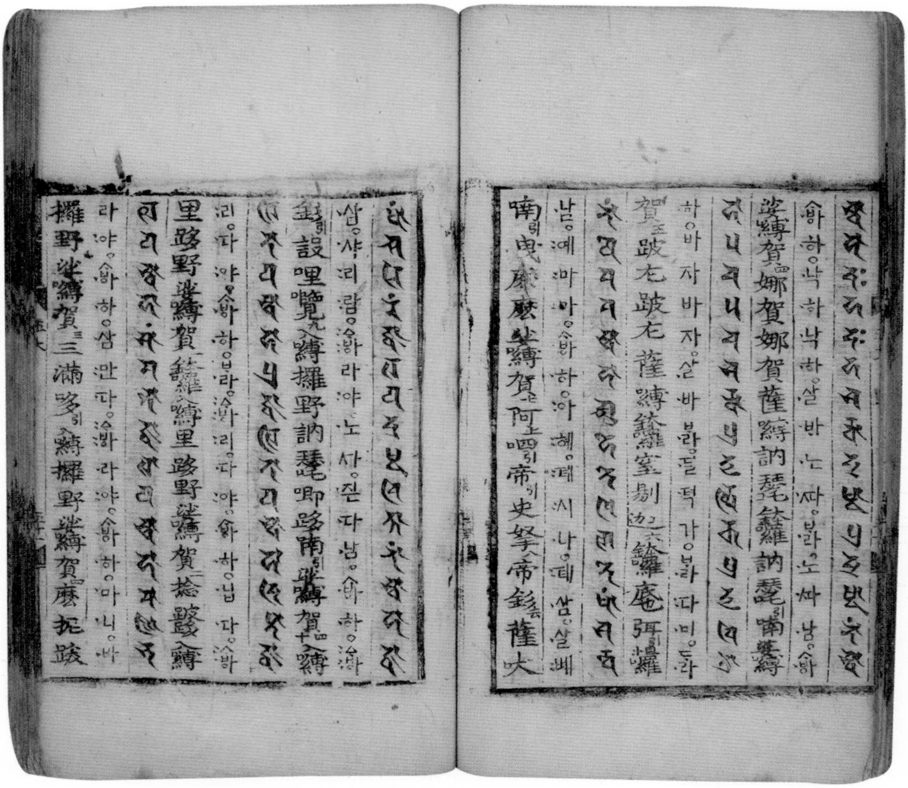

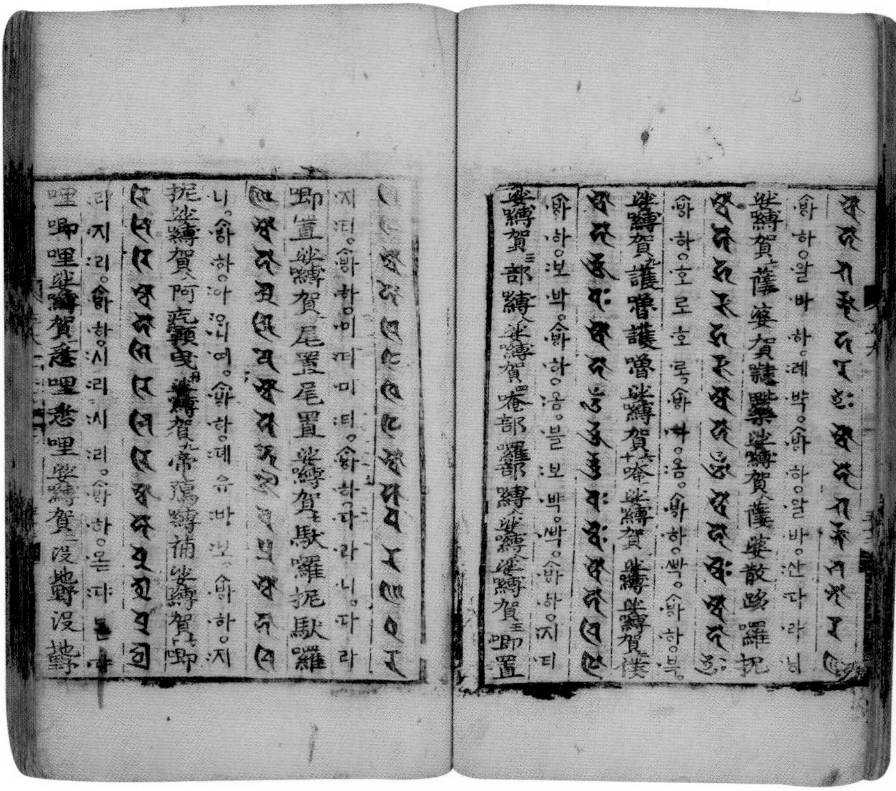

57 불교의례 낙화법(落火法)의 기원과 형성과정

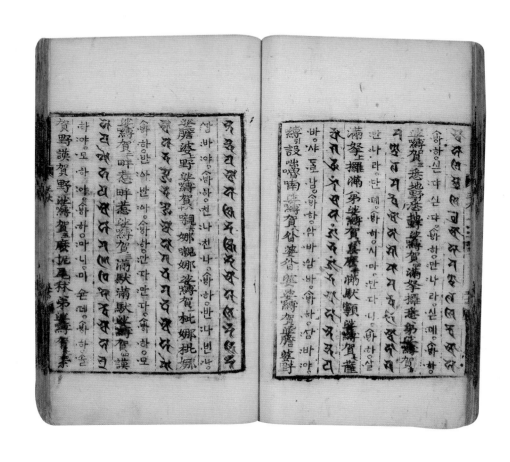

右：

曩謨ㅣ라마군지유하ㅣ예아빠미오하
ㅣ샤 얌 바다 ㅣ디유쟈 ㅣ 졔유취쟈
一切如來心真言
ㅁㆍ리지ㆍㅣ라지ㅣㄷㅏㅣ 냄물 딩뫄뫄랑미
암ㅣㅇㆍㅣ라ㅣ넝ㅇㅂㅏ ㅣ아ㅣ랑미
嚩薩嚩怛他蘖多南浸嚲嚩嚩囉尾誐多
암ㅇㅑㅇㆍ사ㅣ예ㆍ얏ㆍㅇㆍㅣ명ㅇㅂㅏ ㅣㅂㅏ ㅣㅂㅏ

左：

婆野三捨麼野嚩銘娑嚩嚩縛擔閇
박ㅇㅂㅏ 뎔ㅇㅂㅏ도ㅁㆍ니 모니
嚩嚩嚩嚩嚩覩嚩母你母你尾世
ㅁㆍㅣ라ㅣ졔자라니 ㅣ바 마ㅣ아미ㅣ아졔ㅂㅏ 먀마라
你右隸右攉顙嚩野尾誐帝婆野賀囉
닝쟈ㅣ졔자라니ㅣ바 마ㅣ아ㅣ졔ㅂㅏ 먀마라
니ㅁㆍ디모 리ㅣㅇㆍ ㅣ라 갸앙 ㅣ몬디 리론

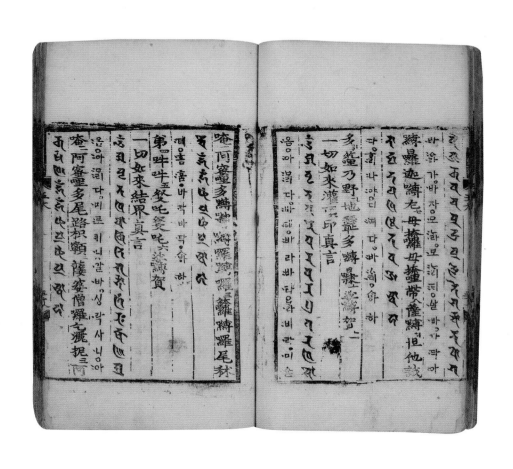

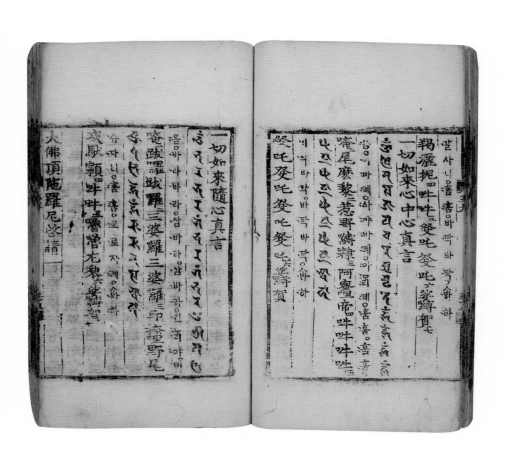

一切如來心中真言

一切如來隨心真言

大佛頂陁羅尼梵譜

稽首光明大佛頂　如來萬行首楞嚴
所無相門圓愍宗　字字攝盡金剛定
瑜伽妙音傳心印　摩訶衍行拋持王
說此祕密悉怛多　解脫法身金剛句
菩提力大盛空皇　三昧智印果無邊
不持齋者是持齋　不持戒者名持戒
十方法界諸如來　行住坐臥每相隨
八萬四千金剛衆　護念加威受持者
念誦一萬八千徧　徧徧入於無想定

号擑堅固金剛幢　自在得名人勝佛
縱使罵詈不爲過　諸天常聞說法聲
神通變化不思議　陀羅尼門最第一
大聖放光佛頂力　捲惡揚善證菩提
唯聞念者瞻蔔香　不齅一切諸香氣
設破二百五十戒　及犯佛制八波羅
聞念佛頂大明王　便得具足聲聞戒
若人殺害怨家衆　常行十惡罪無邊
暫聞灌頂不思議　恒沙罪障皆消滅

現受阿鼻大地獄　鑊湯爐炭黑繩人
若發菩提片善心　一聞永得生天道
我今依經說啟請　無量功德普莊嚴
聽者念者得摠持　同獲洹槃寂滅樂
佛說大佛頂如來廣放光明暴現大白
傘蓋徧覆三千大千世界摩訶悉怛多
鉢怛囉無有大道場最勝無比大
威德都攝金輪佛頂王帝殊羅誐一切
大明王摠集不可說百千旋陁羅尼一

方如來清淨海眼微妙秘密大佛頂陁
羅尼曰

大廣智三藏沙門 不空 奉　詔譯

나모 살바다야° 다타가다야 나막살
바○다○다야 아○다야 나막살바○
○아마○가라망호○○다라야 아야
땅을 하데ㅇ

襄謨薩羅怛他引蘖路素訖哩
野引二羅闍引帝引

三藐三沒馱野引襄莫薩羅怛他引誐帝引弭

65　불교의례 낙화법(落火法)의 기원과 형성과정

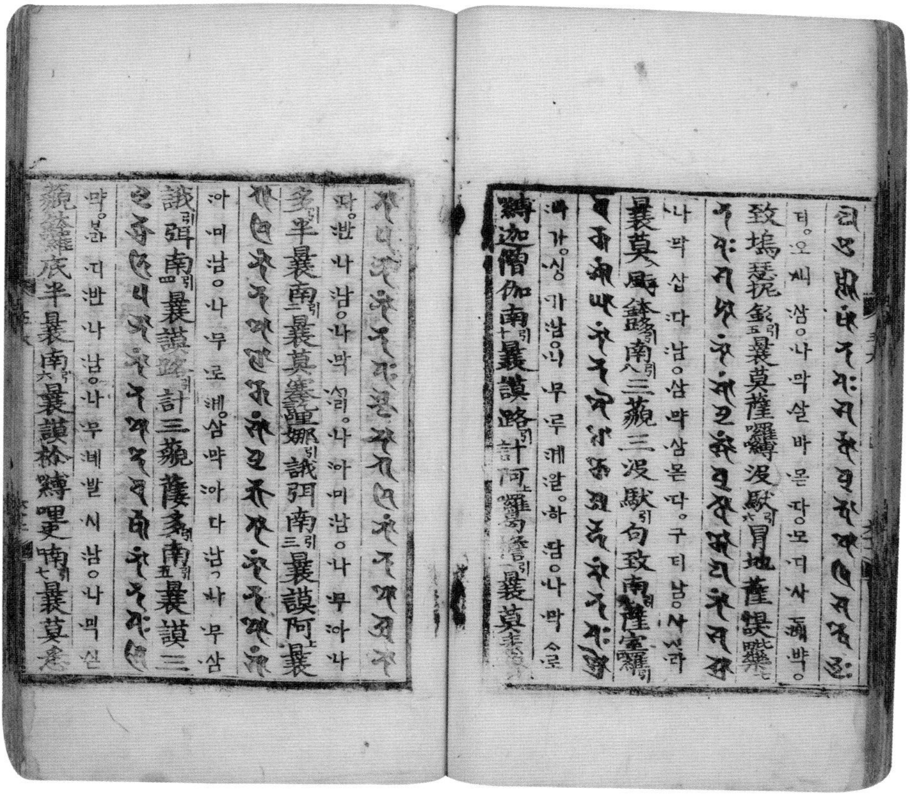

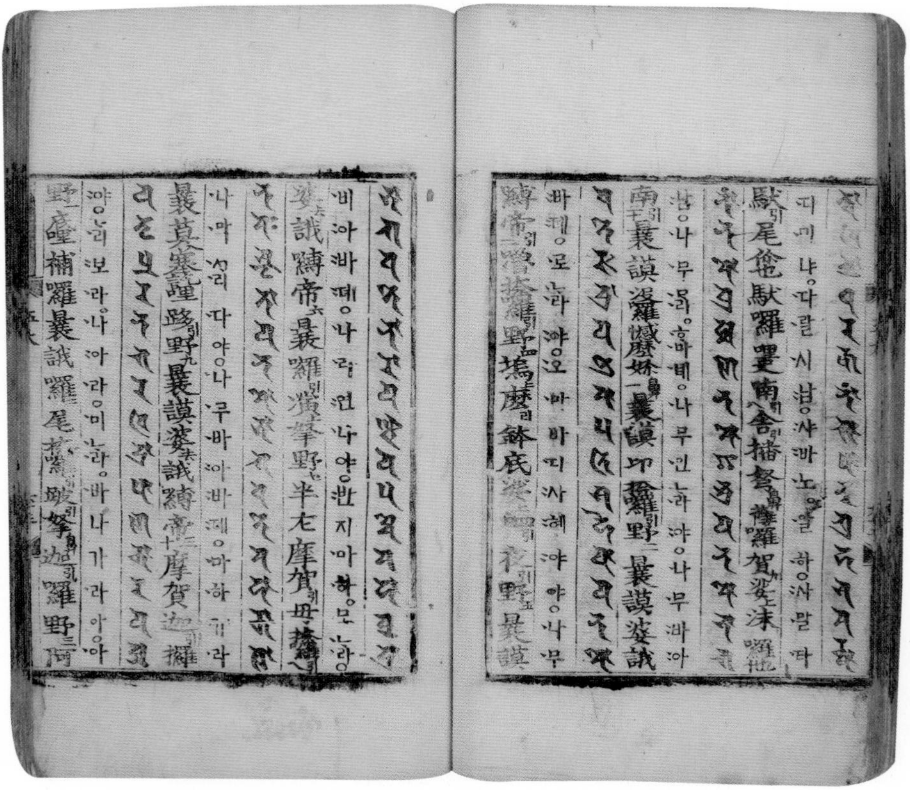

薩哆引野阿羅喜帝三藐三沒馱引野曩謨婆
誐縛帝三喜補灄多引婆隷攞攞ㅇ野曩野怛他

아다야알 하 몌ㅇ삼 막삼 몬다양나 무바
아다야알 히 몌ㅇ삼 막삼 몬다양나 무바

구소 망ㅋ 도 라ㅿ 사 아다양다 타 아 다 야 알 하

帝四三藐三沒馱引野曩謨婆誐縛帝引三喜補灄他去薩哆引野阿羅喜

誐縛帝二舍野曩曩引曩引他薩哆引野阿羅喜

뎅삼 약삼 몬다양나 무 바 아 바 뎅리

구소 망ㅋ 도 라ㅿ 사 아다 야 알 하

矩素廈詵親羅引野怛他薩哆引野阿羅喜

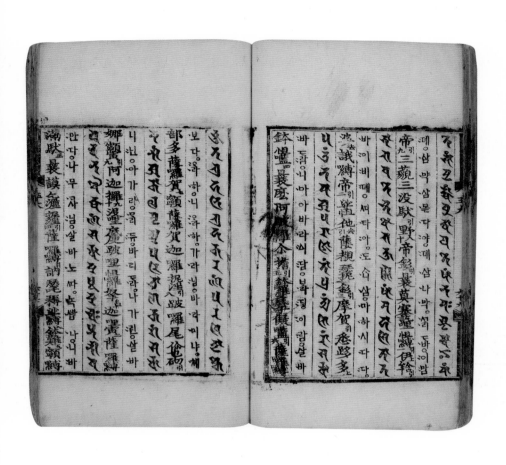

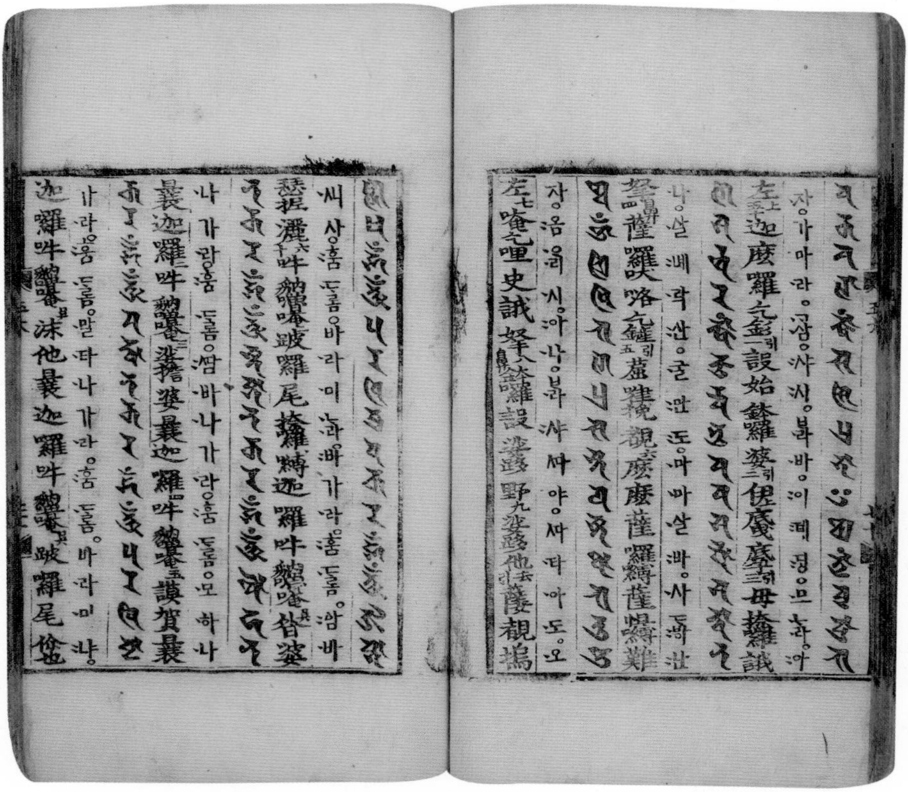

尾黯娑曩迦羅吽三 薄气灑曩迦羅吽 南薆薩羅曩琵南薆薩
賀娑賀羅南摩賀薩羅南吳蹬娜曩迦羅吽

심빡사이나 가랑훔 드롬ᄋ살 마노 써 남ᄋ깨 바
나 가랑훔 드롬ᄋ살 바악 상락 사상ᄋ과 하ᄋ 남
미灒사나 가랑훔 드롬ᄋ자 도라ㅣ니 남ᄋ과

賀娑賀羅南迦尾黯娑曩迦羅吽盤嚂阿瑟訶
婁訖底南諸藥怛籬那曩迦吽
鱷嚂阿嚂摩賀薩羅南吳蹬娜曩迦羅吽

하사 하ᄋ슉 남ᄋ미 ᄋ쾅 사ᄋ나 가 랑ᄋ훔
뼁시디 남ᄋ막 사 돠 남ᄋ라 사ㅣ니 가라옴
드롬ᄋ아 써 남ᄆ아 하ᄋㅣ과 하 남ᄋ오 자 사ㅣ니 가랑

摩賀特盧鑑灑摩賀特隷摩賀徐隷摩賀婆

婆誐鑁拏他觀塢毘灑悲嚕多鉢囕

唵 글ㅇ악 사 밤ㅇ마 마 살 바사 장

吽 躘㗚攞攞鈴ㅇ麼廐麼攞𤚥拏嗨難奏

마ㅇ이 밤ㅇ새 타아 드ㅇ오 쎄 사ㅇ시 ㅣ 다 빠ㅇ돌

마ㅇ하 바ㅇ슐ㅇ쎄 사ㅇ마 하 부ㅇ뎡이 례마 하사

賀밀羅部菴특賀羅誐曜句致捨娑婆

하ㅇ슈 부졔ㅇ샤하ㅇ슐ㅇ쎄예 구 탸 마ㅇ사

하ㅇ슈 도ㅇ예아 쎼 냐ㅇ슐ㅇ례 다 다 강마 하

賀羅寧蝎阿특陛盒縛里多怛吒迦摩賀

바ㅇ로나 라드리 부바나 타나 라ㅇ음 쎨 바

縛盧娜羅部縛曩拏攞嗨囕婆羅

羅矸歎羅野訥
바도아마ᇰ라카비ᅌᅡ죠라바ᅌᅡ

壔娜迦婆野尾攞婆野說
ᅌᅣ오나가바ᅌᅣᅌᅵ사바야

翿覩麻塵羅惹慈怛野
라자ᄀᆞ라바ᅌᅣᄂᆞᆯ베ᄉᆞ바야사니바야

羅矸歎羅野訥
阿羅惹ᇰ捉部彌抳跛多

阿迦攞菴麼野野羅惹慈難拏婆野
가가라ᅀᅡ리듀바야다라니ᄲᅩ미겹바다

日ᄅᆞᆫ

婆野野訥跛多婆野
ᄲᅡ아오놀가바다바야ᄒᆞ세

銘羅抳婆野襄誐婆野尾儉婆野
부라리니바야나ᅀᅡ바야미뉴바야ᅌᅦ바

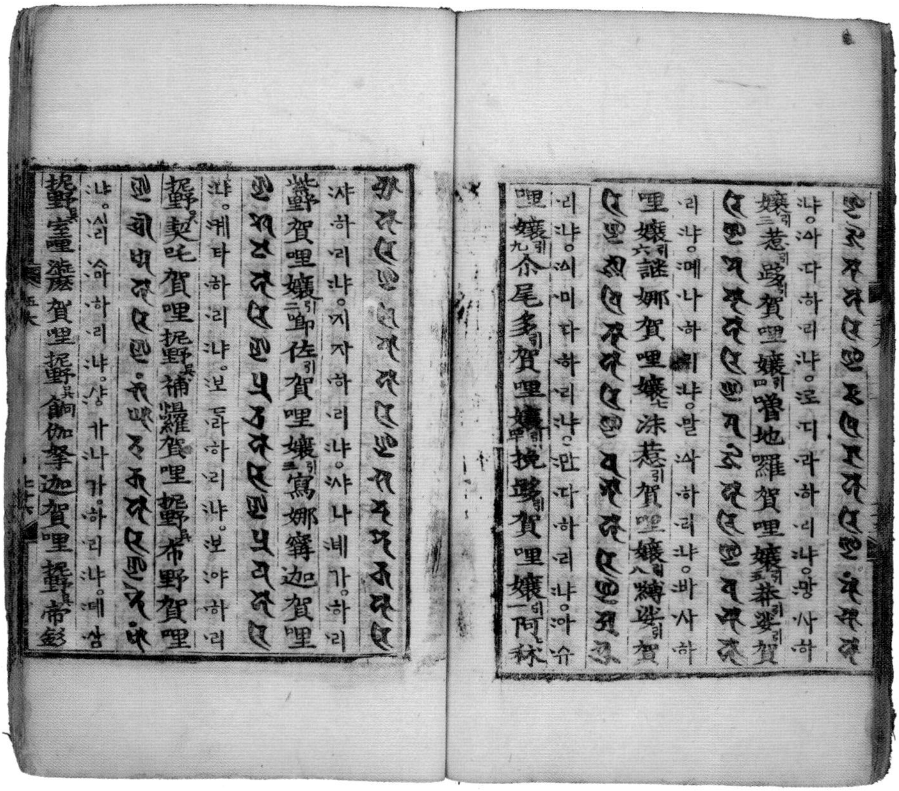

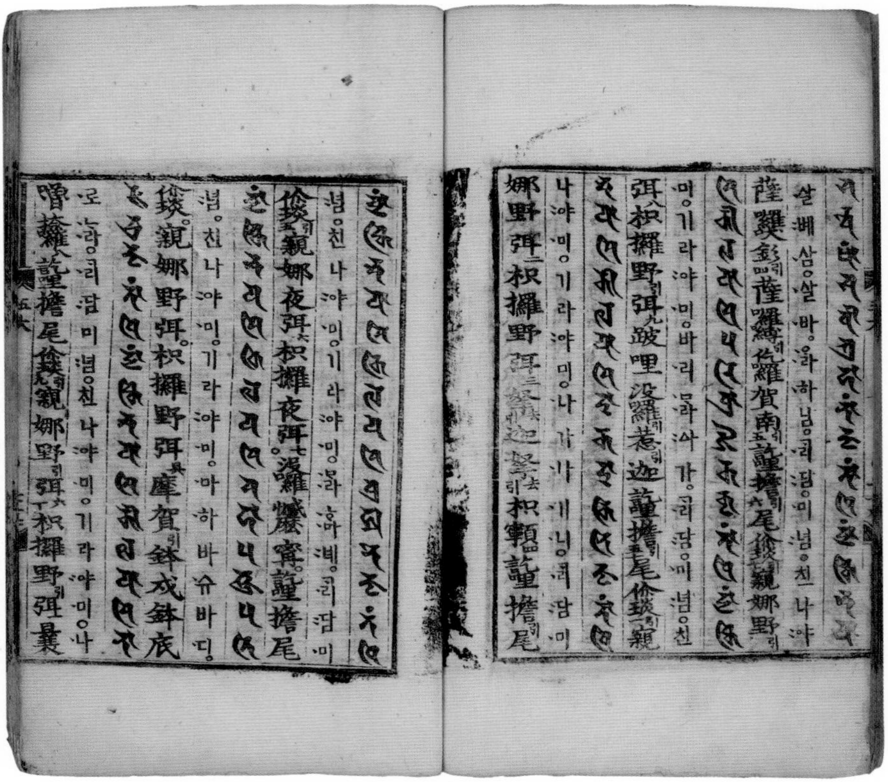

娜野彈抳攞夜彌怛誐拏婆四夜野曇擔尾鑁觀娜夜彌枳攞夜彌摩賀迦

羅濺鏰半左摩賀迦謹擔尾鑁觀娜

彈抳攞夜彌枳攞夜彌惹夜迦羅廲誐迦攞

夜彌枳攞夜彌蕯夜迦

娜野彈抳攞夜彌枳攞夜彌

라연나낭반자마하○모 놀아리담미넘○천나
야밍기라야밍다 동혜야로낭사혜야양
리담미넘○천나
야밍기야바라 강리담미넘○천나
나야밍기라야 가라야 도가랑

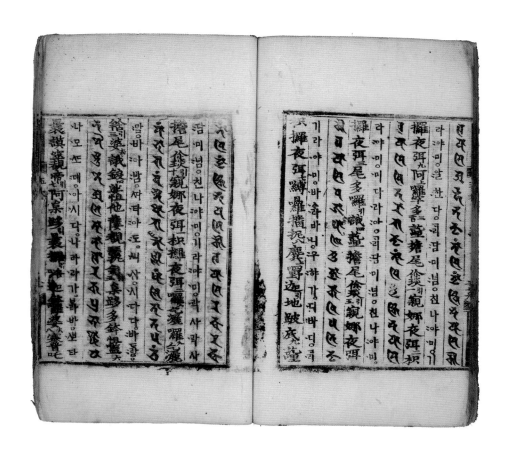

85 불교의례 낙화법(落火法)의 기원과 형성과정

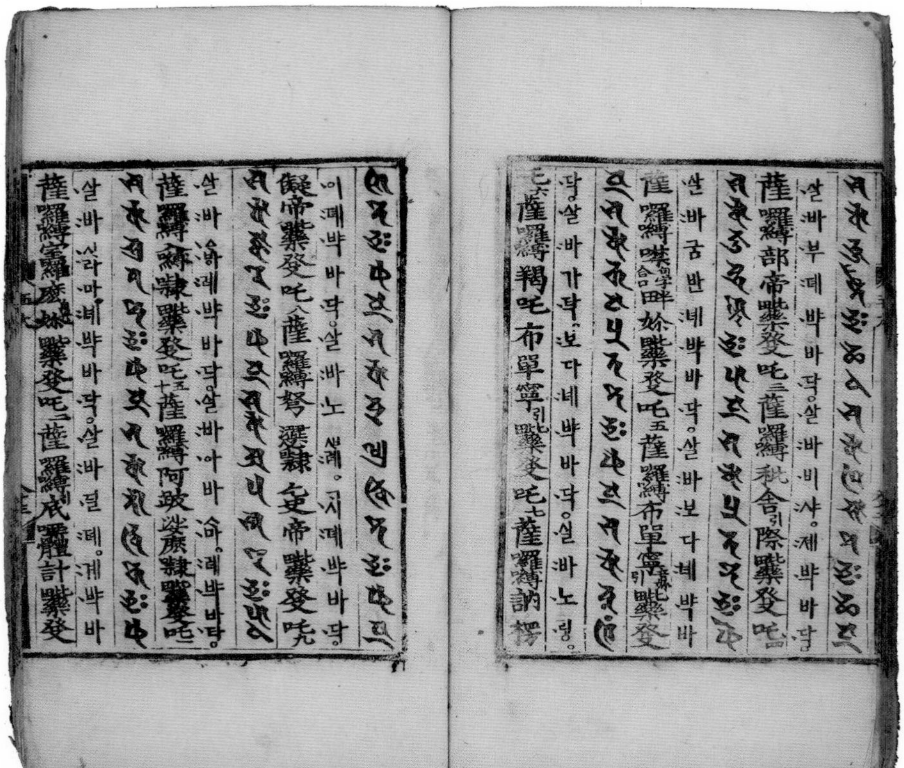

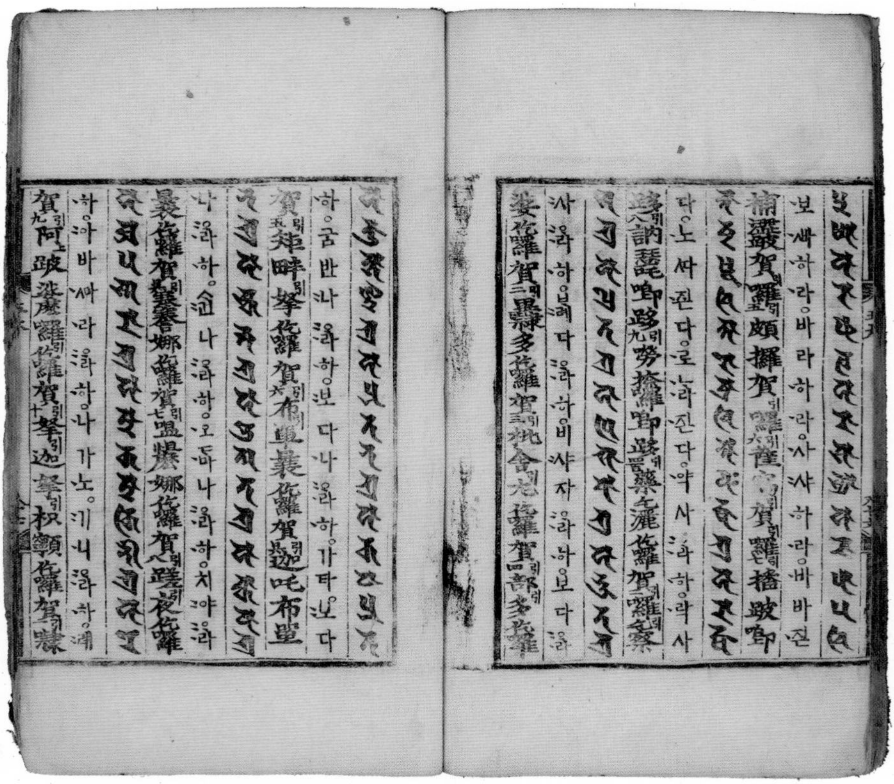

아 난 동 가 로 미ᄋ다 샤 당 옴ᄋ 아 나 례ᄋ 아 나
誐滿鄧迦盧弭九怛侘他唵一阿曩黎阿曩
례ᄋ미 샤 볘ᄋ미 샤 볘ᄋ볘 라 바 사라 다 례ᄋ만 다
黎尾捨祢尾捨祢三吠囉嚩囉馱隸滿馱
니 반 다 니ᄋ바 사라 바 니ᄋ바 닥 옴 도롬 바 닥ᄋ사
頷滿馱頷嚩囉播抳發吒六吽納麼發吒七娑

하ᄋ옴ᄋ미 로 볘ᄋ사하 하ᄋ나 무 살 바ᄋ다 타 아 다ᄋ
賀唵九尾嚕祢娑嚩賀一曩謨薩嚩怛他誐哆
소 아 다 야ᄋ알 하 볘ᄋ삼 막 삼 몯 다 야ᄋ오 씨
喃誐多野三阿囉曷帝四三藐三沒馱野五唵毗
싸 파 하 시 다 다ᄋ바 도라ᄋ마 하 시 던 도ᄋ만 도로
婆摩賀悉怛多鉢怛囉摩賀悉細觀滿囉

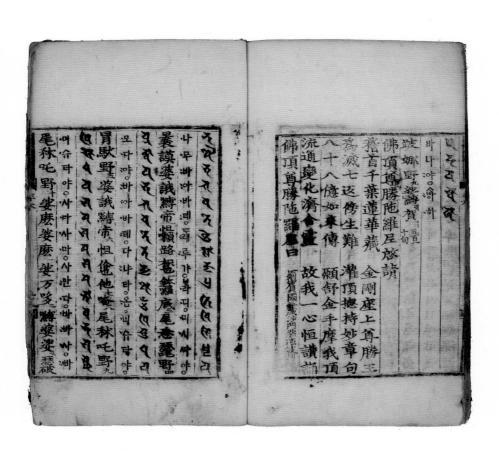

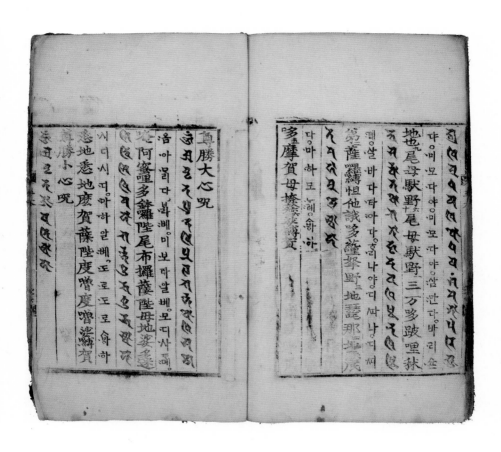

尊勝大心呪
�477
唵아밀다·붹볘미보라·알볘모디사드메
悉阿蜜多鉢囉陛尾布攞薩陛母地娑
悉地盛賀薩陛度曾度曾娑嚩賀
尊勝小心呪
�477

地尾母馱野 尾母馱野 三万哆跛哩秋
다·미모 다·야·이모 다·다·바·리·숌
薩囉怛他誐哆護哩地瑟那地瑟
哆摩賀母捺囉嚩怛
다·마·하·모 누레·슈바·하

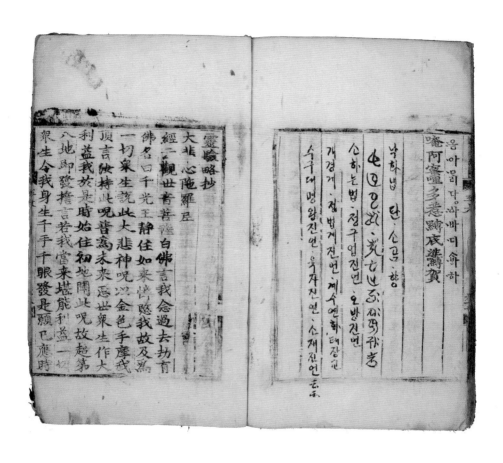

음아믜리다씨빠디유훔하

唵阿蜜嘌多帝醊進羅賀

나하법 단소금향

ᄯᅩ오오꿋 ᆇ ᄭᅥ나ᄯᅩ ᇮ ᅏ라ᄒᆞ

ᄉᆞ하논법 정구업진언 오방진언

개경게 정법게진언 제수연희태장진

슈구대명왕진언 육자진언 신제진언운운

靈驗略抄
大悲心陁羅尼
經云觀世音菩薩白佛言我念過去劫有
佛名曰千光王靜住如來憐我及爲
一切衆生説此大悲神呪以金色手摩我
頂言善男子持此呪普爲未來惡世衆生作大
利益於是時始住初地聞此呪故超第
八地即發誓言若我當來堪能利益一切
衆生令我身生千手千眼發是願已應時

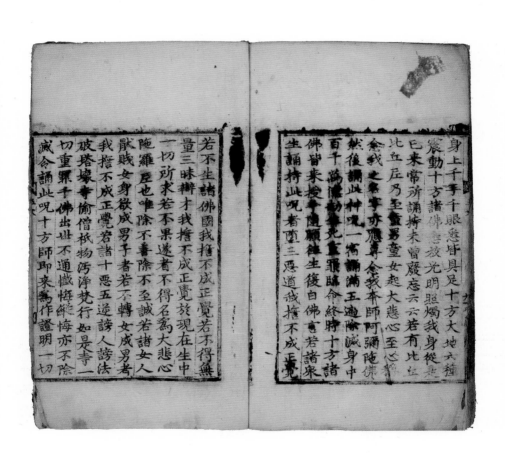

身上千手千眼悉皆具足十方大地六種
震動十方諸佛悉放光明照我身從悲
已来常所誦持未曾廢忘六六若有比丘
比丘尼乃至童男童女欲起大悲心至心稱
念我之名字亦應專念我師阿彌陁佛
然後誦此神呪一宿誦滿五通陁身中
百千萬億劫重罪臨命終時十方諸
佛皆来授手隨願徃生復白佛言若諸衆
生誦持此呪者墮三惡道我誓不成正覺

若不生諸佛國我誓不成正覺若不得無
量三昧辯才我誓不成正覺現在生中
一切所求若不果遂者不得名為大悲
陁羅尼也唯除不善除不至誠若諸女人
我誓不成正覺
獸賤女身欲成男子者若不轉女成男者
我誓不成正覺諸十惡五逆謗人謗法
破塔壞寺偷僧祇物汚淨梵行如是寺一
切重罪千佛出世不通懺悔縱悔亦不除
滅今誦此呪十方師即来為作證明一切

罪障悉皆滅盡云誦此呪者得十五種

善生不受十五種惡死也

誦持此呪制心一處更莫異緣當有日光

菩薩月光菩薩為作證明益其劾驗我時

當此千眼照見千手護持善神龍王金剛

密跡常随擁護如護眼睛云云誦此呪人

若在江河大海中沐浴其中衆生得此人

浴身之水霑著其身者一切重罪悉皆消

滅即得淨土蓮花化生誦此呪者行住

路大風時衆啖此人身毛髮衣服餘風下

過諸類衆生一切罪障毕悉滅盡更不復

受三惡道報誦此呪人口中所出若善若

惡一切言音天魔外道天龍鬼神聞者皆

是清淨法音皆於其人起恭敬心尊重如

佛當知其人即是佛身藏九十九億恒沙

諸佛所愛惜故此呪威神不可思議不可

思議贊莫能盡若不過去久遠劫來廣種

善根者乃至名字不可得聞何況得見觀

世音菩薩說此呪時會中無量界生或得
四果或證地位廣如經文
隨求助得陁羅尼
經云余時滅惡趣菩薩白毗盧遮那佛言
云何方便拔濟一切重罪衆生佛言無慚
無愧邪見放逸衆生受諸困
死墮病闇地獄永不聞三寶名何況見佛
後受人身菩薩復白佛言如來方便不可
量如某神力無有

佛言我有祕密神呪為世界有威罪成佛
題名若誦題名人親近一切天魔
衆勝第一名曰隨求若有人纏聽是真言
思鬼諸善神王恒隨年護除災安穩何况
地獄唯成佛近人方聽是真言成佛速人
白誦誦持之人難作種種重種之罪不墮
世世不聽若是真言一字乃至一句
一遍頂戴者是人諸佛無
世億恒河沙諸佛智根本無量諸佛出生

成道由持是真言故毗盧遮那如來自法
界智中盡無毅劫求得一切諸佛不得是
真言不成佛道昔摩竭陀國有一婆羅門名俱博
不見佛不聞法日殺猪羊能麀等類死敬
閻王王白帝釋言此人賜何地獄帝釋言
是入罪不可量速墮阿鼻地獄帝釋言
其地獄忽爲花池八功德水弥滿其中所
在諸蓮花上各坐罪人無諸之苦牛頭

言此罪人謬耶也地獄變爲蓮池間王白
帝釋言此俱博不罪人神變如是帝釋答
言二生之善皆無一塵不所我知即詣釋
迦文佛言俱博之善如何神變如是佛言
惟可見人間之骸骨帝釋往見俱博葬所
西去一里有窣堵婆其中所在朽此真言
一字隨風被俱博骸上帝釋來歸移置八
地獄每地獄如是變成于時俱博興諸罪
人皆具三十二相八十種好同成佛菩薩

上方無垢佛是俱博也云云諸飛鳥禽生
之類聞此真言一經於耳盡此一身不復
更受昔烏禪那城有一王名梵施彼有一
人犯王重罪王勅殺者令斷其命將刀欲
殺是罪人先於臂上帶此随求心後憶念
由此威力其刀片片段壞其王大怒復遣
藥义窟中時藥义衆歡喜欲食罪人身上
光明熾盛藥义發□愕旋遶禮拜王即嗔怒
擲深河中河便枯竭王即驚怪唤彼罪人

聞其所緣罪人白言我無所辭唯帶随求
王說讚偈禮拜即以繒帛繫罪人首灌頂
授職作其城主 繒帛係首灌頂授官榮先以
大佛頂陀羅尼
首楞嚴經云佛告阿難是佛頂光聚微妙
章句出生十方一切諸佛十方如來因此
咒心得成無上正徧知覺十方如來執此
心咒降伏諸魔制諸外道乘此咒心坐此
蓮花應微塵國含此咒心於微塵國轉大

法輪持此呪心能於十方摩頂授記依此
呪心能於十方拔濟群苦所謂地獄餓鬼
畜生盲聾瘖瘂寃憎會苦愛別離苦求不
得苦五陰熾盛大小諸橫同時解脫賊難
兵難王難獄難凱渴貧窮應念消滅隨此
呪心能於十方事善知識四威儀中供養
如是恒沙如來行此呪心能於十方攝受
親因令諸小乘不生驚怖誦此呪心成無
上覺坐菩提樹入大涅槃傳此呪心於滅

度後付佛法事究竟住持嚴淨戒律悉得清淨
若我說是佛頂光聚功德神驗從旦至暮
音聲相連字句中間亦不重疊經恒沙劫終
不能盡汝等有學未持此呪而坐道場遠離
魔事無有是處又末世衆生有能自誦若教
他誦大妻小妻所不能害萬物毒氣入此人
口成甘露味設有衆生散乱心心憶口持
諸金剛王常隨侍從何況決定菩提心者此
諸衆生縱其自身不作福業十方如來所有

佛頂尊勝陀羅尼

功德愚與此人由是得於不可說不可說無
量功德若造五逆無間重罪誦此咒已猶如
猛風吹散沙聚更無毫氂若有衆生從無量
劫東所有一切重罪誦若此業未及戰
悔若能讀誦書寫此咒身上帶持若安住止
宅如是積業如消消靈更無始已來橫
福殃舊業陳債末世諸修行者於此咒心不
生疑悔是善男子於此心心文母所生之身不
生㝠通十方如來便爲妄語云

經云佛時三十二天㫱善法會有一天子
名曰善住與諸天女共娛樂本時善住即
於夜分聞有聲言善住知後七日命終之後
生贍部洲受七返畜生即墮地獄從地獄出
生於貧賤處於母胎即無兩目今時天子聞
此聲已即大驚怖諸帝釋所白言天帝云何
令我得免斯苦帝釋聞此語已甚大驚愕卽
自思惟此天子受何七返惡道之身所謂當

狗野干猱猴蟒虵烏鷲等身帝釋觀此事巳
極助苦惱讁惡無計唯有如來能免斯苦今
時帝釋詣善住天子
云何當受七返惡道之身今時如來告帝釋
言有陁羅尼名佛頂尊勝能淨一切生死苦
惱若有人間一經於耳先世所造一切地獄
惡業皆悉消滅天帝若人命將欲盡頂更活
念此陁羅尼還得增壽三業清淨即說呪曰
佛告帝釋此呪名淨除一切惡道佛頂尊
勝陁羅尼此大陁羅尼八十八兢伽俱胝
百千諸佛同共宣說今時護世四王白佛言
世尊唯願如來為我廣說持陁羅尼法今時
佛告四天王波諦聽我當為汝宣說持陁
羅尼法亦為短命者眾生說當先洗浴著
淨衣白月滿日持齋誦此陁羅尼滿其千遍
令短命眾生還得增壽永離病苦若遇大惡
病閞此陁羅尼即得永離若人造一切極重
罪業命終應墮三惡道者取土者身分骨以

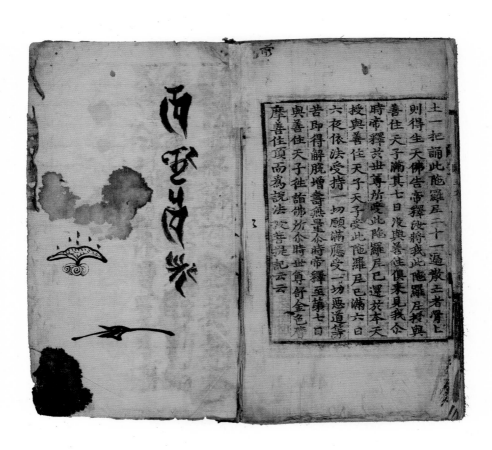